Buch

Rückblick. Einblick. Überblick.
Ausblick. Weitblick.

Das Buch bietet einen Rückblick in die aufregende Vergangenheit einer aufmüpfigen Generation und vermittelt einen Einblick in das aktuelle Leben der neuen Ruheständler - aus persönlicher wie allgemeiner Sicht. Was bewegte uns in unserer Jugend in den verschiedensten Lebensbereichen und was ist daraus geworden? Eine Ist-Analyse gibt Antworten auf die Frage: Wo stehen wir heute?

Anhand statistischer Daten, versucht es einen Überblick über die Lebensweise der aktuellen Generation 65 plus in Deutschland zu gewinnen und wagt einen Ausblick in eine mögliche Zukunft, ob dies mit Weitblick geschieht, wird sich in den nächsten 20 - 30 Jahren zeigen.

Wie lebt die Altersgruppe 65 plus heute, die in ihrer Jugend unsere Gesellschaft durch politische und gesellschaftspolitische Proteste nachhaltig veränderte? Was macht sie im Ruhestand? Wie halten sich die jungen Alten geistig und körperlich fit?

Senioren

Fit wie ein Turnschuh

68er und Blumenkinder im Ruhestand

Christa Stuber

Impressum

Copyright: © 2019   Christa Stuber

Covergestaltung: Christa Stuber
Bildnachweis: Franz Stuber
Verlag und Druck: tredition GmbH
                    Halenreie 40-44
                    22359 Hamburg

ISBN: 978-3-7497-2243-3 (Paperback)
                    978-3-7497-2244-0 (Hardcover)
                    978-3-7497-2245-7 (E-Book)

Die Deutsche Nationalbibliothek verzeichnet diese Publikation in der Deutschen Nationalbibliografie; detaillierte bibliografische Daten sind im Internet über http://dnb.d-nb.de abrufbar.

Christa Stuber
Jalan Bantayan, Jade Residence
88450 Kota Kinabalu/Malaysia

senioren@christastuber.com
www.christastuber.com

Autorin

Leben

Christa Stuber, geboren 1952 in Forst / Baden, studierte Wirtschaftsingenieurwesen an der Fachhochschule in Karlsruhe. Als begleitende Ehefrau folgte sie ihrem Mann nach Liberia, Indonesien, Vietnam und Sri Lanka.

Zwischen den Auslandseinsätzen arbeitete sie als EDV-Dozentin und als freie Journalistin für die Regionalpresse. Inzwischen lebt sie abwechselnd in Kota Kinabalu auf der Insel Borneo in Malaysia, am Hochrhein und in der Schweiz.

Neben Reisen ist Kochen für sie seit Jahren eine Leidenschaft, das Verköstigen einer Gästeschar eine freudebringende Herausforderung und ihr Sammelsurium an Kochbüchern aller Couleur ihr größter Schatz.

Bücher

In ihrem Buch „Mein Leben in Liberia" berichtet sie über das friedliche Zusammenleben auf der „Bong Mine", einer deutschen Bergbausiedlung in Liberia / Westafrika, und dem Ausbruch einer der gewalttätigsten Bürgerkriege des 20. Jahrhunderts.

In Sri Lanka veröffentlichte sie das Kochbuch „Swiss Cuisine – The Best Food from Switzerland and Europe in English, Sinhala & Tamil" zu Gunsten der Sozialprojekte der Swiss Ladies Charity Group Sri Lanka.

Mit „Feine Küche vegan gekocht für alle Gäste: Über 150 vegane Rezepte mit Tipps für nicht-vegane Foodies" veröffentlichte sie ihr zweites Kochbuch. Im Mittelpunkt stehen feine regionale Rezepte - vorwiegend aus Süddeutschland und dem Alpenraum - vegan gekocht für Familie und Gäste.

Alle drei Bücher sind auf Amazon als E-Book weltweit erhältlich, die beiden deutschsprachigen auch als Taschenbuch.

**Für meine Eltern &
für Franz**

Inhalt

Vorwort   13

Senioren   17

Politik & Umwelt   21

    Deutschland nach dem 2. Weltkrieg   22

    Kalter Krieg & Freiheitskampf   28

    Raumfahrt   32

    Bürgerrechtsbewegung   35

    Teilung & Wiedervereinigung Deutschlands   37

    68er-Bewegung   45

    Vietnamkrieg   50

    Rote Armee Fraktion (RAF) Terrorismus   62

    Umwelt, Atomkraftgegner & Grüne   69

Gesellschaft & Moral   79

    Kultureller Umbruch, Gammler & Hippies   80

    Opportunisten, Selbstzufriedene & Manta-Fahrer   87

    Spät-68er   92

    Sexualität   95

    Frauenbewegung & Feminismus   108

Drogen, Alkohol & Nikotin 124

Mode 134

Religion 139

Paare, Kinder & Familie 151

Tierschutz & Tierrecht 159

Musik, Tanz & Kultur 167

Musik 168

Tanz 176

Kultur 181

Medien, Kommunikation & Technologie 183

Printmedien 184

Film, Funk & TV 193

Foto, Video 205

Uhren 211

Korrespondenz 213

Telekommunikation 215

Computer 219

Internet 225

Soziale Medien 233

Bildung, Ausbildung & Beruf 239

Bildung 240

Ausbildung & Beruf 254

Soziales Engagement & Ehrenamt 259

Soziales Engagement 260

Ehrenamt 264

Gesundheit, Wellness & Ernährung 265

Medizin 266

Zahnmedizin 275

Pflege 278

Hygiene 283

Wellness 289

Essen & Trinken 295

Diäten 311

Finanzen, Konsum & Mobilität 319

Finanzen 320

Handel & Konsum 330

Mobilität 335

Bauen, Wohnen & Einrichten 339

Bauen & Wohnen 340

Einrichten 346

Freizeit 353

Sport & Bewegung 354

Reisen 360

Fernsehen, Lesen & Unterhaltung 364

Garten & Hobbys   368

Zukunft   371

   Politik & Arbeit   372

   Vernetzung & Internet   377

   Konsum   383

   Alter & Schönheit   385

   Mobilität   389

   Wohnen   392

Fazit   397

Quellenverzeichnis   400

Vorwort

Senioren - Fit wie ein Turnschuh. Ich selbst gehöre der heutigen Generation 65 plus an, dieser aufmüpfigen Gesellschaft, die in ihrer Jugend in Deutschland - zumindest im Westen - auf die Barrikaden ging, die gegen verkrustete Moralvorstellungen aufmuckte, die mit Minirock schockierte und Musik liebte, die unsere Eltern als Zumutung empfanden. Wo stehen wir als Senioren, als Großeltern-Generation heute?

Wir sind keine Sofa-Rentner. Wir sind fit wie ein Turnschuh, vielleicht manchmal ein ausgelatschter, aber immer noch bereit Neues in Angriff zu nehmen. Dies hat nichts mit ewigem Jugendwahn zu tun, sondern ist die einfache Erkenntnis, wie gut es uns - zumindest den meisten - heute geht, und zwar in jeder Beziehung: körperlich, geistig und nicht zuletzt finanziell.

Im Dezember 2018 schafften mein 68-jähriger Mann und ich in Peru den Salkantay-Trek zur Inka-Stadt Machu Picchu. In fünf Tagen legten wir über 80 km in einer Höhe zwischen 2'000 und 4'630 Metern zu Fuß zurück. Wir übernachteten in Iglu-Zelten und die restlichen Teilnehmer hätten altersmäßig problemlos unsere Kinder sein können - und wir sind keine regelmäßigen Berggänger.

Unsere Generation freut sich noch am Leben, schöpft aus dem Vollen und gönnt sich einen Spaß. In Peru „zippten" wir an einem Stahlseil aufgehängt übers Tal, rutschten Kopf voraus auf Snowboards die Sanddünen hinab und betrachteten die Nazca-Linien aus einer kleinen Cessna von oben. Wie Backpacker fuhren wir im Bus auf eigene Faust durchs Land. Es gibt noch so viel auf der Welt zu entdecken und endlich haben wir Zeit dafür.

Wir sind Nachkriegskinder. Ein kurzer geschichtlicher Abriss spiegelt die Zeit unserer Kindheit wider, zeigt, wie unsere Eltern nach dem Zweiten Weltkrieg in Deutschland lebten.

Das Buch gewährt einen Einblick, wie ich meine Jugendzeit empfand und inzwischen meinen Ruhestand erlebe, und es versucht, einen allgemeinen Überblick zu gewinnen, wo die Generation 65 plus heute steht. Es soll keine Aufzählung statistischer Daten sein, aber, um Fakten zu belegen, greife ich überwiegend auf die des Statistischen Bundesamtes zurück.

Allerdings sollen die Zahlen nur einen Anhaltspunkt liefern, da deren Erfassung nicht immer einheitlich ist. Eine Statistik unterscheidet zwischen Ost- und Westdeutschland, die nächste erfasst Deutschland gesamthaft. Ebenso variieren die Altersgruppen, eine Quelle geht von 50 plus aus, eine andere von 60- oder 65 plus. Und schlussendlich vergesse ich nicht die Slogans meiner Jugend: „Traue keiner Statistik, die du nicht selbst gefälscht hast" oder „Wer hat die Studie bezahlt?"

Wir hinterfragten grundsätzlich alles - wir waren widerspenstig. Sind wir es heute noch?

„Unsere Zukunft hängt davon ab,
wie wir unsere Gegenwart gestalten"

Dalai Lama

Senioren

Ich habe lange überlegt, ob ich den Begriff Senioren im Buchtitel verwenden soll. Denn eigentlich zählt man sich selbst nicht gerne dazu. Aber weshalb?

Senior stammt aus dem Lateinischen und bedeutet schlicht „der Ältere". In den 70er Jahren sollte die Pluralform „Senioren" den Begriff der „Alten" ersetzen, eine noch weniger schmeichelhafte Bezeichnung für eine älterwerdende Generation.

Es existiert keine allgemeinverbindliche rechtliche Definition für Seniorinnen und Senioren. Auch nicht in der Statistik, aber bestimmte Altersgrenzen, wie das gesetzliche Renteneintrittsalter, werden mit ihnen in Verbindung gebracht. Daher werden die Bezeichnungen Senioren und Rentner häufig synonym benutzt.

In der Wissenschaft gibt es ebenfalls keine verbindliche Definition des Begriffes „Alter". Zum sogenannten Dritten Lebensalter zählen je nachdem die 60- bis 75-Jährigen oder die 65- bis 80-Jährigen und zum Vierten Lebensalter, die über 75- bzw. über 80-Jährigen.

Die heutige Generation 65 plus gehört zu der Bevölkerungsgruppe, die das Rentenalter bereits erreicht hat oder demnächst erreichen wird. Dazu zählen wir als die Nachkriegskinder. Von uns ist also hier die Rede, von den 65- bis etwa 75-Jährigen.

Diese Altersgruppe wird künftig stetig wachsen, was vorwiegend an der besseren Gesundheitsversorgung liegt. Die gestiegene Lebenserwartung beschert immer mehr Menschen einen längeren Lebensabend.

Natürlich gibt es für den Begriff Senioren Synonyme, wie „Best Ager" oder „Silver Ager", ob diese englischen Ausdrücke jedoch besser sind, wage ich zu bezweifeln, deshalb bleibe ich bei der Bezeichnung Senioren - und schließe damit die Seniorinnen mit ein -, allerdings mit gewissen Selbstzweifeln.

Ich freue mich, wenn ich fürs Ski-Abo einen Seniorenrabatt erhalte, dann zähle ich mich gerne dazu. Wenn ich allerdings bei Amazon nach Büchern für Senioren suche, wird mir fast übel. Hier finden sich lediglich Publikationen mit Gedächtnistraining, Anleitungen für WhatsApp und Windows, erklärt für Kleinkinder, Ferientipps als kämen wir nicht weiter als in den Schwarzwald oder Ratgeber nur noch in Großschrift. Wir sind nicht mehr taufrisch, aber mehrheitlich weder senil, dement, blind oder taub. Mit 85 plus sieht es möglicherweise anders aus. Daher wären unterschiedliche Termini hilfreich. Bei den Golfern gibt es den Begriff Jungsenioren, diese Bezeichnung käme der Generation 65 plus wohl näher.

Gemäß Statistischem Bundesamt lag die durchschnittliche Lebenserwartung im Jahre 1950 geborener Kinder in Deutschland - zu denen wir teilweise gehören - bei 64,6 Jahren für Jungen und 68,5 Jahren für Mädchen. Ein Blick auf die aktuelle Sterbetafel zeigt, dass Männer und Frauen unserer Generation inzwischen rund 18 Jahre älter werden. Die Altersgruppe 65 plus hat also noch einige Jahre im Ruhestand vor sich.

„Viele Aktivitäten, die früher nur jüngeren Erwachsenen zugetraut wurden, werden heute von älteren Menschen ausgeübt. Mobilität und Reiselust älterer Menschen haben stark zugenommen, und sportliche Aktivitäten gehören zum «erfolgreichen Alter» - mehr ältere Menschen getrauen sich heute, Leistungssport zu betreiben. Sich im Alter modisch zu kleiden, war früher verpönt, heute gehört es zur Norm", so ein Artikel in der Neuen Zürcher Zeitung, der bereits 2005 erschien.

In Zukunft werden immer mehr ältere Menschen das Gesellschaftsbild prägen, derzeit ist jede fünfte Person im Seniorenalter. Der Trend zu längerem Leben hält an, der Anteil der Generation 65 plus im Jahr 2030 wird laut Hochrechnungen bei 26 und im Jahr 2060 bei 31 Prozent liegen.

Politik &
Umwelt

Deutschland nach dem 2. Weltkrieg

In dieser Zeit kam unsere Generation auf die Welt. Wir waren noch zu klein - ich jedenfalls - um mich daran zu erinnern. Es war die Zeit unserer Eltern. Auch wenn wir in den 60er und 70er Jahren gegen sie rebellierten, möchte ich keinen Stab über sie brechen. Sie wollten das Beste für uns, selbst wenn es nicht immer dem entsprach, was wir wollten oder von unserem Leben erhofften.

Nach der bedingungslosen Kapitulation der deutschen Wehrmacht am 8. Mai 1945 teilten die Siegermächte - USA, England, Frankreich und Russland - Deutschland und Berlin in vier Besatzungszonen auf. Zahlreiche Städte lagen in Trümmern. Zu dieser prekären Lage kamen 12 bis 14 Millionen Vertriebene und Flüchtlinge aus Mittel- und Osteuropa hinzu, die versorgt werden mussten. Da sich viele Männer noch in Kriegsgefangenschaft befanden, befreiten die sogenannten Trümmerfrauen die Städte von Schutt und Asche. Es herrschte Wohnungsnot und Hunger.

Erst die Währungsreform am 21. Juni 1948 brachte Besserung. Obwohl die Einführung der Deutschen Mark (DM) nicht sehr sozial ablief - die Lebenshaltungskosten stiegen schlagartig um 17 Prozent - gab es plötzlich über Nacht wieder Waren offiziell zu kaufen, der Schwarzhandel ging zurück. Da sich die Siegermächte nicht auf eine Währung hatten einigen können, galt die D-Mark zunächst nur in den drei westlichen Besatzungszonen als Zahlungsmittel.

Um eine Flut der plötzlich wertlosen Reichsmark, der seit 1924 gültigen Währung im Deutschen Reich, in den Ostsektor zu verhindern, reagierten die Sowjets schnell und zwei Tage später fand in der Sowjetischen Besatzungszone ebenfalls eine Währungsreform statt. Da jedoch anders als in den Westsektoren, wo die Amerikaner Geldscheine zuvor in den USA gedruckt hatten, noch keine neuen Geldnoten der Ostmark vorlagen, dienten Wertaufkleber auf der Reichsmark zur Kennzeichnung.

Der gescheiterte Versuch, diese „Tapetenmark" auf Gesamtberlin auszuweiten, führte zur Blockade der Stadt, die vom 24. Juni 1948 bis 12. Mai 1949 bestand. Da Berlin wie eine Insel mitten im Ostsektor lag, riegelten die Sowjets alle Land- und Wasserverbindungen ab. Die westlichen Alliierten richteten daraufhin eine Luftbrücke ein und versorgten die Berliner Bevölkerung - immerhin mehr als zwei Millionen Menschen - mit dem Nötigsten.

Am 20. März 1949 erklärten die drei Westmächte die D-Mark zum alleinigen gesetzlichen Zahlungsmittel in den Berliner Westsektoren. Damit war Westberlin durch eine gemeinsame Währung mit den übrigen Westsektoren verbunden. Mit der Verabschiedung des Grundgesetzes im Mai 1949 erfolgte die Eingliederung Westberlins in die spätere Bundesrepublik. Dies besiegelte die Teilung Berlins und in der Folge die Teilung Deutschlands. Es war eine erste Schlacht im beginnenden Kalten Krieg zwischen den Supermächten USA und der Sowjetunion.

Am 14. August 1949 fanden die ersten Wahlen zum Deutschen Bundestag statt. Theodor Heuss wurde Bundespräsident und Konrad Adenauer erster Bundeskanzler. Am 20. September nahm die erste Bundesregierung, eine Koalition aus CDU/CSU und FDP ihre Arbeit auf. Bundeshauptstadt wurde Bonn.

Die Gründung der Deutschen Demokratischen Republik (DDR) erfolgte am 7. Oktober 1949. Damit war Deutschland endgültig in Ost und West geteilt.

Die Währungsreform von 1948 sorgte in Verbindung mit dem amerikanischen Marshallplan für einen schnellen konjunkturellen Aufschwung. Die Soziale Marktwirtschaft funktionierte, in der Bundesrepublik folgte die Zeit des Wirtschaftswunders.

Von 1945 bis 1960 widmete sich Deutschland dem Wiederaufbau. Die letzten Soldaten kamen aus der Kriegsgefangenschaft zurück und gründeten Familien. Waren in den USA bereits die direkten Nachkriegsjahrgänge geburtenstark, begann der Babyboom in Deutschland erst Mitte der 50er Jahre und dauerte bis Mitte der 1960er an. In Westdeutschland bekam jede Frau durchschnittlich 2,5 Kinder. Unsere Generation kam zur Welt.

Darauf folgte jedoch ein rasanter Einbruch der Geburtenzahlen, der sogenannte "Pillenknick". Bessere Verhütung, das neue Rollenverständnis der Frau in der Gesellschaft und die gestiegenen Lebensansprüche ließen den Geburtenüberschuss von 5,3 Prozent im Jahr 1960 innerhalb der nächsten zehn Jahre auf 0,9 Prozent sinken.

Im Jahre 1960 waren auch meine Eltern mit dem Bauen beschäftigt, nicht mit dem Wiederaufbau, im Dorf war während des Krieges nichts zerstört worden, aber sie fingen an, ein Nest für die Familie zu schaffen. Mein Vater hatte sein Elternhaus übernommen, ein Mini-Haus mit großem Grundstück. Nachdem seine Geschwister ausbezahlt waren, konnten sie darangehen, das Haus zu erweitern. Geld war nicht viel da, aber man hatte Hände zum Arbeiten.

Ich erinnere mich noch genau, wie sie für den Anbau eines Wohnzimmers den Keller eigenhändig aushoben. Den Beton fürs Fundament mischten sie selbst, zunächst nur mit Schaufeln - ich hielt dabei den Wasserschlauch. Irgendwann konnte mein Vater für billiges Geld eine Betonmischmaschine ausleihen, was eine riesige Arbeitserleichterung mit sich brachte. Meine Eltern bauten nach Feierabend und samstags, so entstand langsam ein Wohnzimmer, das sie zur Feier meiner Kommunion einweihten.

Nach erfolgreichem Abschluss des ersten Ausbauprojektes fiel die Entscheidung, das Haus aufzustocken. Meine Mutter ging stundenweise arbeiten und die Bewirtschaftung eines Spargelackers halfen, die Finanzen aufzubessern. Nach Bezug des oberen Stockwerkes war ich in der glücklichen Lage ein eigenes, sehr großes Zimmer mit Terrasse zu besitzen. Darum beneideten mich viele meiner Freundinnen und vermutlich war es auch der Grund, dass ich erst mit 24 Jahren aus dem Hotel „Mama" auszog.

Kalter Krieg &
Freiheitskampf

Außerhalb Deutschlands änderte sich ab 1950 die Welt. Die Kolonialmächte entließen nach und nach ihre afrikanischen Kolonien in die Unabhängigkeit. Die Briten gingen voran, die Belgier folgten 1960, die Franzosen 1962, die Portugiesen gaben ihre Territorien 1973 und die Spanier erst 1975 auf. Überall flammten Bürgerkriege auf und die neuen Staaten bildeten ein ideales Spielfeld für den andauernden Kalten Krieg.

Die marxistisch-leninistische kubanische Revolution im Jahre 1959 unter Fidel Castro und Che Guevara läuteten eine neue Ära ein.

In der Folge versuchten die Vereinigten Staaten Fidel Castro zu stürzen. Mit geheimer Unterstützung der CIA, dem Auslandsgeheimdienst der USA, erfolgte 1961 eine Invasion auf Kuba von in Guatemala lebenden Exilkubanern, die scheiterte. Zunächst stritten die USA jegliche Beteiligung ab, jedoch übernahm Präsident John F. Kennedy wenige Tage später die volle Verantwortung.

Kuba näherte sich daraufhin weiter der Sowjetunion an und die Sowjets beschlossen - nachdem die USA in der Türkei bereits Mittelstreckenraketen aufgestellt hatten - atomare Waffen auf Kuba zu stationieren. Dies führte 1962 zur Kubakrise, dem Höhepunkt des Kalten Krieges. Kennedy drohte mit einem Atomkrieg, falls die Sowjets die Raketen nicht wieder abziehen würden. Die Welt stand am Rande des Dritten Weltkrieges.

Kennedy und Chruschtschow einigten sich, die Waffen aus Kuba und der Türkei abzuziehen. Die Ära der Entspannungspolitik begann. Beide Staaten richteten 1963 einen heißen Draht ein und unterzeichneten einen Atomteststoppvertrag.

Am 22. November 1963 wurde John F. Kennedy in Dallas, Texas, auf offener Straße in seinem Fahrzeug ermordet. Lee Harvey Oswald wurde kurz darauf verhaftet. Es kam nie zu einem Gerichtsverfahren, da Jack Ruby, ein Nachtklubbesitzer, Oswald zwei Tage später im Keller des Polizeigebäudes erschoss. Kennedy-Nachfolger wurde Lyndon B. Johnson.

Beide Staaten - USA und die Sowjetunion - vermieden einen direkten Konflikt und trugen ihren Machtkampf in zahlreichen Stellvertreterkriegen aus. Erst mit dem Zerfall des Ostblocks und der Auflösung der Sowjetunion 1991, fand der Kalte Krieg ein Ende.

Aber ist der Kalte Krieg wirklich zu Ende? Oder beginnt nicht ein neues atomares Wettrüsten? Mit Blick auf die Kündigung des INF- (Intermediate Range Nuclear Forces) Vertrages seitens der USA am 1. Februar 2019 rückt dieses beängstigende Szenario wieder näher. Der Vertrag, der 1988 zwischen den USA und der damaligen Sowjetunion in Kraft trat, regelt den Verzicht auf landgestützte atomare Mittelstreckenwaffen mit einer Reichweite von 500 bis 5'500 Kilometern.

Die Amerikaner bezichtigen Putin, mit dem Marschflugkörper 9M729 schon lange gegen den INF-Vertrag zu verstoßen, was die Russen vehement bestreiten. Russland behauptet eine Reichweite von 480 Kilometern, während die USA von bis zu 2'600 Kilometern ausgehen. Damit könnten alle Städte in Europa erreicht werden.

Das Abkommen band jedoch nur die beiden Supermächte, China war außen vor. Die neue Militärmacht besitzt wahrscheinlich an die 2'000 Flugkörper, die unter den INF-Vertrag fallen würden.

Die NATO steht hinter den USA. Noch bleibt bis August Zeit den Vertrag zu retten, da eine 6-monatige Kündigungsfrist gilt. Aber ist das realistisch oder werden künftig wieder amerikanische Atomwaffen in Europa stationiert?

Raumfahrt

Am 21. Juli 1969 um 3:56 Uhr MEZ landeten die ersten Menschen auf dem Mond. Der US-Amerikaner Neil Armstrong setzte als erster Mensch seinen Fuß auf den Erdtrabanten.

Seine Worte „That's one small step for [a] man, one giant leap for mankind" (Dies ist ein kleiner Schritt für einen Menschen, aber ein gewaltiger Sprung für die Menschheit) hörten rund 500 bis 600 Millionen Zuschauer weltweit vor den TV-Bildschirmen. Buzz Aldrin folgte ihm auf die Mondoberfläche, während Michael Collins in der Kommandokapsel der Mission Apollo 11 den Mond umkreiste.

ARD und ZDF übertrugen die Mondlandung live, es war das Medienereignis des Jahres. Gespannt saß ich mit meinen Eltern mitten in der Nacht vor dem Fernseher und verfolgte die Landung der Astronauten. Es war schon gespenstig die beiden Männer in ihren unförmigen Raumanzügen über die Mondoberfläche hüpfen zu sehen.

Anschließend gab es genug Verschwörungstheorien, die behaupteten, dass Mondlandungen von Menschen nie stattgefunden hätten, sondern von den Amerikanern in Hollywoodmanier in Studios im Militärsperrgebiet Area 51 gedreht worden seien. Glauben heißt nicht wissen - aber zuzutrauen wäre es den Amerikanern ohne Weiteres.

Der Aufbruch ins Weltall begann im Kalten Krieg als Wettlauf zwischen den beiden Supermächten USA und der Sowjetunion. Den ersten künstlichen Erdsatelliten, Sputnik 1, schickten die Sowjets 1957 ins All. Dies löste den Sputnikschock aus, als klar wurde, dass Amerika damit mit atomar bestückten Interkontinentalraketen erreichbar war.

1958 erfolgte die Gründung der zivilen US-Bundesbehörde National Aeronautics and Space Administration (NASA) für Raumfahrt und Flugwissenschaft.

Der sowjetische Kosmonaut Juri Gagarin startete am 12. April 1961 als erster Mensch ins Weltall. Im Raumschiff Wostok 1 umrundete er einmal die Erde. Damit hatten die Sowjets eindeutig die Nase vorne.

Der Amerikaner Alan Shepard folgte am 5. Mai 1961 mit der Mission Mercury-Redstone 3, an deren Entwicklung die deutsche Gruppe um Wernher von Braun beteiligt war.

Von beiden Staaten erfolgten zahlreiche weitere Flüge ins All. 2003 startete der erste chinesische Taikonaut und im Januar 2019 ist China die erste Landung auf der erdabgewandten Mondseite geglückt. Die NASA plant, 2030 Menschen zum Mars zu schicken.

Bürgerrechtsbewegung

In den Vereinigten Staaten von Amerika läutete 1955/56 der Montgomery-Bus-Boykott die Bürgerrechtsbewegung ein. Die Afroamerikanerin Rosa Parks hatte sich geweigert, ihren Sitzplatz für einen weißen Fahrgast zu räumen. Daraufhin war sie verhaftet worden und in der Folge boykottierte die schwarze Bevölkerung 13 Monate lang das Busunternehmen.

Der Baptistenpfarrer und Bürgerrechtler Martin Luther King jr. wurde zur Galionsfigur der schwarzen Bürgerrechtsbewegung. Sein erklärtes Ziel war, die Rassentrennung mit friedlichen Protesten aufzuheben.

Studenten begannen 1960 als erste mit dem gewaltlosen Widerstand. Sit-ins in Restaurants für Weiße führten zu einer Massenbewegung. Dank Kings Einsatz endete die Rassentrennung in den Südstaaten und die schwarze Bevölkerung erlangte das uneingeschränkte Wahlrecht.

1964 erhielt Martin Luther King jr. den Friedensnobelpreis, 1968 wurde er bei einem Attentat in Memphis, Tennessee, erschossen. James Earl Ray, ein Kleinkrimineller und Schwarzen-

Hasser, wurde als sein Mörder verurteilt, allerdings bestehen bis heute Zweifel an seiner Schuld.

Während die Bürgerrechtsbewegung in den USA bereits in den 60er-Jahren stattfand, formierte sich in Deutschland erst ab 1971 eine Anti-Apartheid-Bewegung, um gegen die südafrikanische Rassentrennung zu protestieren. Insbesondere forderten Mitarbeiter der evangelischen Kirche eine Beendigung der Diskriminierung und verlangten die Freilassung Nelson Mandelas, der 1964 wegen Sabotage und Planung des bewaffneten Kampfes zu lebenslanger Haft verurteilt worden war.

Die Apartheid-Politik in Südafrika war kein Thema der Jugendlichen in Deutschland, zumindest nicht in den 60er oder anfangs der 70er-Jahre. Erst der Aufruf zum Boykott von Lebensmitteln aus Südafrika, besonders durch evangelische Frauengruppen mit der Aufforderung "Kauft keine Früchte aus Südafrika", führten ab 1979 zu öffentlichkeitswirksamen Aktionen.

Teilung & Wieder-
vereinigung Deutschlands

Die Zonengrenze bestand seit der Gründung der beiden deutschen Staaten, der Bundesrepublik Deutschland (BRD) und der Deutschen Demokratischen Republik (DDR), im Jahre 1949. Bis 1956 bezeichnete die DDR die Grenze offiziell als Demarkationslinie, danach als Grenze und ab 1972 als Staatsgrenze.

Nach und nach baute die DDR diese Grenze zu einem Schutzwall aus. Ein unüberwindbarer, doppelter Stacheldrahtzaun verhinderte wirksam eine Massenflucht in den Westen. Nach DDR-Lesart sollte die Grenze die DDR vor Übergriffen aus der BRD schützen. Vor dem Zaun verlief ein 500 Meter breiter Schutzstreifen und davor eine zunächst fünf Kilometer breite Sperrzone.

Ab 1961 verwandelte sich die 1'400 Kilometer lange innerdeutsche Grenze in einen Todesstreifen, die DDR-Machthaber verminten sie und installierten Selbstschussanlagen. Rund 30'000 Grenzsoldaten sicherten den Zaun und erhielten den Befehl, notfalls auf Flüchtlinge zu schießen.

Am 13. August 1961 begann der Bau der Berliner Mauer. Drei Tage darauf protestierte der Regierende Bürgermeister und spätere Bundeskanzler Willy Brandt zusammen mit 300'000 West-Berlinern vor dem Schöneberger Rathaus. Der SPD-Politiker war der einzige Politiker, der sich vehement gegen die Einmauerung der Stadt wehrte. Bundeskanzler Konrad Adenauer bequemte sich erst neun Tage nach dem Mauerbau nach West-Berlin.

Die Abriegelung Westberlins berührte mich nicht persönlich. Ich war damals achteinhalb Jahre alt und wir hatten weder Verwandte noch Freunde in Berlin oder im Ostsektor. Jedoch gehörte die Mauer zu meiner Jugendzeit. Immer wieder fanden Flüchtlinge den Tod und Fluchthelfer buddelten Tunnel unter der Mauer, um Bürger aus der DDR in den Westen zu schleusen. Durch den längsten und tiefsten Tunnel gelangten im Oktober 1964 insgesamt 57 Personen nach Westberlin. Über 30 Studenten der Freien Universität Berlin beteiligen sich am Bau. Von rund 70 Tunneln war der Tunnel 57 das erfolgreichste Fluchtprojekt.

Ich selbst besuchte Berlin erstmals 1979. Nach Ostberlin gelangte ich zusammen mit meinem Mann, mit unseren Schweizer Pässen,

über den Grenzübergang „Checkpoint Charlie".
Dieser Übergang war Diplomaten und Ausländern vorbehalten, Deutsche und Westberliner durften ihn nicht benutzen.

Im Juni 1990 ließ die Stadt die Kontrollbaracke abmontieren und ins Alliiertenmuseum bringen. Seit Ende September 2018 steht der Kontrollpunkt Checkpoint Charlie unter Denkmalschutz und bildet eine touristische Attraktion in Berlin.

Was ich damals in Ostberlin vorfand, war für mich schockierend. Sofort erkannten uns alle als Wessis - ob an unserer Kleidung oder an unserem Auftreten, weiß ich nicht - und wir wurden entsprechend anders behandelt. Wir standen am Café des „Palastes der Republik" Schlange. Aber sofort kam jemand, der uns aus der Reihe nahm und nach vorne durchschleuste. Mir war dieses Verhalten peinlich, aber ich wollte keinen Aufstand machen, da ich nicht wusste, was passieren würde.

Das Kulturhaus war 1976 auf dem Gelände des einstigen Berliner Stadtschlosses eröffnet worden. Nach der Wiedervereinigung erfolgte ab dem Jahr 2006 der Abriss des asbestverseuchten sozialistischen Prunkbaus und 2013 begann der Wiederaufbau des Berliner Schlosses. Teile der alten Fassaden werden rekonstruiert, einige modern gestaltet, ebenso wie die Innenräume.

Im Schloss soll das Humboldt Forum seinen Platz finden. Zusammen mit der Museumsinsel soll eine Verbindung von Kunst, Kultur und Wissenschaft entstehen. Die vorläufige Eröffnung ist zur 250-Jahrfeier von Alexander von Humboldt am 14. September 2019 geplant.

Die Teilung Deutschlands endete offiziell am 3. Oktober 1990. Die massive Ausreisewelle von DDR-Bürgern über Ungarn und die Tschechoslowakei Richtung Westen sowie der friedliche Protest der Montagsdemonstranten in Leipzig im Herbst 1989 läuteten diese Entwicklung ein. Am 9. November 1989 strömten Tausende Ostdeutsche an die Grenzübergänge nach West-Berlin. Grenzsoldaten öffneten ohne klaren Befehl um 22 Uhr zahlreiche Übergänge, damit fiel die Berliner Mauer nach 28 Jahren.

Ich erlebte dieses historische Ereignis nur im Fernsehen mit - und zwar in Liberia. Eine riesige Satellitenschüssel erlaubte uns, deutsche Programme mitten im Busch live zu empfangen.

Mit dem Mauerbau 1961 bestand die Teilung Deutschlands bis zum Mauerfall 28 Jahre. Etwa genau solange sind beide Teile inzwischen wieder vereint. Worin liegt heute noch der Unterschied?

Durch die Teilung Deutschland in zwei unterschiedliche politische Systeme, verliefen das Jahr 1968 und die anschließenden 70er-Jahre in verschiedenen Bahnen. Bis heute wird teilweise kontrovers diskutiert, ob in Ostdeutschland überhaupt so etwas, wie die 68er-Bewegung existierte.

Auf jeden Fall gab es den „Prager Frühling", die Reformbewegung Alexander Dubceks, den die Truppen des Warschauer Paktes brutal niederschlugen. Dubcek wurde abgesetzt und durch Husák ersetzt, der die Tschechoslowakei weit zurückwarf. Die Ostberliner und einige in der Provinz protestierten mit Flugblättern und mit Losungen an Hauswänden dagegen, aber Steinewerfen wie im Westen lag nicht drin.

Eine echte Streitkultur, wie es eine Demokratie braucht, gab es in der DDR nicht. Es mangelte an öffentlichen Diskussionen, an denen politische Gegner ihre unterschiedlichen Meinungen kundtun, erörtern und mit Argumenten untermauern konnten. Dieses Spiel der Kräfte, welches im Idealfall in einem Kompromiss endet, fehlte unter dem SED-Regime. Hier gab die Einheitspartei die Marschrichtung vor.

Ich habe keine andere Erklärung dafür, dass die als rechtspopulistisch eingestufte Partei AfD (Alternative für Deutschland) bei den Zweitstimmen bei der Bundestagswahl 2017 im Westen je nach Bundesland einen Anteil von 7,8 - 12,4 % erzielte und im Osten erschreckende 18,6 - 27 %.

Wirft man einen Blick in das Grundsatzprogramm dieser Partei, frage ich mich ernsthaft, wo die BRD steht und hinsteuert. Ich greife nur drei Punkte heraus - vielleicht nicht die Wichtigsten, aber die, die mich in meinen Grundfesten erschüttern.

- An Deutschlands Außengrenzen sollen wieder betriebsbereite Grenzübergangsstellen bereitstehen.

Waldshut liegt direkt an der Schweizer Grenze, ist EU-Außengrenze und gehört zum Schengen-Raum. Sollen da künftig wieder Grenzbalken sein? Oder ein Schutzstreifen und eine Schutzzone wie an der alten Zonengrenze?

- Die AfD tritt dafür ein, für alle männlichen deutschen Staatsbürger im Alter zwischen 18 und 25 Jahren den Grundwehrdienst wieder einzusetzen.

Grundwehrdienst? Für männliche deutsche Staatsbürger? Und was ist mit uns Frauen? Sollen wir uns wieder den 3-K's widmen? Kinder - Küche - Kirche? Sollen wir auf die Gleichstellung von Mann und Frau verzichten? Für was haben wir 1968 und in den Jahren danach gekämpft? Das ist Diskriminierung pur.

- Mittels einer aktivierenden Familienpolitik muss eine höhere Geburtenrate der einheimischen Bevölkerung als mittel- und langfristig einzig tragfähige Lösung erreicht werden.

Na: „Mädchen macht die Beine breit, Deutschland braucht Soldaten", das hatten wir ja schon einmal, das ist nichts Neues.

Dass es in einer Demokratie Parteien mit unterschiedlichen Programmen gibt, ist ein wesentlicher Bestandteil dieser Staatsform. Allerdings lässt mich dieses Wahlergebnis vermuten, dass nach der Wiedervereinigung vor fast 30 Jahren immer noch Unsicherheiten und unterschwellige Ängste bei den Bewohnern der neuen Bundesländer bestehen.

In der DDR gab es nicht nur politisch Überzeugte, sondern auch Mitläufer, Duckmäuser und Rebellen. Ähnlich wie in der BRD existierte eine Hippie-Kultur. Die Blueserszene bildete eine eigene Jugendkultur, wie im Westen ging es dabei um Freiheit, Unabhängigkeit und nicht um Gleichschritt mit dem herrschenden System. Lange Haare, Bart, Levis-Jeans, grüner Parka und Jesuslatschen dienten äußerlich zur Abgrenzung gegenüber den staatstreuen Jugendlichen.

Blues und Rockmusik fanden Anklang in der Szene, die Rolling Stones, Jimi Hendrix, Janis Joplin oder The Doors waren beiderseits der Mauer die Idole. Alkohol- und Drogenkonsum, teils aus Polen geschmuggeltes LSD, gehörten am Wochenende bei den Treffen, neben der Musik, wie im Westen dazu.

Unter dem Dach der evangelischen Kirche fanden in Berlin zahlreiche Blues-Messen statt. Bis zu 7'000 Besucher pilgerten 1983 in die Gotteshäuser. Dies war Ausdruck des Jugendprotestes gegen die verkrusteten Strukturen in der DDR. Blueser engagierten sich teilweise in der Friedens-, Frauen-, Menschenrechts- und Umweltbewegung.

Was wurde aus diesen Post-Hippies, die zur Altersgruppe 65 plus zählen? Ich hoffe, keine AfD-Wähler!

68er-Bewegung

Nicht jeder gehörte zu den linken Aktivisten von 1968, deren Proteste mehrheitlich politisch motiviert waren. Diese fanden an den Universitäten in Berlin, München, Bremen und anderen Städten statt. In der Provinz ging es gemächlicher zu. Aber auch hier blies ein neuer Wind. Laut dem Statistischen Jahrbuch von 1969 studierten im Wintersemester 1967/68 insgesamt rund 295'000 Studenten an westdeutschen Hochschulen, einschließlich Westberlin, davon waren nur knapp 74'000 Frauen. Dies entspricht einem Anteil von 25 %.

Betrachtet man die Einwohnerzahl der BRD von nicht ganz 60 Millionen im Jahr 1967, machte die Studentenschaft gerade mal ein halbes Prozent der Gesamtbevölkerung aus. Davon waren 28 %, sprich knapp 17 Millionen, im studierfähigen Alter zwischen 20 und 40 Jahren, legt man diese Zahl zugrunde, betrug der Anteil an Studierenden 1,6 %.

Die Proteste des Jahres 1968 begannen bereits ein Jahr zuvor. Der Tod des Germanistikstudenten Benno Ohnesorg bei einer Demonstration gegen den damaligen persischen Schah Mohammad Reza Pahlavi entsetzte auch bis dahin eher unpolitische Studenten.

Todesschütze war der Westberliner Kriminalbeamte Karl-Heinz Kurras, wie sich später herausstellte ein Stasi-Agent. Allerdings ist bis heute ungeklärt, ob die DDR-Staatssicherheit mit involviert war.

Der 2. Juni galt als „Startschuss" für die folgende Studentenrevolte und dem daraus resultierenden Terrorismus der Roten Armee Fraktion (RAF) in der BRD in den 70er Jahren.

Der Sozialistische Deutsche Studentenbund (SDS), bis 1961 zur SPD gehörend, bildete bis zu seiner Auflösung 1970, die einzige deutsche parteiunabhängige sozialistische Hochschulorganisation. Ab 1966 verstand er sich als Teil der westdeutschen Außerparlamentarischen Opposition (APO) und galt als deren planende und operierende Kerntruppe und war Organisator der Demonstration vom 2. Juni 1967.

Die APO warf unserer Elterngeneration vor, dass noch immer ehemalige Nationalsozialisten in hohen und höchsten Ämtern saßen. Ferner kritisierte sie die Verabschiedung der Notstandsgesetzgebung im Mai 1968, welche die Rechte der Bürger im Notfall stark einschränkten. Es erinnerte sehr an die Notverordnung von 1933, die die Bürgerrechte der Weimarer Verfassung außer Kraft setzte und damit den Weg zur Machtergreifung Adolf Hitlers ebnete.

Die APO unterstützte den weltweiten Widerstand gegen den „westlichen Imperialismus", protestierte gegen die wachsende Gefahr eines Atomkrieges durch die atomare Aufrüstung der Industrienationen und gegen den Vietnamkrieg.

Ein weiterer Kritikpunkt galt der Hochschulpolitik: „Unter den Talaren - Muff von 1'000 Jahren". Die Studentenschaft wollte einerseits mehr Demokratisierung und Mitbestimmung, andererseits die Abschaffung von elitären Strukturen und alten, fragwürdigen Ritualen und Traditionen.

Der „Muff von 1'000 Jahren" bezog sich auf das 1'000-jährige Reich der Nationalsozialisten, denn die braune Vergangenheit vieler Professoren an bundesdeutschen Universitäten forderte nach Aufklärung. Die Studenten verlangten lautstark eine Auseinandersetzung mit der nationalsozialistischen Ära.

Einer der führenden Figuren der 1968er Studentenbewegung von SDS und APO war Rudi Dutschke. Josef Bachmann, ein 23-jähriger Hilfsarbeiter aus der rechtsextremen politischen

Szene, schoss ihn kurz vor Ostern 1968 auf offener Straße nieder und verletzte ihn schwer. Dutschke überlebte das Attentat knapp und starb 1979 an den Spätfolgen.

Daraufhin kam es zu den schwersten Unruhen, die die Bundesrepublik bis dahin erlebt hatte. Demonstranten warfen Molotowcocktails gegen das Springer-Hochhaus in Berlin und fackelten Lieferwagen des Großverlags in zahlreichen Städten ab. Die Springer-Presse hatte Stimmung gegen Dutschke und die Studentenbewegung mit Worten wie „hart durchgreifen", „abschieben" und „ausmerzen" gemacht.

Namhafte deutsche Intellektuelle wandten sich bereits 1967 in Unterschriftsaktionen öffentlich gegen die Marktmacht der Springerpresse, insbesondere die der Bild-Zeitung, darunter die beiden Literatur-Nobelpreisträger, Heinrich Böll und Günter Grass.

Die Ereignisse von 1968 bekam ich aus der Presse und dem Fernsehen mit. Ich besuchte damals nach der Mittleren Reife die Obersekunda, heute Klasse 11, am Gymnasium. Auch wir protestierten an der Schule, aber in gemäßigten Sit-ins. Die linke Politik der 68er-Bewegung interessierte uns damals nur am Rande, uns beschäftigte mehr die Veränderung unserer eigenen Situation, wir demonstrierten in erster Linie für ein Raucherzimmer. Natürlich skandierten wir auch mit dem Ho-Ho-Ho-Chi-Minh-Schlachtruf, forderten die Aufklärung der Nazi-Verbrechen und die Säuberung der Firmenetagen von der braunen Brut und solidarisierten uns mit den Studentenprotesten. Aber unser eigentlicher Protest zielte gegen die Gesellschaft, gegen die erzkonservative Sexualmoral, gegen die Unterdrückung der Frauen, gegen die Einschränkung unserer persönlichen Freiheit und Selbstbestimmung.

Die 68er-Zeit polarisiert noch nach 50 Jahren. Die Moderatorin, Kabarettistin, Literaturkritikerin und Schriftstellerin Elke Heidenreich, damals Mitte 20 und mitten im Studium, meinte zu dieser Zeit: „Zusammenfassend möchte ich sagen: Spätere Politiker, die in der 68er-Zeit infiziert wurden wie Daniel Cohn-Bendit, Christian Ströbele, Otto Schily, auch noch Joschka Fischer - die hatten noch Überzeugungen, Kampfgeist, Biografien. Heute ist der Mainstream gelackt und gut frisiert und hat mehr Karriere als Biografie. Vielleicht müssten wir mal wieder im großen Stil Eier schmeißen."

Vietnamkrieg

„Ho-Ho-Ho-Chi-Minh" riefen wir bei Sit-ins und anderen Anlässen an der Schule. Der vietnamesische Revolutionär und kommunistische Politiker Ho Chi Minh beeindruckte uns Teenager und entwickelte sich zu einer Symbolfigur.

Nach der Gründung der Volksrepublik China 1949 durch Mao Tse-Tung, heute meist Mao Zedong geschrieben, befürchteten die Amerikaner einen Vormarsch des Kommunismus. Sie finanzierten einen Großteil des Indochina-Krieges, den die Kolonialmacht Frankreich von 1946 bis 1954 in der Region der heutigen Länder Vietnam, Laos und Kambodscha führte.

Nach der Niederlage der Franzosen erfolgte 1954 auf der Genfer Konferenz die Teilung Vietnams. Ein Bürgerkrieg flammte auf und immer mehr rote Partisanen gelangten von Nord- nach Südvietnam. Die Regierung im Süden war korrupt, es herrschte Chaos und deren Armee war unfähig, die Angriffe aus der Demokratischen Republik Vietnam, wie Ho Chi Minhs Land im Norden hieß, zu stoppen. Amerika griff ein.

Im Februar 1962 schickte Washington heimlich 5'000 als „Militärberater" getarnte GIs nach

Saigon. „Schleier des Schweigens", lautete der Titel eines Spiegel-Berichts im März 1962. Darin werden Präsident J. F. Kennedys Worte zitiert: "Ich glaube, wir sind so aufrichtig, wie wir sein können." Und weiter im Spiegel: „Zu dieser begrenzten Aufrichtigkeit gehört es, dass der Präsident seinen Landsleuten die im Pentagon bereitliegenden Pläne verschwieg: die auch den Einsatz regulärer amerikanischer Verbände in Südvietnam vorsehen."

1965 starteten die USA den Luftkrieg. In der Tagesschau konnten wir die Angriffe verfolgen. Laut Wikipedia hagelte es bis Ende 1967 mehr als 864'000 Tonnen Sprengstoff über Nordvietnam und Laos, mehr als doppelt so viel wie über dem gesamten Pazifik während des Zweiten Weltkriegs.

Wir demonstrierten gegen den Krieg und unser Protest fand Nahrung in der Berichterstattung investigativer amerikanischer Journalisten. Darunter die Reportage von Seymour Hersh im Magazin „Life" 1969. Er hatte über das Massaker von My Lai berichtet und die heimlichen Aufnahmen des Armeefotografen Ronald Haeberle belegten das Gemetzel.

Zunächst hatte der Krieg breite Zustimmung in der amerikanischen Bevölkerung gefunden, als jedoch das Blutbad bekannt wurde, wechselte die Stimmung. Bei dem Übergriff hatten US-Soldaten Frauen vergewaltigt und fast alle Bewohner des Dorfes ermordet, darunter zahlreiche Kinder, Frauen und Greise. Insgesamt fanden 504 Zivilisten den Tod.

Die US-Armee vertuschte das Massaker zunächst. Über ein Jahr lehnten sämtliche Medien die Veröffentlichung der Reportage ab, bis sie 1969 im Magazin „Life" erschien.

1972 ging das Foto von Phan Thị Kim Phúc um die Welt. Die Neunjährige floh nackt aus ihrem Dorf Tràng Bàng. Bei einem Napalm-Angriff südvietnamesischer Flugzeuge erlitt sie schwere Verbrennungen. Der vietnamesisch-amerikanische Pressefotograf Nick Út schoss das Foto unmittelbar nach dem Napalm-Angriff, als sie mit anderen Kindern aus dem Dorf floh. Gleich darauf fuhr er das Mädchen mit seinem Wagen ins Krankenhaus.

Der Deutsche Horst Faas, damaliger Leiter des Associated Press (AP) Nachrichtenbüros in Saigon, sorgte - entgegen den Regeln von AP - für die Veröffentlichung des Fotos. Die niederländische „World Press Photo Foundation" wählte das Bild zum Pressefoto des Jahres 1972 und Út erhielt den Pulitzer-Preis.

Im Vietnamkrieg setzten die US-Streitkräfte laut Wikipedia nahezu 400'000 Tonnen Napalm ein. Die Brandwaffe verursacht schwere und schlecht heilende Hautverbrennungen. Der Einsatz gegen die Zivilbevölkerung ist seit einer Konvention der Vereinten Nationen seit 1980 verboten.

Phan Thị Kim Phúc konnte erst nach zahlreichen Hauttransplantationen und Operationen wieder ein normales Leben führen. Sie studierte Medizin in Kuba, heiratete einen vietnamesischen Kommilitonen und beantragte bei ihrer Hochzeitsreise Asyl in Kanada. 1997 gründete sie in den USA die „Kim Phuc Foundation", um Kindern, die Kriegsopfer wurden, medizinische und psychologische Hilfe zu bieten.

Die heutige Friedensaktivistin und UNESCO-Botschafterin erhielt am 11. Februar 2019 in der Semper-Oper den Dresdner Friedenspreis. In ihrem neuen Buch „Ins Herz gebrannt" setzt sich die 55-Jährige mit ihrer eigenen Geschichte auseinander.

Neben Napalm versprühten die USA das Entlaubungsmittel „Agent Orange" großflächig mit Flugzeugen und Hubschraubern. Das Ziel war, dem Vietcong die Deckung im Urwald zu nehmen, die Wege des Ho-Chi-Minh-Pfades sichtbar zu machen und deren Ernte zu vernichten. Der Ho-Chi-Minh-Pfad, der teils durchs Nachbarland Laos führte, diente als Versorgung- und Nachschubroute, um Menschen und Kriegsmaterial von Nord- nach Südvietnam zu transportieren.

Die US-Armee verharmloste den Einsatz der chemischen Waffe „Agent Orange", obwohl eine vom Pentagon in Auftrag gegebene Studie, die Verantwortlichen bereits 1967 vor den Folgen des Giftregens gewarnt hatte.

Das Sprühmittel war mit hochgiftigen Stoffen verunreinigt, Hunderttausende Bewohner in den betroffenen Gebieten und bis zu zweihunderttausend US-Soldaten erkrankten.

Vietnamesische Zeitungen zeigten Fotos von totgeborenen und furchtbar missgebildeten Babys. In den besprühten Gebieten war die Zahl der Missgeburten um mehr als das Zehnfache gestiegen.

Der Vietnamkrieg dauerte von 1955 bis 1975. Die USA traten 1965 in den Krieg ein und unterstützten das südvietnamesische Regime. Die 20 Jahre andauernden Kämpfe hatten sich nahtlos an den Indochina-Krieg von 1946 - 1954 angeschlossen, einem Befreiungskampf zwischen Indochina und der Kolonialmacht Frankreich.

Der Vietnamkrieg gilt als Stellvertreterkrieg der Supermächte USA und der Sowjetunion im Kalten Krieg. Mit der Eroberung Saigons durch die kommunistischen Nordvietnamesen endeten die Kampfhandlungen am 30. April 1975.

Wie viele Tote der Krieg forderte, ist unklar. Die Schätzungen reichen von 1,2 bis zu vier Millionen, was einem Achtel der vietnamesischen Bevölkerung entspricht.

Nach der Wiedervereinigung Vietnams unter der Führung Nordvietnams erfolgten Säuberungsmaßnahmen im großen Stil. Südvietnamesen, die die Amerikaner unterstützt hatten, landeten in Umerziehungslagern. Gemäß Wikipedia starben etwa 165'000 in diesen Lagern, Tausende wurden zu Tode gefoltert oder vergewaltigt und circa 200'000, meist hochrangige Militärs, hingerichtet.

Da sich die Nachbarstaaten kaum als Zufluchtsorte eigneten, versuchten über 1,6 Millionen Vietnamesen per Boot ins Ausland zu entkommen. Fast 250'000 Boatpeople starben im Südchinesischen Meer, die Überlebenden fanden Aufnahme in den USA und in Frankreich. Die Bundesrepublik nahm rund 30'000 Flüchtlinge aus Südostasien auf, weitere folgten durch Familienzusammenführungen.

Mein Mann arbeitete von 2002 - 2006 in einem Projekt in Vietnam, zunächst in Hanoi, dann in Haiphong, in der Nähe der Halong-Bucht. Ich besuchte ihn mehrfach und habe zeitweise dort gelebt. Im gleichen Zeitraum wohnten Freunde von uns in Ho-Chi-Minh-Stadt, dem einstigen Saigon, sodass ich bei Besuchen stets den Norden, wie den Süden bereiste. Zu dieser Zeit gab es noch T-Shirts zu kaufen mit dem Aufdruck: „I got to Vietnam before McDonald's", was bedeutet: Ich kam nach Vietnam vor McDonald's. Leider endete diese Ära 2014.

Was mir auffiel, waren die vielen jungen Menschen. Viele der älteren Generation hatte den Krieg nicht überlebt. Der Eiserne Vorhang war gut zehn Jahre zuvor gefallen und die Vietnamesen sahen nach vorne. Vom Krieg wollte niemand mehr etwas wissen.

2002 gab es in Hanoi praktisch kaum Autos, der Transport von Menschen, Tieren und Waren erfolgte auf Mopeds. Ausländern war Autofahren nicht erlaubt und das wichtigste Zubehör im Fahrzeug war die Hupe. Da jeder ständig darauf drückte, reagierte niemand mehr auf den Lärm.

Zu Ehren von Präsident Ho Chi Minh nannten die Sieger Saigon nach der Wiedervereinigung in Ho-Chi-Minh-Stadt um. Saigon und der Süden waren wesentlich weiter entwickelt als der Norden. Hier gab es zahlreiche Einkaufszentren, viele Hotels und Restaurants mit westlichem Standard.

In Hanoi befand sich nur eine Shoppingmall mit einem sehr begrenzten Angebot. Haiphong - immerhin eine Stadt mit einer Million Einwohner - lag in der Entwicklung noch weiter zurück. Es existierte ein Hotel, das Harbour View Hotel, das westlichem Standard entsprach, für uns ab und zu eine Oase der Zivilisation. Inzwischen gibt es in Haiphong elf Vier-Sterne und drei Fünf-Sterne-Hotels.

Ab 2005 etablierte sich ein Metro-Einkaufsmarkt, endlich lag anständiges Rindfleisch aus Australien - und nicht nur zähes Wasserbüffelfleisch - in der Kühltheke. Mit dem hatte ich mich einmal richtig blamiert. Es sah aus wie ein wunderschönes Rinderfilet, ich machte ein rosagebratenes Chateaubriand daraus, leider war es zäh wie Schuhleder.

Was es allerdings nur im Norden zu kaufen gab, waren Bratwürste aller Art und gepökeltes, in Scheiben geschnittenes Schweinefilet. Viele Vietnamesen lebten in Ostdeutschland und versuchten nach ihrer Rückkehr das dort Gelernte in vietnamesische Dong umzumünzen. Das war immer ein gutes Mitbringsel aus Hanoi für unsere Freunde in Saigon.

Das Land befand sich im Aufbruch, der Tourismus begann langsam aufzublühen - und Vietnam lohnt wirklich eine Reise. Traumhafte Landschaften, insbesondere im Norden, dann die malerische Halong-Bucht sowie zahlreiche kulturelle Sehenswürdigkeiten in Hanoi und der alten Kaiserstadt Hue. An den weißen Sandstränden entstanden nach und nach etliche Hotels westlichen Standards.

An den Vietnamkrieg erinnern noch die Vietcong-Tunnel in Cú Chi in der Nähe von Saigon. Ein riesiges Tunnel-Labyrinth diente den nordvietnamesischen Kämpfern als Unterschlupf vor den Amerikanern. Schulen, Schlafplätze, Krankenstationen und Büros waren hier untergebracht. Das Tunnelsystem trug dazu bei, dass die US-Armee den Krieg nicht gewinnen konnte.

Heute können Touristen auf allen vieren durch einen Teil der Tunnel krabbeln, um eine Vorstellung des Widerstandswillens zu erhalten, der von den Vietcongs ausging. An diesem Ort klagte ein älterer Südvietnamese hinter vorgehaltener Hand über die Gräueltaten der Vietcongs. Weder sie noch die Amerikaner waren Unschuldslämmer in diesem grausamen Krieg.

Von den jungen Vietnamesen hörte ich nie eine Bemerkung zu ihrer Vergangenheit. Ich weiß nicht, ob aus Angst vor der Regierung, aber ich hatte eher das Gefühl, dass sie vergessen wollten. Kommunismus hin oder her, man sprach auch im Norden Englisch und Dollars waren immer willkommen. Der Kapitalismus hielt schleichend Einzug und die Bevölkerung packte den Kommunismus in die Schublade.

Was mich als einstigen Ho-Chi-Minh-Fan beeindruckte, war das Haus, in dem er gelebt hatte. Als Präsident hatte er sich geweigert, in den Präsidentenpalast einzuziehen und sich stattdessen für ein bescheidenes Haus am See neben dem Palast entschieden. Ho Chi Minh war sein Leben lang ein einfacher Mann geblieben und einer der wenigen Staatsmänner, der sich nicht schamlos an seinem Volk bereichert hat. Die Vaterfigur Vietnams ist am 2. September 1969 gestorben.

Anstatt seinen Leichnam gemäß seinem Wunsch zu verbrennen, balsamierten ihn seine Nachfolger ein und errichteten ein Mausoleum, in dem er ähnlich wie Lenin öffentlich „ausgestellt" wird.

Die Sozialistische Republik Vietnam ist nach wie vor ein kommunistisch regierter Einparteienstaat. Die Menschenrechtslage ist gemäß dem Länderbericht 2017 von „Freedom House", einer US-amerikanischen Nichtregierungsorganisation (NGO), immer noch sehr problematisch. Die politischen- und Bürgerrechte sind nach wie vor stark eingeschränkt.

Wie sich Vietnam in Zukunft weiterentwickeln wird, ist schwer einzuschätzen. Am Stadtrand von Hanoi befindet sich die „Vincom Mega Mall Royal City", inzwischen die größte unterirdische Einkaufs-Mall von ganz Asien.

Vietnam will weg von der Schuh- und Bekleidungsindustrie, in der vor allem Frauen arbeiten. Die fortschreitende Automatisierung gefährdet diese Billiglohn-Arbeitsplätze zunehmend. In der Nähe von Haiphong entstehen Fabriken für die Produktion eigener Motorroller und Autos, um industriell anspruchsvollere Arbeitsplätze zu schaffen. Dies ist nur ein Schritt bei der Umstrukturierung der Wirtschaft, weit entfernt von der einstigen Planwirtschaft. Die Globalisierung und Öffnung des Landes bescherte Vietnam einen Wirtschaftsboom, mit allen Vor- und Nachteilen des Kapitalismus.

2006 besuchten wir den Golfplatz in Đà Lạt. Zunächst wollten sie uns nicht auf den Platz lassen, da hochrangige Politiker einer ASEAN-Regionalkonferenz spielten. Plötzlich erhielten wir die Erlaubnis und nach dem Spiel saßen im Klubhaus am Nachbartisch die Premierminister von Laos, Myanmar, Kambodscha und Vietnam. Kommunismus und das als kapitalistisch verpönte Golfspiel schienen keinen Widerspruch zu bilden. Ob Ho-Chi-Minh sich sein Land so vorgestellt hat?

Wir - zumindest ein Teil von uns - träumten in unserer Jugend von einer besseren, gerechteren Welt. Einer Welt, in der alle gleich sind. In der Theorie mag das funktionieren, aber wie die Praxis in den letzten 50 Jahren bewies, sind manche stets „gleicher". In den kommunistischen Ländern gab es immer Parteifunktionäre, die es verstanden haben, sich ihre Pfründe zu sichern, und es gibt sie immer noch. Oder wer kann sich bei einem Jahresgehalt von durchschnittlich 1'900 Euro eine Ein-Zimmer-Eigentumswohnung in Ho-Chi-Minh-Stadt für 200'000 Euro leisten?

Der Glaube an den Kommunismus war wohl einer der größten Irrtümer unserer Zeit, unserer Generation. In der Theorie ja, aber der Mensch ist dafür nicht geschaffen, jeder schaut nur nach seinem eigenen Vorteil, jeder ist sich selbst der Nächste.

Rote Armee Fraktion (RAF) Terrorismus

Oft saß ich am Samstagmorgen mit meinem Vater am Küchentisch und diskutierte mit ihm. Selten waren wir einer Meinung, aber was den Terrorismus der RAF in Deutschland betraf, waren wir uns einig. Ich habe die Studentenrevolte von 1967 und 1968 verteidigt, ich konnte Steinewerfen noch als legale Maßnahme einer Revolution betrachten, aber Mord ging eindeutig zu weit. Der Zweck heiligt nicht alle Mittel.

Die Anfänge der militanten RAF lagen in der Studentenbewegung, allerdings war es nur eine sehr kleine Minderheit, die sich dem Terrorismus verschrieb. Die Mitglieder der ersten RAF-Generation entstammten dem Sozialistischen Deutschen Studentenbund (SDS) oder standen ihm nahe. Bereits Rudi Dutschke dachte über eine Stadtguerilla, ähnlich den Tupamaros in Uruguay, nach. Allerdings blieb er Theoretiker und distanzierte sich von der RAF.

Der Kommunarde und Politikaktivist Dieter Kunzelmann gründete dann im Herbst 1969 die "Tupamaros West-Berlin". Die Gruppierung legte zwei Brandbomben in Berlin, bei denen aber niemand verletzt wurde, und ging bereits ein halbes Jahr vor Entstehung der RAF in den Untergrund. Die Stadtguerilla gilt als ideologischer Vorläufer der RAF.

Ein Treffen mit den späteren RAF-Gründern Andreas Baader, Gudrun Ensslin und Horst Mahler im März 1970 führte zu keiner gemeinsamen Organisation. Die RAF strebte im Gegensatz zu den Tupamaros eine streng paramilitärische Organisationsform an.

Baader, Ensslin und zwei weitere Aktivisten legten nachts drei Brände im Kaufhaus Schneider und Kaufhof. Sie wurden schnell gefasst und im nachfolgenden Prozess wegen Brandstiftung zu drei Jahren Zuchthaus verurteilt.

Als Geburtsstunde der RAF gilt die Befreiung Baaders mit Waffengewalt im Mai 1970. Die Journalistin Ulrike Meinhof war mit beteiligt und schloss sich nach einem Schusswechsel den Fliehenden an.

Im Sommer 1970 erhielten Baader, Ensslin, Meinhof, Mahler und ein Dutzend weitere Personen in einem Camp der palästinensischen Fatah in Jordanien eine dreimonatige Grundausbildung in Kampftaktik, Waffenkunde, Schießen und Sprengstoffherstellung. Damit war der

Grundstein für den Terror in Deutschland gelegt. Zahlreiche Anschläge folgten mit insgesamt 33 Toten und mehr als 200 Verletzten, die RAF hielt die Bundesrepublik über Jahre hinweg in Atem.

Nach einer Polizei-Großaktion mit Straßensperren gelang im Juni 1972 die Verhaftung der führenden RAF-Mitglieder. Die Anklage erfolgte drei Jahre später im Stammheimer Prozess. Die Inhaftierten protestierten gegen ihre Isolationshaft mit mehrfachem Hungerstreik.

Die Beweisaufnahme verschob sich um fünf Monate, da die Verteidigung anführte, dass der Grundsatz der Unschuldsvermutung nicht gewahrt sei. Grund war der im Vorfeld bereits erbaute neue Trakt in der Justizvollzugsanstalt (JVA) Bruchsal.

Das „Café Achteck", wie die JVA in Bruchsal heißt, liegt nur unweit von meinem Heimatort und den Gymnasien in Bruchsal entfernt. Jeden Morgen passierte ich auf dem Schulweg mit dem Bus die Strafanstalt. Allerdings bekam die Bevölkerung nicht viel von der Erweiterung mit, denn nur einige Hundert Meter entfernt lag die Großbaustelle des Bruchsaler Schlosses. Das Barockschloss war kurz vor Kriegsende bei einem Bombenangriff auf die Stadt in Schutt und

Asche gelegt worden. Seit Februar 1975 steht es der Öffentlichkeit wieder zur Verfügung.

Nach 192 Prozesstagen verurteilten die Richter die RAF-Führungsriege in Stuttgart-Stammheim im eigens dafür erbauten Gerichtsgebäude zu lebenslangen Haftstrafen. Ulrike Meinhof erhängte sich bereits 1976 in ihrer Zelle.

Die zweite Generation der RAF entführte im sogenannten Deutschen Herbst 1977 Arbeitgeberpräsident Hans Martin Schleyer und erschoss dabei seine drei Leibwächter und seinen Fahrer. Die Attentäter forderten im Austausch die Freilassung der RAF-Häftlinge.

SPD-Bundeskanzler Helmut Schmidt ließ sich nicht erpressen, worauf im Oktober die Entführung des Flugzeuges „Landshut" erfolgte. Die vier palästinensischen Entführer erschossen den Kapitän und die Eliteeinheit des deutschen Bundesgrenzschutzes GSG 9 befreite die 86 Geiseln in Mogadischu, Somalia. Dieses Ereignis führte zur sogenannten „Todesnacht" von Stammheim. Baader, Ensslin und Raspe begingen Selbstmord, Schleyer wurde hingerichtet.

Nach dem Einsatz in mehreren Ländern kaufte die Bundesregierung 2017 die „Landshut". Mit zwei Transportmaschinen landete die zerlegte Schrottmaschine inzwischen in Friedrichshafen.

Derzeit wird die Maschine wieder in ihren Originalzustand gebracht, sie soll Bestandteil einer Ausstellung zum Deutschen Herbst 1977 und dem RAF-Terror werden.

Mit dem Tod der Führer der ersten RAF-Generation endete der Terror in Deutschland noch lange nicht. Brigitte Mohnhaupt trat in die Fußstapfen der Anführer und übernahm die Leitung der Nachfolge-Riege. Baader, Ensslin und Raspe hatten sie 1976 in der JVA Stuttgart getroffen und auf ihre Führungsrolle vorbereitet.

Mohnhaupt hatte ihr Abitur bereits 1967 am Schönborn-Gymnasium in Bruchsal abgelegt, ich erst 1972. Ich lernte sie nie persönlich kennen, aber es hat mich damals stark berührt, dass der Terror zum Greifen nahe war.

Aber nicht nur Brigitte Mohnhaupt stammte aus unserem idyllischen Baden. 1973 zogen Christian Klar, seine Freundin Adelheid Schulz, Günter Sonnenberg und Knut Folkerts in eine Wohngemeinschaft nach Karlsruhe. Ich hatte kurz zuvor mein Studium in der Fächerstadt begonnen.

Im April 1977 wurden Generalbundesanwalt Siegfried Buback, sein Fahrer Wolfgang Göbel und Georg Wurster, Leiter der Fahrbereitschaft, in Karlsruhe ermordet. Im Juli erfolgte die Ermordung von Dresdner Bank Chef Jürgen Ponto in Oberursel.

Weitere Terroraktionen folgten. Überall hingen Fahndungsplakate der gesuchten RAF-Terroristen. 1979 zogen mein Mann und ich in ein kleines Dorf im Nordschwarzwald, unweit von Karlsruhe. In unserer Gemeinde wohnte ein Bundesrichter des Karlsruher Bundesverfassungsgerichtes. Sein Garten ums Haus kam einer Festung gleich, umzäunt und mit einem Hochsitz versehen, der ständig besetzt war. Die bewaffneten Sicherheitskräfte beäugten uns bei Spaziergängen in der Nähe des Hauses stets argwöhnisch.

Der Terror dauerte mit der dritten RAF-Generation bis 1993. Die Selbstauflösung erfolgte 1998 mit einem Schreiben an Reuters in Köln.

Insgesamt wurden 26 Mitglieder zu lebenslangen Haftstrafen verurteilt, das letzte Mitglied kam 2011 frei. Noch sind nicht alle Taten der 90er Jahre gesühnt, einige RAF-Mitglieder leben weiterhin im Untergrund. Sie finanzieren ihr Leben vermutlich mit Überfällen auf Geldtransporte und Supermärkte.

Dies war eines der traurigsten Kapitel in der Geschichte unserer Generation 65 plus. Es hat so viele Opfer gekostet und die Bundesrepublik über zwei Jahrzehnte in Angst und Schrecken versetzt. Was aber fast noch schlimmer ist als die von der RAF verübten Gewalttaten, ist das, was nach der Auflösung folgte. Ein Modelabel „Prada Meinhof" ist nur peinlich, die RAF als einen Abenteuerspielplatz der deutschen Geschichte zu bezeichnen verabscheuungswürdig, und wenn Pop- und Rockmusiker diese Zeit heiligsprechen, um Aufmerksamkeit zu erheischen, ist das geschmacklos, wenn nicht fast kriminell.

Umwelt, Atomkraftgegner & Grüne

In meiner Kindheit war das Umweltbewusst-sein noch nicht stark ausgeprägt. Ich erinnere mich an sonntägliche Spaziergänge, am Wald-rand standen regelmäßig ausrangierte Möbel. In unserem Dorf existierte noch keine Kanalisation, das Abwasser floss in flache Gräben, die zwi-schen Straße und Gehweg verliefen. Nur die Fäkalien landeten in Sickergruben.

Lebte im Rhein bis 1950 noch der Lachs, so sorgten die schlechte Wasserqualität und der Bau von neuen Wasserkraftwerken für sein Aus-sterben. Die Ballungszentren Basel und Straß-burg, Pottasche-Minen im Elsass sowie die Koh-le- und Chemiefabriken am Ober- und Nieder-rhein waren laut einer Studie der Abwasser-wirtschaft aus den 1970ern die Hauptverursa-cher der Vergiftung des Rheinwassers.

Luftverschmutzung durch zunehmende Ab-gase von Autos, Kohlekraftwerken und Erdöl-raffinerien mit ihren gewaltigen Mengen an säu-rebildenden Gasen verursachten den ab den 1970er Jahren bekannt gewordenen sauren Regen. Die Gewässer versauerten zusehends, die Seen in Schweden teils so stark, dass kein Leben mehr darin existierte. Diese konkreten Probleme der Wasser- und Luftverschmutzung ließen das Umweltbewusstsein in der Bevölkerung seit den 60er Jahren stetig wachsen.

„Die Grenzen des Wachstums", ein Bericht des „Club of Rome" von 1972 sorgte in der Öffentlichkeit erstmals für eine breite Diskussion. Die 1968 gegründete gemeinnützige Organisation kämpft für eine nachhaltige Zukunft der Menschheit. Seit 2008 residiert der Club in Winterthur/Schweiz.

Ich las den Bericht damals mit Interesse. Falls sich nichts ändern und wir weiterhin wie bisher leben würden, seien unsere Wachstumsgrenzen bereits in 100 Jahren erreicht. Diese Aussage schockierte mich. Ich diskutierte den Bericht mit meinem Vater, dessen lapidare Meinung war: „Es wird nichts so heiß gegessen wie gekocht." Inzwischen wurde der Bericht 1992, 2004 und 2012 auf den neusten Stand gebracht.

Das Umweltministerium entstand erst am 6. Juni 1986 als eigenständiger Politbereich - wenige Wochen nach der verheerenden Reaktorkatastrophe im ukrainischen Tschernobyl. Auf Anregung der ersten Ministerin, Gesundheitsministerin Dr. Elisabeth Schwarzhaupt, wurden die Bereiche Gewässer- und Luftreinhaltung ihrem Ressort unterstellt und sie erließ 1961 erste Verordnungen zur Reinhaltung des Wassers und 1965 der Luft. 1971 beschloss die Bundesregierung das Umweltprogramm, 1972 das Abfallbeseitigungsgesetz und 1974 das Bundesimmissionsschutzgesetz. Im gleichen Jahr erfolgte die Gründung des Umweltbundesamtes in West-Berlin.

Erste Umweltinitiativen entstanden bereits 1956 in meiner Heimat bei Karlsruhe. Es begann mit dem Widerstand durch Wilhelm Knobloch aus Eggenstein. Er protestierte gegen die Verlegung des Atomforschungszentrums vom Rhein in den Hardtwald bei Leopoldshafen.

Mitte der 50er Jahre waren die Politiker überzeugt, mit dem Anbruch des „Atomzeitalters" alle Energieprobleme der Menschheit mit einem Schlag lösen zu können. Sie träumten von nuklearen Flugzeugantrieben, von entsprechenden Lokomotiven und von Kleinreaktoren als Heizungsanlage für Häuser. Diese Euphorie für die Atomkraft stieß anfangs auf den Widerstand der großen Stromversorger, diese waren nicht begeistert und befürchteten unkalkulierbare Kosten für die Stromerzeugung.

Erst als sich die Bundesregierung zur Übernahme des Risikos und massiver staatlicher Förderung bereit erklärte, entschloss sich die Rheinisch-Westfälische Elektrizitätswerk AG (RWE) 1962 zum Einstieg in die Kernkraft und zum Bau eines ersten Reaktors zusammen mit dem Bayernwerk in Gundremmingen in Bayern. 1977 kam es zum schwersten nuklearen Störfall in der Geschichte der Bundesrepublik, fast zu einem GAU (einem größten anzunehmenden Unfall). Gemäß Angaben der Verantwortlichen konnten das radioaktive Wasser und kontaminierte Anlagenteile zwar gereinigt werden, aber der TÜV entdeckte Risse an Rohren des Kühlkreislaufs. Die Betreiber beschlossen 1980, Gundremmingen A für immer stillzulegen.

Eine geplante Erweiterung der Erdölraffinerie in Karlsruhe-Knielingen führte 1971 zu den beiden Bürgerinitiativen Aktionsgemeinschaft Umweltschutz Neureut und der Bürgeraktion Umweltschutz Zentraler Oberrhein (BUZO), beide Aktionsgruppen wandten sich außerdem gegen die Atomkraft und damit gegen das Kernforschungszentrum Karlsruhe.

Mit im Boot war Naturwissenschaftler Hans-Helmuth Wüstenhagen, späterer Mitbegründer und Vorsitzender des Bundesverbandes Bürgerinitiativen Umweltschutz (BBU) e.V., einem 1972 gegründeten Dachverband der Bürgerinitiativen.

Die Initiativen und der BBU deckten illegale Ablagerungen radioaktiven Klärschlamms auf der Müllkippe in Leopoldshafen auf und machten den lange Zeit geheim gehaltenen Plutonium-Unfall am Bahnhof Graben-Neudorf publik.

Weitere Gruppen formierten sich erfolgreich, so gegen ein Bleichemiewerk im Elsass und gegen das geplante Kernkraftwerk Wyhl im südbadischen Kaiserstuhl. Wie die Studentenbewegung gingen die Grünen neue Wege der politischen Einflussnahme, organisierten Demonstrationen, Blockaden und Hausbesetzungen, erreichten aber weit mehr als die Studenten 1968.

Das Umweltbewusstsein stieg in der Bevölkerung. Laut einer Umfrage des Bonner Instituts für angewandte Sozialwissenschaft (infas), kannten im September 1970 nur 41 % der Befragten den Begriff Umweltschutz, im November 1971 waren es bereits 92 %. Die Umweltpolitik lag damals noch beim Bundesministerium des Innern, damaliger Innenminister war der FDP-Politiker Hans-Dietrich Genscher. Damit war die FDP die erste Partei, die das Thema Umweltschutz 1971 in ihr Programm aufnahm.

Ende der Siebzigerjahre bilden sich erste grüne Listen. Im November 1977 errang die „Grüne Liste Umweltschutz (GLU)", gemeinsam mit der „Umweltschutzpartei" einen Sitz im Kreistag von Hildesheim. Bei der Landtagswahl in Niedersachsen 1978 erzielte sie knapp vier Prozent und zog als viertstärkste Kraft in den Landtag ein. Bald existierten lokal und regional weitere Initiativen, die später in der Partei „Die Grünen" aufgingen. Wenn es nicht gelingt, dem bestehenden System von außen beizukommen, lautete die Überlegung, dann muss es von innen möglich sein.

Im September 1979 entstand bei einem Treffen von 700 Anhängern der ökologischen Bewegung in Sindelfingen der baden-württembergische Landesverband. Auf der Bundesversammlung in Karlsruhe erfolgte im Januar 1980 die Parteigründung, gut zwei Monate später zogen die Grünen mit 5,3 Prozent in den Landtag von Baden-Württemberg ein.

2011 passierte das Unmögliche. Nach der Wahlschlappe von CDU und FDP bildeten „Das Bündnis 90/Die Grünen" zusammen mit der SPD die Regierung. Alt-68er Winfried Kretschmann von den Grünen wurde Ministerpräsident. Ich konnte es kaum glauben, ich hatte bisher immer postuliert, dass in Baden-Württemberg auch ein schwarzer Besenstiel gewählt werden würde, Hauptsache er war schwarz.

Im März 2016 schafften die Grünen einen Stimmenanteil von 30,3 Prozent und verwiesen damit die CDU auf Platz zwei. Winfried Kretschmann ist laut einer Forsa-Umfrage der beliebteste Landesvater Deutschlands. 74 Prozent der Baden-Württemberger sind mit seiner Arbeit zufrieden.

Den Einzug in den Bundestag verfehlten die Grünen 1980, aber bei den vorgezogenen Wahlen 1983, schafften sie 28 Abgeordnetensitze. Die „Grünen", ein Kind der 68er-Bewegung, mischte die Politik in Bonn und Berlin auf. Das Ziel war erreicht. Mit den vier parteilichen Grundsätzen - Gewaltfreiheit, Ökologie, soziale Gerechtigkeit und Basisdemokratie - zogen zum ersten Mal grüne Abgeordnete in den Deutschen Bundestag ein.

Das katastrophale Reaktorunglück im ukrainischen Tschernobyl 1986 beförderte den Umweltschutz ganz oben auf die politische Agenda und der Klimawandel rückte den Umweltschutz immer mehr ins öffentliche Bewusstsein.

Es gibt noch genug zu tun im Umweltschutz und jeder muss vor seiner eigenen Haustüre kehren, auch ich. Mein ökologischer Fußabdruck ist nicht der kleinste, Flüge und Kreuzfahrten verringern ihn nicht. Aber wenn jeder auf seine Art dazu beträgt und das Auto einmal stehenlässt, auf Papier verzichtet oder das Wasser vom Wasserhahn statt aus der Plastikflasche trinkt, ist das besser als nichts. Kleinvieh macht auch Mist.

Ferner helfen Bierkisten mit Pfandglasflaschen, den Müll zu reduzieren. 1967 gab es die Gemeinschaftswerbung für Behälterglas "Ex- und hopp". Auf dem Plakat stand: „Das ist die neue Bierflasche... Austrinken und dann hopp!" Und weiter hieß es: „Kein Pfand - kein Herumstehen von leeren Flaschen - kein Zurücktragen." Müll und Müllentsorgung waren damals noch kein Thema.

Kunststoffe gehörten in meiner Jugendzeit ebenfalls nicht zu den Dingen, über die wir nachdachten. Wir sind die Generation, die Plastik im großen Stil erschuf. In den 60er-Jahren kamen Tupper-Partys in Mode, unsere Mütter sammelten begeistert die bunten Plastikschüsseln und wir kauften Möbel und Anbauküchen aus Kunststoff. Unsere Generation brachte Plastiktüten, -folien, -becher und -flaschen in die Dritte Welt, wo zuvor Bananenblätter, Kokosnussschalen und Flechtkörbe als Behälter dienten, alles natürliche Materialien, die problemlos entsorgt werden können.

Heute beschweren wir uns, wenn an Urlaubsorten das Meer vermüllt ist. Wir haben dazu beigetragen. Zum Glück realisieren auch diese Länder inzwischen die Müllproblematik und verzichten teils auf die Ausgabe von Plastikflaschen in Hotels. Zumindest ein Anfang, denn Mikroplastik im Meer - und damit in der Nahrungskette - wird eine große Herausforderung für künftige Generationen werden.

Im Jahr 2018 kam eine neue Bewegung in Gang - und endlich ging sie wieder von den Jugendlichen aus. Die jungen Menschen erwachen langsam aus ihrem 50-jährigen Dornröschenschlaf. Die 16-jährige Schwedin Greta Thunberg machte den Anfang und demonstrierte freitags alleine vor dem schwedischen Parlament. Inzwischen weiteten sich die wöchentlichen Proteste weltweit aus.

Die Schüler nutzen ihr Potenzial und boykottieren einmal die Woche den Unterricht, um die Politiker aufzurütteln, endlich Maßnahmen gegen den Klimawandel zu ergreifen.

Am Freitag, dem 15. März 2019, reichte der weltweite Protesttag der „Fridays for Future"-Bewegung von Sydney, Bangkok, über Hongkong und Südafrika bis nach Finnland. In Deutschland gingen Hunderttausende Schüler und Studenten auf die Straße und demonstrierten für einen echten Klimaschutz.

Selbst Jugendliche in den USA wachen auf. Die 14-jährige Karla zieht vors Kapitol, direkt vor die Haustüre von Donald Trump. Der US-Präsident hat sein Land vom Pariser Klimaabkommen abgemeldet. Die Jugendlichen werden weiterstreiken, bis sich etwas ändert - hoffe ich.

Die jungen Leute haben recht. Es ist ihre Welt, ihre Zukunft, über die heute entschieden wird. UNO-Generalsekretär Guterres fordert: "Wir alle müssen den Aufruf der weltweiten Jugend hören." In Deutschland erhielten die Schüler und Studenten Rückendeckung von ganz oben. Bundeskanzlerin Angela Merkel und Bundespräsident Frank-Walter Steinmeier begrüßten die Schülerproteste für mehr Klimaschutz ausdrücklich. Und jeder Kleingeist, der sich über das Schwänzen des Unterrichts aufregt, sollte überlegen, was für unsere Zukunft wichtiger ist. Es scheint nicht zu reichen, diese weitreichenden Entscheidungen unseren Politikern zu überlassen. Es gibt zu viele Lobbyisten mit zuwiderlaufenden Interessen.

Gesellschaft & Moral

Kultureller Umbruch, Gammler & Hippies

Die Haare der Jungs wurden immer länger, die Röcke der Mädchen kürzer - das war unsere Generation. Die Haarpracht war ähnlich dem Rock mehr als Mode. Es war der Ausdruck unseres Lebensgefühls. Beides diente der Provokation unserer Eltern- und Großeltern-Generation.

Dieser kulturelle Umbruch begann anfangs der 60er Jahre. Trugen die Beatles noch zivilisierte Pilzköpfe, waren die Haare der Rolling Stones schon länger. Die Haarpracht der 1965 gegründeten amerikanischen Band „The Doors" und der 1968 formierten britischen „Led Zeppelin" wurde immer wilder.

Galt der Minirock zunächst als skandalös, setzte er sich schnell durch - und zwar in allen Gesellschaftsschichten. Selbst im britischen Königshaus waren sieben Zentimeter über dem Knie erlaubt! Für uns war er jedoch nicht nur Mode, sondern eine Art Befreiungsschlag, wir fühlten uns von hergebrachten Zwängen befreit. Und der Minirock war für uns Protest und keine

Anmache, zumindest haben wir Mädchen und junge Frauen das so verstanden. Vielleicht missverstanden dies einige alte notgeile Böcke und sahen darin einen Freibrief.

Als Pendant kam der Maxirock, der ebenfalls schockierte, und 1971 folgten die „Hot Pants", die heißen Höschen. Eine Klassenkameradin musste in der Chemiestunde an die Tafel. „Sie haben Glück, eigentlich wäre es eine Sechs, aber dank der Hot Pants gibt es eine 5+", lautete der unverschämte Kommentar des Lehrers. Heute würde er mit dieser sexistischen Bemerkung unter die „MeToo"-Bewegung fallen.

In den Zeitschriften gab es sexuelle Aufklärung und im Kino zwischen 1968 und 1972 Aufklärungsfilme von Oswald Kolle, die jedoch der Zensur unterlagen. Berühmtheit erlangte die Bemerkung eines Zensors: „Herr Kolle, Sie wollen wohl die ganze Welt auf den Kopf stellen, jetzt soll sogar die Frau oben liegen!"

Beate Uhse Sexshops entstanden bereits ab 1962 in ganz Deutschland, zunächst unter dem Namen „Fachgeschäft für Ehehygiene".

Auf unserer Abiturreise nach Bonn 1972, verschwand in Köln unsere ganze Klasse im Beate Uhse Laden. Notgedrungen blieb unserem Klassenlehrer nichts anderes übrig, als uns mit rotem Kopf zu folgen. Dabei war er gar nicht so viel älter als wir.

Diese kulturellen Umbrüche erreichten im Gegensatz zu den späteren Studentenunruhen die gesamte Jugend und nicht bloß die akademisch Gebildeten. "Make love, not war!" wurde zum Leitspruch nicht nur der deutschen Studentenbewegung, sondern einer ganzen Generation Heranwachsender. Die Jugend wehrte sich gegen die erzkonservative und teils verlogene Sexualmoral der 50er-Jahre, gegen die herrschende Doppelmoral. Viele Männer gingen am Sonntag brav mit ihrer Familie in die Kirche, hatten aber keine Scheu, eine Geliebte nebenbei zu haben.

Den kulturellen Umbruch läuteten zunächst die Gammler ein. Äußeres Erkennungsmerkmal waren die langen Haare. Damit bildeten die männlichen Jugendlichen einen starken Kontrast zum damals üblichen Kurzhaarschnitt. Mit Jeans und Parka bekleidet, wehrten sie sich gegen ein gepflegtes Erscheinungsbild, lehnten die bürgerlichen Normen ab, verweigerten den Konsum und gingen keiner geregelter Erwerbstätigkeit nach.

Die große Mehrzahl der Gammler waren Schüler oder Studenten und stammten aus geordneten Verhältnissen, wobei die Männer deutlich in der Überzahl waren. Westberlin galt als Hochburg der Gammler, da dort keine Wehrpflicht bestand.

Der Begriff Gammler war zunächst eine abwertende Bezeichnung für die jugendlichen Abweichler, den sie dann als Selbstbezeichnung übernahmen. Provokation war Zweck und Ziel, was ihnen auch gelang. Nach einem Bericht im Spiegel 1966 forderte die Öffentlichkeit, öffentliche Plätze zu räumen, den Gammlern die Haare zu scheren und sie zu Zwangsarbeit zu verpflichten. Dabei gab es allenfalls 1'000 Aussteiger in Deutschland und etwa 5'000 in Europa, sie waren weder politisch aktiv, noch kriminell, sie wollten nichts weiter als rumgammeln, entweder auf Dauer oder zeitlich befristet.

Damals war ich 14 Jahre alt, voll im Saft und voller Lebensfreude. Meine Mutter liebte neben der Volksmusik, die Schnulzen von Roy Black und dann natürlich Heintje, den holländischen Kinderstar. Mein Gott, fand ich dieses Geplärre ätzend. Wie konnte jemandem diese Musik gefallen? Aber es waren leider die meistverkauften Singles im Jahr 1968 in Deutschland.

Dieser scheinbar heilen Welt entflohen, wie zunächst die Gammler, auch die „Hippies", sie wehrten sich ebenfalls gegen die herrschende Konsum- und Leistungsgesellschaft. Anders als die Gammler wollten sie jedoch nicht nur dem Leistungsdruck der Gesellschaft entziehen, sondern eine neue, humanere Lebensweise finden.

Mit langen Haaren, bunter Kleidung, vollgedröhnt mit LSD, propagierten sie ein von den bürgerlichen Zwängen und Tabus befreites Leben und übten friedlichen Protest gegen die bestehende Ordnungsgewalt. Die kulturelle Gegenbewegung der „flower childs", der Blumenkinder, ging von San Francisco aus um die ganze Welt.

Im „Sommer der Liebe" zogen 1967 über hunderttausend junge Menschen in San Francisco in den Distrikt Haight-Ashbury. Die Stadt an der amerikanischen Westküste war zwar das kulturelle Zentrum der Hippiebewegung, aber Blumenkinder aus aller Welt trafen sich nun in den größeren Städten in Amerika, Kanada und Europa. Der Sommer gilt bei zahlreichen Historikern als großes soziales Experiment, bei dem die freie Liebe, Drogenkonsum und gemeinschaftliches Leben zur Norm erhoben wurden.

Im Sommer 1969 versammelten sich Hippies von allen Kontinenten in Woodstock zum weltberühmten Open-Air-Musikfestival. Drei Tage verharrten die Teilnehmer mit LSD, Haschisch und Cannabis im strömenden Regen. Auf der Bühne standen Stars, wie Jimi Hendrix, Janis Joplin, Santana, The Grateful Dead, The Who und Creedence Clearwater Revival. 1970 fand das deutsche Pendant auf der Ostseeinsel Fehmarn statt, mit Jimi Hendrix' letztem großen Auftritt vor seinem Tod.

Die „Hare-Krishna-Bewegung", die Verehrung des Hindu-Gottes Krishna, gelangte von Indien in den 1960er Jahren nach Amerika und fiel bei den Hippies auf fruchtbaren Boden. Zahlreiche Blumenkinder wanderten nach Südindien aus, lebten in Ashrams in klösterlichen Meditationszentren oder im Hippieparadies Goa. Viele Aussteiger fuhren per Anhalter oder auf dem Hippie-Trail im VW-Bus nach Indien.

Weder ich - noch mein damaliger Freundeskreis - waren Gammler oder Hippies. Aber diese Subkulturen beeinflussten unser Leben nachhaltig. Wir liefen wie sie mit langen Haaren herum, trugen bunte Klamotten und fühlten uns frei. Auch wir setzten unsere Körper zum Protest ein.

Ich habe es nie nach Goa geschafft, obwohl ich acht Jahre in Sri Lanka gelebt habe. Es wäre nur ein Katzensprung gewesen, aber was sollte ich dort? Die Hippies haben, bis auf ein paar

Überbleibsel, Goa längst verlassen. Die Strände, wo einst die wilden Partys gefeiert wurden, ziehen inzwischen Inder und Russen an, vom glücklichen Hippie-Zeitalter ist nicht viel geblieben. Der berühmte Hippieflohmarkt von Anjuna ist zu einem Russenmarkt verkommen, der versucht, die „gute, alte Hippiezeit" zu vermarkten, er lockt nur noch Touristen an.

Opportunisten, Selbstzufriedene & Manta-Fahrer

Nicht alle Jugendlichen waren politische Aktivisten oder lehnten sich gegen das herrschende Establishment auf. Die 68er-Bewegung bestand überwiegend aus Studenten, die auf die Straße gingen. Sie wetterten gegen Kapitalismus, Imperialismus, atomares Wettrüsten, Hochschulpolitik oder eine fehlende Opposition im Parlament unter der Großen.

Der Studentenanteil lag unter einem Prozent der Bewohner Westdeutschlands und die breite Masse trug ihre Proteste nicht mit. Als ich 1962 von der Grundschule, damals noch Volksschule, ans Gymnasium wechselte, betrug der Anteil an Gymnasiasten gerade mal 12,4 % der Gesamtschülerzahl im Bundesgebiet. Weitere 5,9 % besuchten die mit der Mittleren Reife abschließende Realschule. Die große Mehrheit der Schüler verblieb an den Volksschulen, wie die Hauptschulen damals noch hießen, nämlich über 80 Prozent.

Während ich 1967 die Obersekunda, die heutige Klasse 11 des Gymnasiums, besuchte, waren meine Klassenkameraden aus meinem Heimatdorf bereits aus der Schule entlassen. Einige wechselten danach in die Handelsschule, einige Realschüler machten weiter bis zum Abitur und studierten anschließend. Die große Mehrheit jedoch war zu diesem Zeitpunkt bereits berufstätig, entweder in der Lehre oder sie arbeiteten in Fabriken im Akkord.

Sie waren im Dorf geboren, aufgewachsen und dort zur Schule gegangen. Einige hätten gerne eine höhere Schule besucht - und dies auch problemlos geschafft - leider waren nicht alle Eltern so aufgeschlossen wie meine. Insbesondere die Mädchen hatten es schwer, denn es hieß: „Du heiratest ja eh mal, für was brauchst du eine Schulbildung."

Diese Meinung galt auch für das Erlernen eines Berufes. Von den 1,3 Millionen Lehrlingen Ende 1967 waren 64 % Männer. Der Mann war Alleinversorger der Familie, er bestimmte und die Frau durfte sich um die 3-K's kümmern: „Kinder, Küche, Kirche".

Für viele war das okay, entweder fügten sie sich in ihr Schicksal oder sie waren letztlich zufrieden, wie es war. Die Jungs verbrachten ihre

Freizeit auf dem Sportplatz, die Mädchen im Turnverein oder in kirchlichen Einrichtungen. Wie viele der Volksschulabgänger politisch aktiv waren oder gesellschaftspolitisch auf die Barrikaden gingen, entzieht sich meiner Kenntnis. Einige haben später in den Betrieben als Betriebsratsmitglieder zu einer Verbesserung der Arbeitssituation der werktätigen Bevölkerung beigetragen.

Ein Blick in die Musikcharts zeigt, dass nicht alle Jugendlichen Beatles und Rolling Stones Fans waren. Da gab es „Mama" vom holländischen Kinderstar Heintje und Hits vom Schnulzensänger Roy Black. Vermutlich kauften nicht bloß unsere Eltern diese Platten. 1968 war also nicht nur ein Protestjahr. Nichtsdestotrotz eroberte die Rock- und Popmusik auch die Dörfer und beeinflusste die Jugendlichen nachhaltig.

Ebenso waren am Gymnasium nicht alle Rebellen. Es gab genügend Mitschüler und Mitschülerinnen, die im Gleichmarsch mit ihren Eltern und den Lehrern schritten. Immer schön angepasst und Ja-Sagen. Für meine Freundinnen und mich waren das Langweiler, Spießer und Streber.

Lehrlinge und Fabrikarbeiter verdienten Geld und für einige wurde ihr Auto zum Fetisch. Sie steckten ihren Lohn in allerlei Unsinniges, um ihren fahrbaren Untersatz aufzupeppen. Sie träumten von Rennwagen, tunten ihre Autos oder legten sie tiefer, brachten Heckspoiler an, oder montierten sportliche kleine Lenkräder.

Den Höhepunkt dieser auto-tunenden Spezies bildeten die Manta-Fahrer. Der Opel Manta kam 1970 als sportliches Männerfahrzeug auf den Markt. An der Antenne hing der Fuchsschwanz, der Manta-Fahrer hielt den Ellenbogen aus dem Fenster seines Sportcoupés, hatte seine Bierdosen auf dem Rücksitz und die blonde oder blondierte Freundin saß neben ihm.

„Ey" - der Macho kam aus dem Kohlenpott, sprach Slang, war bildungsfern und trug Cowboystiefel. Zahlreiche Manta-Witze entstanden. „Warum hat ein Manta-Fahrer immer einen Strohballen auf dem Beifahrersitz? - Hauptsache blond!" Oder „Was ist das größte Teil an einem Manta? - Die Oberweite der Beifahrerin!" Oder „Was ist das kleinste Teil am Manta? - Das Hirn des Fahrers."

Zu den Manta-Fahrern gab es ein weibliches Pendant, nicht bezüglich Autotuning, sondern ihre Intelligenz betreffend. Diese Gattung Frauen lernt ich 1972 kennen. Mein erstes Semester an der Fachhochschule Karlsruhe, damals noch

Ingenieurschule, bestand aus einem Praktikum. Dieses absolvierte ich bei den Neff-Werken in Bretten. Ich durchlief verschiedene Abteilungen, darunter die Abteilung „Sonderbau". Die Mitarbeiter standen am Band, arbeiteten jedoch nicht im Akkord.

Am schlimmsten war der Zustand der Toiletten. Ich verstand nicht, wie jemand dieses Örtchen so dreckig hinterlassen konnte - und es handelte sich nicht um Gastarbeiterinnen, denen wir damals ein solches Verhalten schnell zutrauten. Die Frauen waren einfach asozial.

Am Montagmorgen durfte ich in der Pause den Gesprächen der jungen Frauen lauschen. Voll Stolz berichteten sie, wer sie am Wochenende eingeladen hatte. Die Betonung lag auf Einladung. Während ich, auch mit wenig Taschengeld bei einer Verabredung immer selber bezahlte, um unabhängig zu bleiben, freuten sich diese Mädchen über einen Mann, der sie einlud. Sie gingen gezielt auf Männerfang und das Größte der Gefühle war, wenn ihr Opfer ein Angestellter war und nicht, wie sie der Arbeiterklasse angehörte. „Es war einer vom Büro" strahlten sie, in der Hoffnung damit ihre persönliche Zukunft zu verbessern.

Spät-68er

Unsere Generation war und ist keinesfalls homogen. Sie bestand eben nicht nur aus den linken 68ern und den Blumenkindern, aber sie sind ein wesentlicher Teil davon. Auf jeden Fall der Teil, der die Bundesrepublik nachhaltig verändert hat. Es war ein gesellschaftlicher und politischer Aufbruch, mit den Hauptthemen: Frieden, Moral, Frauenrechte und Umwelt.

Ich selbst zähle mich zu den Spät-68ern. In der Zeit von 1965 bis 1975 passierte in Politik und Gesellschaft in Deutschland und in der Welt so viel, was meine Generation nachhaltig beeinflusst hat. Zunächst schlugen die Wellen der „Swinging Sixties" aus London zu uns herüber. Aus der Carnaby Street, der damaligen Trendmeile mit Mode- und Musikgeschäften, erreichte uns mit dem Modell Twiggy der Minirock. Dies bildete den Auftakt zu einer neuen Sicht- und Denkweise in der Gesellschaft.

Parallel dazu änderte sich die Musikrichtung. Die Rock- und Popmusik mit den Beatles und Rolling Stones eroberten die Musikcharts. Neben der ausgefallenen Kleidung änderte sich die

Haarpracht der Jungs. Der Kalte Krieg erreichte mit der Kubakrise seinen Höhepunkt und Amerika traten in den Vietnamkrieg ein. In Deutschland gingen die Studenten auf die Straße und in den USA entstand die Hippie-Bewegung.

All dies brandete in voller Wucht auf uns Jugendliche ein. Dies fiel besonders bei uns Gymnasiasten auf fruchtbaren Boden. Wir protestierten gegen die veralteten Moralvorstellungen und wehrten uns gegen die Unterdrückung der Frau.

Unsere gesellschaftliche Auflehnung fand vorwiegend im Elternhaus statt, wir Schüler hatten zu diskutieren gelernt. Gab es früher autoritäre Verbote sowie häusliche Gewalt als Erziehungsmaßnahmen, so versuchte unsere Generation, die Eltern mit Argumenten zu überzeugen. Teils widersetzten wir uns und machten, was wir wollten, auch wenn dies oft zu Hausarrest oder anderen erzieherischen Strafmaßnahmen führte. Wer etwas ändern möchte, muss bereit sein, die Konsequenzen zu tragen. Denn es galt immer noch die Devise im Elternhaus: „Solange du die Füße noch unter unseren Tisch streckst, hast du zu machen, was wir sagen."

In den Jahren nach 1968 ist viel Geschehen. Das Umweltbewusstsein ist stark gewachsen, eine friedliche Wiedervereinigung Deutschlands ist erfolgt, wilde Ehen bilden kein Thema mehr und gleichgeschlechtliche Paare dürfen heiraten. Abtreibung ist auf legalem Wege erlaubt, es gibt Frauenhäuser zum Schutz vor häuslicher Gewalt und Frauen sind gleichberechtigt, wenn auch teils erst auf dem Papier.

2016/17 betrug der Frauenanteil an Gymnasien 52,6 %. Im WS 2017/18 studierten an den Universitäten 48,5 % Frauen, den Schnitt zogen nur die Ingenieurwissenschaften mit 23,1 % und Sport mit einem Anteil von 38,5 % herunter. Im Bereich Mathematik/Naturwissenschaften lag er bei 47,5 % und in allen anderen Disziplinen, dominierte das weibliche Geschlecht.

Nicht nur der Frauenanteil ist in den letzten 50 Jahren massiv gestiegen, die Bildung erhielt insgesamt einen höheren Stellenwert. Betrug die Anzahl an Gymnasiasten bei meinem Eintritt 12,4 %, liegt er heute mehr als doppelt so hoch. Dies zeigt, dass inzwischen Arbeiterkinder Zugang zu höherer Bildung haben und nicht nur Akademikernachwuchs, wie das vor 1962 noch der Fall war. Wir waren die erste Generation, in der auch Sprösslinge aus einfacheren Verhältnissen eine Bildungschance bekamen.

In Kindergärten und Schulen gibt es heute keine Züchtigungen mehr. In der Grundschule bekam ich noch mit dem Stock auf die Finger und im Kindergarten setzten mich die katholischen Schwestern auf den Schrank.

Das Zusammenleben innerhalb der Familie änderte sich grundlegend, heute erziehen die Eltern ihre Kinder gemeinsam. In meiner Jugend war es unvorstellbar, dass ein Mann einen Kinderwagen schob. In den 60/70er Jahren änderte sich diese Einstellung grundlegend. Bereits als wir zur Elterngeneration gehörten, war dies keine Schande mehr, das Rollenverständnis der Geschlechter innerhalb der Familie war neu definiert worden.

Nachdem ich die politischen Ereignisse dieser Zeit zuvor detaillierter unter die Lupe genommen habe, möchte ich in den anschließenden Kapiteln die einzelnen gesellschaftspolitischen Themen noch näher betrachten und ins Detail gehen.

Ja, wir waren und sind mehrheitlich Wohlstandskinder, aber wir sind nicht wie unsere Eltern im Gleichschritt marschiert, unsere Generation muckte auf und duckte sich nicht mehr weg.

Sexualität

Uns Jugendlichen ging es nicht um freie Liebe, dies traf möglicherweise auf die Kommunen in Berlin zu, aber ich wage zu bezweifeln, ob es letztlich funktioniert hat. Es geht schließlich nicht nur um Sex, sondern auch um Gefühle, wir wollten einfach selbst entscheiden, wann wir was mit wem tun wollten.

Vorehelichen Geschlechtsverkehr gab es schon immer, da die Verhütung allerdings beschränkt war, führte eine ungewollte Schwangerschaft fast unweigerlich in eine Zwangsehe. Zufällig blätterte ich einmal im Familienstammbuch und stellte fest, dass meine Großeltern eine Woche vor der Geburt meiner Mutter geheiratet haben - und sie hat eine um ein Jahr ältere Schwester! Über solchen Dingen lag ein Mantel des Schweigens.

Wir wollten frei sein in der Partnersuche, was Sex ohne Trauschein mit einschloss. Wer kauft denn schon eine Katze im Sack? Wir wollten weder von den Eltern noch von der Moralvorstellung der Gesellschaft bevormundet werden. Und erst recht nicht von der katholischen Kirche, die Sex selbst mit dem Ehepartner letztlich nur zur Fortpflanzung erlaubt.

Blickt man heute auf die vielen Missbrauchsfälle innerhalb der Kirche, die nach und nach an die Öffentlichkeit dringen, erkennt man die Verlogenheit dieser aus dem Mittelalter stammenden Sexualmoral.

Die Pille kam 1961 in Deutschland auf den Markt, allerdings war sie nicht frei zugänglich, sondern wurde nur verheirateten Frauen verschrieben. Das muss sich die heutige Jugend-Generation mal vor Augen halten, gegen was wir zu kämpfen hatten. Allerdings gab es schnell einen Schwarzmarkt, da sich nicht alle Ärzte an die Vorschrift hielten. Mit den richtigen Beziehungen kamen wir Jugendlichen an die Wunderpille teilweise heran.

Unser ganz spezieller Freund war Papst Paul VI, von uns „Pillen-Paule" genannt. 1968 belehrte und ermahnte er mit seiner Enzyklika „Humanae Vitae" die Katholiken, wie sie im ehelichen Geschlechtsverkehr verhüten durften. Tage zählen und Temperatur messen war erlaubt, jegliche künstliche Empfängnisverhütung jedoch nicht gestattet. Selbstverständlich waren auch Abtreibung und Sterilisation verwerflich und damit verboten.

Aber ohne die Aufklärung in Zeitschriften, wie die Bravo, oder in Filmen von Oswald Kolle, wären wir zu dieser Aufmüpfigkeit nicht in der Lage gewesen. Natürlich wurde die Sexualität in den Medien kommerzialisiert, aber dadurch wurde sie thematisiert und es wurde erstmals in Deutschland öffentlich über körperliche Liebe geredet.

Die Möglichkeiten zur Empfängnisverhütung waren beschränkt. Zwar gab es Kondome, aber bis 1970 war der Verkauf von „Parisern" in Automaten an öffentlichen Plätzen, Wegen und Straßen gesetzlich verboten. Und in der Hippiezeit und mit beginnendem Umweltbewusstsein und Abneigung gegen Kunststoff, lästerten wir natürlich „Jute statt Plastik".

Da die Pille nicht ohne Weiteres erhältlich war, führte dies zu zahlreichen unbeabsichtigten Schwangerschaften. Da eine Geburt entweder zu einer ungewollten Ehe geführt hätte oder zu einem „unehelichen" Kind, sprich zu einem „Bastard" einer „ledigen Mutter", entschlossen sich viele Frauen zu einer illegalen Abtreibung.

Im Sommer 1971 erklären 374 Betroffene im „Stern": „Wir haben abgetrieben!" Sie hielten den § 218 für überholt und gaben öffentlich zu, gegen ihn verstoßen zu haben. Unter ihnen befanden sich zahlreiche Prominente, wie Senta Berger, Romy Schneider, Liz Verhoeven und nicht zuletzt Feministin Alice Schwarzer, die die Idee zum Artikel aus Frankreich mitgebracht hatte. Dies führte in der Bundesrepublik zu einem Skandal ohne Gleichen.

„Mein Bauch gehört mir". In verschiedenen Städten gingen Frauen und sympathisierende Männer auf die Straße und demonstrierten gegen den § 218. Sie forderten eine ersatzlose Streichung des Paragrafen, denn sie sahen darin eine Entmündigung und wollten selbst über ihre Sexualität und ihren Körper bestimmen.

In Deutschland waren Schwangerschaftsabbrüche nur bei Engelmachern möglich, was oft mit einem hohen gesundheitlichen Risiko verbunden war. Die Dunkelziffer lag bei einer Million illegaler Abtreibungen im Jahr. In Ex-Jugoslawien und in England waren Abbrüche bis zur 12. Woche erlaubt. Dies führte zu einem Abtreibungstourismus in den billigeren Ostblockstaat oder ins wesentlich teurere Königreich. Holland kam erst später hinzu.

Eine Freundin von mir flog nach London, damals kein einfaches Unterfangen. Telefonate mit der Klinik waren teuer, ebenfalls das Flugticket - und alles musste heimlich geschehen, denn die

Eltern durften nichts mitbekommen. Zum Glück konnte sie bei einer weiteren Freundin, die als Au-pair in London arbeitete, wohnen. Soweit ich mich erinnern kann, musste sie alleine für die Klinik stolze DM 2'000 hinblättern, für eine 18-jährige Schülerin ein horrender Betrag. Glücklicherweise teilten sich ihr Freund und sie die Kosten, was zur damaligen Zeit auch nicht ohne Weiteres üblich war, denn viele Männer interessierte eine Verhütung einen feuchten Kehricht.

In der DDR fiel der § 218 im März 1972, danach durften Frauen mit der Fristenlösung in den ersten drei Monaten straffrei abtreiben. Vermutlich wollten die Machthaber verhindern, dass das Aufbegehren der westdeutschen Frauen in den Osten überschwappte.

Dagegen ging der Heckmeck in der BRD erst richtig los. Die katholische Kirche meldete sich zu Wort und setzte Politiker unter Druck, die Aktivistinnen starteten eine Kirchenaustrittskampagne. 1974 beschloss der Bundestag die Fristenlösung, die 1975 das Bundesverfassungsgericht kippte. 1976 kam die Indikationslösung, bei der sich die Frauen erneut rechtfertigen mussten, also wieder eine Bevormundung.

Bis heute geht dieser Zinnober weiter. Selbst nach der Wiedervereinigung gab es keine echte

Einigung und die DDR-Frauen verloren ihr Recht auf eine Fristenlösung. 1992 erklärte die damalige Bundestagspräsidentin Rita Süssmuth, CDU: „Ich frage mich, warum in dieser Not- und Konfliktlage eigentlich dem Arzt und nachfolgend dem Richter, dem Staatsanwalt mehr Kompetenz und Verantwortung zugesprochen wird als der Frau, die die Verantwortung für das Kind nicht nur jetzt, sondern ein Leben lang übernimmt. Hören wir endlich auf, die Frauen für entscheidungsunfähig, für nicht verantwortungsfähig zu halten!"

Die heutige Regelung sieht vor: „Innerhalb der ersten zwölf Wochen der Schwangerschaft ist eine Abtreibung erlaubt, allerdings muss die schwangere Frau sich zwingend zuvor beraten lassen und die Beratungsbescheinigung dem abtreibenden Arzt vorlegen. Zwischen Beratung und Abbruch müssen drei Tage liegen." Gegen diese Regelung hat das konservative Bayern wieder vor dem Bundesverfassungsgericht geklagt. Der Bundestag verschärfte den § 218 erneut. Ein Schwangerschaftsabbruch ist unter den genannten Bedingungen jetzt „rechtswidrig, aber straffrei". Welch ein Schwachsinn!

Jede Frau steht bei solch einer Entscheidung in einem ernsthaften Gewissenskonflikt. Dafür braucht sie niemanden, der ihr vorschreibt, was sie zu tun hat. Insbesondere nicht jemanden, der sich das Recht herausnimmt, über ihren Körper zu entscheiden. Schließlich ist ein Kind neun Monate auszutragen und anschließend großzuziehen. Und mit Sicherheit dient es nicht dem Kind, unerwünscht zu sein.

Solche Entscheidungen können nur Männer treffen, die nie davon - außer vielleicht finanziell - betroffen waren, und dies sind dann dieselben Herren, die ohne Gewissensbisse Waffen in Krisengebiete liefern. Welch eine verlogene Moral. Im Jahre 2015 stammte - gemäß einer kleinen Anfrage der bayerischen Bundestagsabgeordneten der Grünen Doris Wagner - über die Hälfte der ins Ausland verkauften Waffen aus dem Freistaat Bayern, wobei der Löwenanteil nicht in EU-Länder, sondern nach Katar floss.

Genau betrachtet, war das Aufbegehren der Mädchen und Frauen gegen die bestehende Sexualmoral in den 70er-Jahren eine Gratwanderung. Bereits bei Goethe schwängerte Faust Gretchen und stürzte sie damit ins Verderben. Dem Mann war immer das Recht auf vorehelichen Geschlechtsverkehr zugestanden worden. Im Gegensatz zur Frau erwartete die Gesellschaft von einem Mann nie, keusch in die Ehe zu gehen.

Diese Denkweise saß in den 60er und 70er-Jahren noch in vielen Köpfen junger Männer. Deshalb hatte ein Mädchen, wenn es zu freizügig war, schnell den Ruf als Flittchen weg. Ein One-Night-Stand, wie etwa heute praktiziert, war zumindest im nahen Umfeld nicht möglich. Lernte ein Mädchen einen netten Jungen kennen, hatte sie immer eine Anstandsfrist von einigen Wochen zu wahren. Unsere Aufklärung fand nur über Zeitschriften und Filme statt, dort wurde allerdings vielmals der Hinweis vergessen, dass viele Männer häufig bloß auf Sex aus waren und sobald sie ihr Ziel erreicht hatten, das Objekt ihrer Begierde wie eine heiße Kartoffel fallen ließen. Dies führte vielfach unweigerlich zu Enttäuschung und Liebeskummer.

Natürlich protestierten wir auch gegen den § 175. Der seit 1872 existierende Paragraf des deutschen Strafgesetzbuches untersagte Männern gleichgeschlechtliche sexuelle Handlungen. Daher erklärten wir den 17. Mai in Anlehnung an den Paragrafen zum Homo-Tag, zum „Feiertag der Schwulen". Und am 17. Mai 1990 beschloss die Generalversammlung der Weltgesundheitsorganisation (WHO) Homosexualität von der Liste psychischer Krankheiten zu streichen. In Deutschland war nach einer Reform des Strafgesetzbuches im Jahr 1969 Homosexualität unter erwachsenen Männern über 21 Jahren erlaubt, ab 1973 ab 18. Seltsamerweise galt der § 175 nur für Männer, Lesben konnten dagegen straflos Sex untereinander haben, 1994 wurde er ersatzlos gestrichen. Seit dem 1. Oktober 2017 können gleichgeschlechtliche Paare in Deutschland zivilrechtlich heiraten.

Jetzt geht es den Homo-Heilern an den Kragen. Vor fast 30 Jahren strich die WHO Homosexualität von der Krankheitsliste. Bundesgesundheitsminister Jens Spahn (CDU), selbst in einer gleichgeschlechtlichen Ehe lebend, möchte in Deutschland Konversionstherapien verbieten, die Schwule und Lesben zu Heterosexuellen machen sollen. „Homosexualität ist keine Krankheit, und deswegen ist sie auch nicht therapiebedürftig", so Spahn.

In einem Leitfaden zur Homosexualität empfiehlt die Evangelische Freikirche Schwulen enthaltsam zu sein und eine „Therapie" zu machen, um ihre Orientierung zu ändern. Die Bundesärztekammer warnt vor gravierenden gesundheitlichen Folgen solcher Umpolungsversuche. Der Weltärztebund verurteilte im Jahr 2013 sogenannte Konversionstherapien für Homosexuelle als „Menschenrechtsverletzungen".

In Europa verbieten Malta und einige Regionen Spaniens dies Praktiken, in den USA untersagen immer mehr Bundesstaaten solche Therapien, zumindest für Minderjährige.

Sexualität diente in dieser Zeit auch zur bewussten Provokation. Während die Filme von Oswald Kolle den Zweck der Aufklärung verfolgten, wollte der italienische Regisseur Bernardo Bertolucci mit seinem Streifen „Der letzte Tango in Paris" mit seinen freizügigen Sexszenen die Gesellschaft provozieren.

Ich erinnere mich noch an einen Sonntagmorgen im Frühjahr 1973 in der Kirche. Der Pfarrer wetterte lauthals von der Kanzel gegen den Kinofilm, mit den Schauspielern Marlon Brando und der damals 19-jährigen Maria Schneider. „Die Moral zerfällt, ihr dürft den Film keinesfalls anschauen."

Die berühmt-berüchtigte Eröffnungsszene mit der Butter ist krass, aber kein Porno, sondern inszeniert, allerdings wurden Bertolucci und Brando in Italien wegen „Obszönität" zu Bewährungsstrafen verurteilt und der Film fiel in vielen Ländern der Zensur zum Opfer. Es ist und bleibt ein Skandalfilm, was jedoch zum echten Skandal wurde, ist die später bekannt gewordene Tatsache, dass Bertolucci und Brando, die Schneider zur Vergewaltigungsszene genötigt hatten. Es fand ein sexueller Machtmissbrauch von einem bekannten Regisseur und einem berühmten Schauspieler vor laufender Kamera statt.

Inzwischen gehört unsere Generation zum „alten Eisen", aber Sex geht nicht in Pension. Ein Blick in die Statistik zeigt, dass Menschen, die in einer Partnerschaft leben, sexuell wesentlich aktiver sind als Singles. Das liegt in der Natur der Sache. Mit einem vertrauten Partner Zärtlichkeiten auszutauschen, fällt viel leichter, als sich im Alter noch einen Lover oder eine Gespielin zu suchen.

Wer in jungen Jahren sexuell aktiv war, bleibt es auch im Alter. Aber es ist ein Tabu-Thema, denn wer von den Jungen kann oder will sich vorstellen, dass Opa und Oma noch miteinander in die Kiste springen? In dieser Beziehung sind die Jugendlichen heute so verklemmt, wie es unsere Eltern in unserer Jugendzeit waren. Vielleicht sollten wir Alten nochmals auf die Straße gehen und dagegen protestieren? So wie früher, nur mit umgekehrten Vorzeichen? Das wäre doch ein Mordsspaß!

Natürlich gibt es mit dem Alter Einschränkungen. Für viele Frauen bilden die Wechseljahre eine Herausforderung. War man zuvor ein halbes Leben lang mit der blöden Menstruation geplagt, sorgen plötzlich Hitzewallungen, Gewichtszunahme und Stimmungsschwankungen für neue Belästigungen. Dagegen helfen nur Hormontabletten. Der einzige Vorteil des Klimakteriums ist, dass man keine Verhütung mehr benötigt.

Bei Männern können Diabetes, Bluthochdruck, erhöhte Blutfette, Herz- und Gefäßkrankheiten zu erektiler Dysfunktion führen. Rauchen und Übergewicht sind weitere Risikofaktoren sowie die operative Entfernung eines Prostatakarzinoms. Bei einer Potenzstörung hilft der Arzt auf Anfrage mit verschiedenen Therapiemethoden und Medikamenten weiter.

Laut einer Studie der amerikanischen Universität von Michigan gaben rund zwei Drittel von 1'000 befragten 65- bis 80-Jährigen an, weiterhin an Sex interessiert zu sein. Aktiv waren dagegen noch 51 % der Männer und 31 % der Frauen, wobei das weibliche Geschlecht zufriedener mit ihrem Sexleben war.

Frauenbewegung & Feminismus

"Männer und Frauen sind gleichberechtigt", lautet der Artikel 3, Absatz 2, des Grundgesetzes der Bundesrepublik Deutschland aus dem Jahr 1949. Vor 70 Jahren kämpfte die Rechtsanwältin und hessische SPD-Landtagsabgeordnete Dr. Elisabeth Selbert für die Aufnahme dieses Artikels ins Grundgesetz. Sie war Mitglied des Parlamentarischen Rates, der aus 61 Männern und vier Frauen bestand und für die Erarbeitung der deutschen Verfassung zuständig war. Aber die Realität sah ganz anders aus.

Die Trümmerfrauen wurden zu Hausfrauen degradiert. Anfang der 50er Jahre konnten Ehemänner einen Arbeitsvertrag, den ihre Frau ohne ihre Zustimmung abgeschlossen hatte, für nichtig erklären. War keine Gütertrennung vor der Ehe vereinbart, konnte der Ehemann beliebig über ihr Einkommen verfügen. Ein Doppelverdiener-Gesetz erlaubte die Entlassung verheirateter Beamtinnen. Ferner entband eine Erwerbstätigkeit die Frauen nicht von ihren häuslichen Pflichten.

Eine Mutter erhielt nicht einmal das Sorgerecht für ihr uneheliches Kind. Das Ehe- und Familienrecht bestimmte den Mann zum Alleinherrscher über Frau und Kinder. Misshandelte der Mann die Ehefrau, galt dies als Privatsache. Das Gesetz behandelt die Frauen wie Minderjährige, über alle familiären Angelegenheiten entschied der Mann.

Und trotzdem heirateten die Frauen. Die Familie galt als höchstes Gut und wer abwich, hatte es nicht einfach. Ledige Frauen wurden als „alte Jungfern" abgestempelt und bis ins hohe Alter mit Fräulein angesprochen. Welch ein Hohn, denn ein Herrlein gab es nie. Meine damalige Grundschullehrerin, das „Fräulein Meisel", fiel in diese Kategorie, gebildet und dennoch von der Gesellschaft nicht voll anerkannt.

Eigentlich hatte der Gesetzgeber durch das Grundgesetz die rechtliche Verpflichtung bis 1953 das Gleichberechtigungsgesetz umzusetzen. Aber die Herren der Schöpfung ließen sich alle Zeit dieser Welt. Mit Händen und Füßen sträubten sie sich, dies umzusetzen und erfanden immer wieder neue Gesetze, um die Gleichberechtigung zu umgehen.

Im Bundesverfassungsgericht saß glücklicherweise Erna Scheffler, die erste und für lange

Zeit einzige Richterin. Das höchste deutsche Gericht kippte ein Gesetz nach dem anderen, das sich die Politiker - egal welcher Partei die Herren angehörten - hatten einfallen lassen, als nicht verfassungskonform.

Mit der Reform des Bürgerlichen Gesetzbuches trat das Gesetz über die Gleichberechtigung von Mann und Frau am 1. Juli 1958 in Kraft. Aber immer noch hatte der Mann den Stichentscheid, sprich das letzte Wort. Und als das 1959 wieder vom Bundesverfassungsgericht gekippt wurde, ließen sich die Politiker erneut etwas einfallen. Wörtlich hieß es im Gesetz: „Die Frau führt den Haushalt in eigener Verantwortung. Sie ist berechtigt, erwerbstätig zu sein, soweit dies mit ihren Pflichten in Ehe und Familie vereinbar ist."

Damit war die Hintertür für den Mann wieder offen, er brauchte nur zu behaupten, dass seine Frau die Ehe und Familie vernachlässigen würde. Damit war gesetzlich festgeschrieben, dass sie zwar einem Beruf nachgehen konnte, er aber zur Mitarbeit nicht verpflichtet war. Und das galt noch die nächsten 20 Jahre.

In diese Situation wurde unsere Generation hineingeboren. Allerdings war das bei uns zuhause kein Thema. Der Vater meiner Mutter war

Metzgermeister gewesen, hatte fünf Töchter und war ein kleiner Familiendespot. Alle fünf Mädels hatten sich geschworen, dass ihnen dies nicht passieren würde. Vielleicht hatte es die Älteste nicht ganz so einfach, aber alle anderen hatten ihre Männer entsprechend ausgewählt. Meine Mutter verwaltete die Finanzen und hatte meist das letzte Wort, sie ließ sich nicht die Butter vom Brot nehmen. Mein Vater war ein gutmütiger Mensch, aber so war es eben nicht in allen Familien.

Es war unsere Generation, die dieses „heile Familienbild" aus den Angeln hob. In der DDR war es für die Frauen einfacher gewesen, dort wurde seit 1953 die Gleichberechtigung umgesetzt. Die Frauen konnten trotz Kind studieren und dank einer flächendeckenden Kinderbetreuung im Beruf wie die Männer arbeiten. Familie war nicht wie im Westen Privatsache.

Üblicherweise erhielten die Jungs eine Berufsausbildung und die Mädchen eine Aussteuer. Dagegen wehrte ich mich mit Händen und Füßen - meine Mutter wollte mir auch immer irgendwelche Bettwäsche andrehen, natürlich mit Paradekissen! Gott sei Dank konnte ich sie überzeugen, dass ich das partout nicht wollte. In späteren Jahren habe ich bei unserem Aufenthalt in Liberia aus ihren eigenen, nach wie vor unbenutzt im Schrank lagernden Aussteuer-Damast-Bettbezügen, große Tischdecken nähen lassen. Damit erfüllte die einst für eine Frau so wichtige Aussteuer am Ende doch noch einen vernünftigen Zweck.

Der lange und steinige Weg der Frauen in die Gleichberechtigung begann. Papier ist geduldig. Vor den Wahlen 1961 hatte Bundeskanzler Konrad Adenauer versprochen, eine Frau ins Kabinett zu berufen. Er wurde wortbrüchig und besetzte alle Ressorts mit Männern. Das nahmen ihm seine CDU-Parteikolleginnen übel und sie organisierten kurzerhand ein „Sit-in" im Bundeskanzleramt. Mit Häppchen und Getränken forderten sie die Ernennung von Frau Dr. Elisabeth Schwarzhaupt zur Ministerin. Da alle Ressorts bereits besetzt waren, richtete Adenauer neu das Gesundheitsministerium ein und berief die Schwarzhaupt als Ministerin.

1968 ergriffen die Frauen die Initiative. In den USA wehrten sich rund 400 Feministinnen gegen die Wahl von „Miss America", wo Modells auf ihr Aussehen und ihre Figur reduziert und wie einst auf dem Sklavenmarkt präsentiert wurden. Mit den Rufen „Frauen sind kein Fleisch", kürten sie ein Schaf zur Schönheitskönigin.

Sie warfen Make-up, Lockenwickler, Playboy-Magazine, Stöckelschuhe und Büstenhalter in den Abfalleimer der Freiheit. Im ganzen Land verbrannten Frauen ihre BHs, befreiten sich von diesem Instrument weiblicher Folter. Ich selbst zündete meine BHs zwar nicht an, trage aber seit dieser Zeit keinen mehr.

Wie wichtig dieses Wäschestück heute noch in verschiedenen Kulturen ist, habe ich vor ein paar Jahren in Sri Lanka erlebt. Seltsamerweise hatte ich in muslimischen Ländern, wie Indonesien oder inzwischen Malaysia, nie Probleme damit, nur im erzkonservativen buddhistischen Ceylon. Auf dem Golfplatz bemerkten Caddys mein fehlendes Teil. Unvorstellbar in einem Land, wo die Mädchen noch schlimmer behütet werden, als in einem Moslemland. Sie ereiferten sich darüber und die sri-lankischen Golferinnen bekamen das mit. Aber auch die Damen der dortigen Oberschicht waren zu verklemmt, um mir das persönlich zu sagen. Sie erzählten es einer belgischen Freundin, damit sie mit mir reden sollte. Unglaublich!

Hatten wir bereits vor 50 Jahren erklärt: "Wir entscheiden selbst, wie wir leben, lieben und aussehen wollen!", gilt das in vielen Ländern dieser Welt noch heute nicht. Den Frauen zuliebe trug ich danach beim Golfen einen Sport-BH.

In Deutschland war es nicht besser. Die Frauenbewegung entstand in Westdeutschland anfangs 1968 mit der Gründung der feministischen Gruppe „Aktionsrat zur Befreiung der Frauen" in West-Berlin.

Helke Sander geriet in das Dilemma, ihre politische Tätigkeit mit der Betreuung ihres Kindes unter einen Hut zu bringen. Es erfolgte die Gründung der ersten Kinderläden - kleine, selbstverwaltete, alternative, meist antiautoritäre Kindergärten. Die Kinderläden-Bewegung verstand sich als Protest gegen die bestehenden Verhältnisse.

Im September 1968 stellte Helke Sander das Konzept des Aktionsrats beim Bundeskongress des Sozialistischen Deutschen Studentenbundes (SDS) in Frankfurt vor. Ihre Kampfansage lautete: „Genossen, wenn ihr zu dieser Diskussion, die inhaltlich geführt werden muß, nicht bereit seid, dann müssen wir allerdings feststellen, dass der SDS nichts weiter ist, als ein aufgeblasener konterrevolutionärer Hefeteig."

Die Genossen hörten sich die Rede an und wollten zur Tagesordnung übergehen. Dann kam es zum berühmten Tomatenwurf. Die Berliner Delegierte Sigrid Rüger warf drei Tomaten in Richtung Podium und traf den Obergenossen Hans-Jürgen Krahl ins Gesicht.

Die SDS-Genossen waren genauso reaktionär wie die Politiker, gegen die sie kämpften. Auch in ihren Köpfen gehörten Frauen an den Herd, sollten die Wäsche waschen und im Beruf sich höchstens als Tippse betätigen und dem Chef seinen Kaffee kochen. In der Folge entstanden in verschiedenen Universitätsstädten Weiberräte.

„Das Private ist politisch", lautete die Parole und dadurch, dass die Frauen offen über Sexualität, Schwangerschaftsabbruch, Kindererziehung und Gewalt in der Familie diskutierten, begannen sie, diese Bereiche zu politisieren.

Die Frauenbewegung beschränkte sich nicht nur aufs Reden, es folgten Taten. Frauenhäuser und Notrufe für Vergewaltigungsopfer wurden eingerichtet. 1971 entstand in London das erste Frauenzentrum, in dem Frauen Zuflucht vor gewalttätigen Partnern fanden. Berlin und Köln folgten allerdings erst 1976.

1970 erhielt die Mutter das Sorgerecht für nicht eheliche Kinder und der Unterhaltsanspruch des Kindes gegenüber dem Vater wurde verbessert. 1972 erfolgte die Öffnung der Rentenversicherung für Hausfrauen und 1977 verschwand im Ehescheidungsrecht das Schuldprinzip zugunsten des Zerrüttungsprinzips und der Versorgungsausgleich wurde eingeführt mit dem Ziel, die soziale Sicherung der geschiedenen, nichterwerbstätigen Frau und Mutter zu gewährleisten.

Das Gesetz über die Gleichbehandlung von Männern und Frauen am Arbeitsplatz wurde 1980 als Rechtsanspruch im Bürgerlichen Gesetzbuch (BGB) festgeschrieben, ebenso wie das Recht auf gleiches Entgelt und die Verpflichtung, Stellenausschreibungen geschlechtsneutral zu formulieren.

Während die Frauenbewegung versuchte, die Gleichstellung von Mann und Frau in der Gesellschaft praktisch umzusetzen, gab es feministisch philosophische Ansätze, die Situation der Frau in einer männlich dominierten Welt zu analysieren.

So kritisierte die US-amerikanische Feministin und Publizistin Betty Friedan in ihrem 1966 in Deutschland veröffentlichten Buch „Der Weiblichkeitswahn" die Reduktion der Frau auf ihre Rolle als Mutter und Hausfrau. Dieses Klischeebild unterstützte die Putzmittelwerbung, die den Frauen vorgaukelte, sie seien Expertinnen im

Putzen und unersetzbar im Haushalt. Friedan wollte Männer aktiv in die Emanzipationsbestrebungen von Frauen mit einbeziehen.

Im Feminismus gibt es keine einheitliche Theorie, sondern zahlreiche unterschiedliche Ansätze und Strömungen. Es entwickelten sich zwei verschiedene Grundrichtungen, die des Differenzfeminismus und die des Gleichheitsfeminismus.

Differenzfeminismus geht davon aus, dass Männer und Frauen verschieden sind, unterschiedlich denken und fühlen. Da beide Geschlechter wichtige Eigenschaften für eine Gesellschaft haben, geht es darum, das Anderssein gegenseitig zu akzeptieren.

Der Gleichheitsfeminismus nimmt hingegen an, dass beide Geschlechter gleich sind und die Gesellschaft sie zu verschiedenen Rollen erzieht. So tragen Mädchen rosa Kleider, spielen mit Puppen, Jungs dagegen mit Autos. Das „Andere" soll überwunden werden. Die französische Schriftstellerin, Philosophin und Feministin Simone de Beauvoir hielt in ihrem Buch „Das andere Geschlecht" fest: „Man wird nicht als Frau geboren, man wird es."

Eigentlich war ich davon auch überzeugt. Ich hatte das große Glück, keinen Bruder zu haben.

Dadurch nahm mich mein Vater mit in die Werkstatt. Ich ging immer davon aus, dass mich dies geprägt hat und für meine spätere Berufswahl ausschlaggebend war. Natürlich spielte ich auch mit Puppen, aber schon in der Schule hasste ich den damals für Mädchen üblichen Handarbeitsunterricht, ich hätte viel lieber einen Werkunterricht besucht, als mich mit Strick- und Häkelnadeln herumzuschlagen.

Bei meinen Kindern habe ich versucht, ihnen beide Spielmöglichkeiten zu geben, bin jedoch nicht sicher, ob das funktioniert hat. Schnell kristallisierten sich die unterschiedlichen Präferenzen heraus, keine Ahnung, ob aus eigenem kindlichen Antrieb oder, ob wir Eltern diesen Unterschied unbewusst vorgelebt haben. Daher tendiere ich heute zu der Ansicht, dass es nicht nur Schwarz und Weiß gibt, sondern viele Grautöne. Kinder sollten - unabhängig vom Geschlecht - alle Möglichkeiten haben und selbst entscheiden, mit was sie spielen möchten.

In zahlreichen Publikationen setzten sich Feministinnen kritisch mit den Veränderungen der Geschlechterverhältnisse in der Gesellschaft auseinander. Es erschienen feministische Zeitschriften auf dem Markt, darunter 1977 EMMA von Alice Schwarzer.

Die Auseinandersetzung mit beiden Geschlechtern brachte jedoch nicht nur Veränderungen für die Frauen, sondern auch für die Männer. Nicht alle Männer waren Machos und viele fühlten sich in dieser Rolle unwohl. Endlich konnten auch Männer offen Gefühle zeigen, ohne gleich als Tunten abgestempelt zu werden. Das Verhältnis beider Geschlechter zueinander und das zu den Kindern änderte sich grundlegend. Väter mussten nicht mehr nur „männlich" sein und die Kindererziehung den Frauen überlassen, endlich konnten sie sich offen liebevoll um ihren Nachwuchs kümmern. Sie kamen mit ins Krankenhaus zur Geburt, besuchten zusammen mit den angehenden Müttern Vorbereitungskurse und scheuten sich nicht, die Windeln ihrer Babys zu wechseln.

Wenn ich mir heute im Familien- und Freundeskreis junge Väter anschaue, gerate ich immer wieder ins Staunen, wie selbstverständlich sie nachts aufstehen und ihre Kinder versorgen. Ebenso helfen sie im Haushalt mit, auch wenn Statistiken belegen, dass wenn beide Partner berufstätig sind, nach wie vor 70 % der Hausarbeit bei den Frauen hängen bleibt.

Schaue ich mich bei den Rentnern um, so fällt mir auf, dass wenn die Frauen noch arbeiten, viele Männer inzwischen den Haushalt schmei-ßen. Sie staubsaugen, waschen, bügeln und ko-chen oder beteiligen sich zumindest daran. Mein Mann und ich sind beide nicht mehr berufstätig, also teilen wir uns den Haushalt. Jeder macht das, was er am besten kann. Ich koche und wasche, mein Mann ist für die Spülmaschine zuständig und nimmt ab und zu das Bügeleisen in die Hand. Das Putzen können wir zum Glück einer Haushaltshilfe überlassen, darum reißt sich niemand von uns.

In jungen Jahren wohnten wir auf dem Dorf. Mein Mann stand in der geöffneten Garage und putzte Schuhe. Ein Dorfbewohner kam vorbei und hänselte, das sei schließlich Frauenarbeit. Mein Mann ließ sich nicht aus dem Konzept bringen und machte weiter. Ob solche Kom-mentare heute noch fallen?

Auf dem Papier gibt es wahrscheinlich keinen Bereich mehr, in dem die Frauen benachteiligt sind. Am 22. November 2005 wählte der Deut-sche Bundestag Angela Merkel zur Bundes-kanzlerin. Aber wie sieht die Realität in Politik, Wirtschaft und Gesellschaft heute aus?

Trotz eines leichten Frauenüberschusses in der BRD betrug der Frauenanteil im Deutschen Bundestag im Oktober 2017 nur 30,9 Prozent.

Dies entspricht dem Anteil von vor 20 Jahren. In der Wahlperiode davor lag er noch bei 36,5 Prozent. Bei den Grünen und der Linkspartei sind die Frauen in der Mehrheit, bei der SPD beträgt er 42 Prozent, bei Union, FDP und AfD jeweils unter 25 Prozent. Allerdings leiten Frauen seit 2000 die CDU und von 2018 bis 2019 die SPD, und bei den Grünen und Linken teilen sich Männer und Frauen den Vorsitz.

Im Bereich Politik besteht für die jungen Frauen von heute weiterhin Handlungsbedarf, wenn sie sich künftig nicht von den Männern über den Tisch ziehen lassen wollen.

Laut einem Report der Hans-Böckler-Stiftung, dem Mitbestimmungs-, Forschungs- und Studienförderungswerk des Deutschen Gewerkschaftsbundes (DGB) von 2015, hatten 80 % der Unternehmen Ende 2014 immer noch keine Frau im Vorstand. Und 95 % aller Vorstandsposten waren weiterhin männlich besetzt. Unter den aktuell 36 Vorständinnen hat keine einen Posten als Vorsitzende und 25 % der Unternehmen hat immer noch rein männlich besetzte Aufsichtsratsgremien.

Allerdings hat sich der Frauenanteil in beiden Führungsgremien gegenüber zehn Jahren zuvor nahezu verdoppelt, seit 2010 gibt es signifikant mehr Aufsichtsrätinnen. Wo bleiben die Frauen, die inzwischen fast 50 % der Universitätsabgänger stellen? Besteht noch Hoffnung auf eine Änderung?

Die Frauenfrage in der Gesellschaft ist die Kinderfrage. Verzichtet eine Frau auf Kinder, kann sie sich ihrer Karriere widmen und als aktive und selbstbestimmte Frau leben. Sie muss ihre eigenen Bedürfnisse nicht zurückstellen und kann entscheiden, ob sie lieber als Single oder in einer Paarbeziehung lebt. Die Zeiten der „alten Jungfern" sind vorbei.

Vor ein paar Tagen habe ich mir die Traditionssendung der Fernsehfastnacht „Mainz bleibt Mainz, wie es singt und lacht" angeschaut. Die seit 1955 vom ARD und ab 1965 vom ZDF ausgestrahlte Sendung der Mainzer Vereine, hat mich erschüttert.

Im Elferrat auf der Bühne saß genau eine Quotenfrau. Nicht eine Frau stieg in die Bütt, sondern lediglich als weibliche Wesen verkleidete Männer. Nur Margit Sponheimer durfte zum Singen kurz auf die Bühne, ansonsten waren die Frauen zu Tanzpüppchen deklassiert, die mit den Wimpern klimpern und ihre nackten Beine durch die Luft wirbeln durften. Fehlt den heutigen Frauen die Chuzpe in die Bütt zu steigen, ihre Griffel zu spitzen und mit losem Mundwerk und Haaren auf den Zähnen, mit Esprit und Witz, der Politik, Gesellschaft und der Kirche einen Spiegel vorzuhalten? Die Frauengruppen von Mainz sollten hier eine Grundsatzdiskussion lostreten und bei Bedarf die Veranstaltung boykottieren. Und die Zuschauerinnen vor den Fernsehern ebenso.

Drogen, Alkohol & Nikotin

Drogen gab es schon immer. Bereits in der Antike kannten die Menschen die Wirkung des Schlafmohns. Der aus der unreifen Pflanzenkapsel austretende Milchsaft wirkt stark narkotisierend. Opium war lange Zeit das einzige bekannte Betäubungsmittel.

Bereits vor 3'500 Jahren lieferte Zypern Opium in bauchigen Krügen nach Ägypten. Ob die alten Ägypter den Mohnsaft als Medizin oder als Rauschmittel verwendeten, ist umstritten, bewiesen ist jedoch der berauschende Konsum bei den Griechen.

Die Nilbewohner brauten vor 4'000 Jahren bereits ein bierähnliches Getränk und Pharao Skorpion I. musste nicht verdursten, er erhielt 3'150 v. Chr. 700 Krüge Wein mit ins Grab. Die Droge Alkohol gab es also schon im Land der Pharaonen.

Griechen, Römer und Germanen schnupften und rauchten Kräuter, mit Kolumbus kam der Tabak nach Europa. Der Tabak gehört zu den Nachtschattengewächsen, die Nikotin in unterschiedlicher Konzentration enthalten. Das Abhängigkeitspotenzial von Tabakrauch liegt zwischen Alkohol und Kokain.

„Alkohol und Nikotin rafft die halbe Menschheit hin, aber ohne Schnaps und Rauch stirbt die andere Hälfte auch", lautete unsere Devise. Häufiger Alkoholkonsum kam für uns als Jugendliche weniger in Frage, dafür reichte unser Taschengeld nicht. Koma-Saufen gab es nicht, aber ich erinnere mich, dass eine Freundin von mir doch einmal im Krankenhaus landete. Sie mussten ihr den Magen auspumpen, ich glaube, sie hatte eine Flasche Cognac intus, aber das war wirklich die Ausnahme.

Als gefährlichste Droge in Bezug auf Abhängigkeit gilt Alkohol. Wir hielten uns an die Regel: „Mäßig, aber regelmäßig, und manchmal saumäßig", wobei sich mit dem Alter die Saumäßigkeit mehr in Richtung Regelmäßigkeit verschoben hat.

Mit dem Rauchen sah es anders aus. Mit 12 Jahren probierte ich heimlich meine erste Zigarette, dem blauen Dunst verfiel ich mit Vierzehn. Rauchen war so cool, es hob das Selbstbewusstsein enorm. Mit einem Zug am Glimmstängel konnte man alle Unsicherheiten überspielen. Man fühlte sich erwachsen, überlegen. Wartete man in einem Café oder Lokal auf jemanden, beispielsweise bei einem Date, hatten die Hände eine Beschäftigung, die Zigaretten halfen, die Nervosität im Griff zu halten.

Und in der TV-Zigarettenwerbung ermahnte eine freundliche Stimme schließlich das cholerische HB-Männchen jeden Abend: „Halt, mein Freund! Wer wird denn gleich in die Luft gehen? Greife lieber zur HB! Dann geht alles wie von selbst" Bei DM 1,75 für 21 Zigaretten konnten die Raucher wirklich „Frohen Herzens genießen". Wenn das kein Grund zum Rauchen war!

In der Schule kämpften wir um ein Raucherzimmer, veranstalteten Sit-ins, bis die Schulleitung es schließlich genehmigte. Da mein Vater selbst Raucher war, steckte er mir hin und wieder heimlich Zigaretten zu, meine Mutter durfte das allerdings nicht mitbekommen. Insbesondere am Samstagmorgen, bei unseren Diskussionsrunden am Küchentisch, genossen wir den blauen Dunst gemeinsam.

Wie ungesund Rauchen ist, war uns damals nicht bewusst, diese Erkenntnis kam erst später. Mit 24 Jahren hörte ich auf zu rauchen und damit weiß ich, wie schwer ein Entzug ist. Zum einen qualmte ich damals meinem heutigen Mann, als absolutem Nichtraucher, die Bude voll, zum anderen zogen die Zigarettenpreise

1976 dermaßen stark an, sodass ich kurzerhand beschloss, mit dem Rauchen aufzuhören. Ich kaufte mir einfach keine Zigaretten mehr. Zunächst rauchte ich die Marke „Van den anderen", aber schnorren war nicht mein Ding. Eine Zeit lang paffte ich noch Zigarillos, dann hörte ich ganz mit dem Rauchen auf.

Das Einzige was hilft, ist der Wille und natürlich die Kraft, den Entzug durchzustehen. Ich brauchte etwa ein halbes Jahr, bis ich das Verlangen, nach der Zigarette zu greifen, überwunden hatte. Seit dem habe ich keinen „Sargnagel" mehr angerührt, da ich mir nie sicher war und bis heute nicht sicher bin, ob ich nicht rückfällig werden würde.

Die Älteren qualmen inzwischen weniger als die Jungen. Im Jahr 2013 rauchten, laut Bericht des Statistischen Bundesamts, von der 65 plus-Generation nur noch 9 % regelmäßig oder gelegentlich. Dies war der niedrigste Wert aller Altersgruppen. Dabei griffen nur 7 % der Frauen und 12 % der Männer zum Glimmstängel.

Drogen gab es lange vor unserer Generation, sind also kein Erfindung der Nachkriegskinder. Ich machte zum Glück kaum Erfahrung mit Rauschgift. Natürlich boten Dealer „Stoff" auf dem Schulhof an, aber ich kaufte nie welchen.

Einmal zog ich abends, ich war etwa 16, mit Freunden los. Sie überredeten mich, einen Joint zu rauchen - keine Ahnung mehr, ob das Hasch oder Marihuana war, ob pur oder mit Tabak gemischt. Jedenfalls hatte ich anschließend das Gefühl, neben mir selbst zu stehen und eine Matsche-Birne zu haben. In dieser Nacht bin ich mit meinen Eltern Richtung Lago Maggiore in den Urlaub gefahren und mir war einfach nur kotzübel. Damit war mein Bedarf an Drogen vorerst gedeckt.

Später probierte ich nochmals einen Joint, der die Runde machte. Eine etwas ältere Bekannte aus unserem Dorf besaß bereits ein Auto. Sie nahm meine Freundin und mich morgens - wir schwänzten die Schule - mit nach Karlsruhe in eine WG. Der Raum war erfüllt vom Duft von Räucherstäbchen, Tee wurde gereicht und wie gesagt, durfte die kreisende Tüte nicht fehlen. Nein danke, das ganze Ambiente war nicht nach meinem Geschmack, dieses esoterische Gedöns behagte mir nicht, damit endeten meine Drogenversuche endgültig.

Eine ganz andere Art von Drogenkonsum, war die Kombination von Captagon und Valium. Ersteres putschte auf und das Beruhigungsmittel verhalf zum Schlaf. Ein Freund von mir

warf sich dieses Zeug mehr oder weniger regelmäßig ein. Ich habe es einmal ausprobiert und
am nächsten Tag in der Schule eine Mathe-
Arbeit geschrieben. Ein Blick auf die Aufgaben
reichte - und ich hatte sie gelöst. Ich war die Ruhe in Person und gab mein Heft nach der Hälfte
der Zeit ab. Resultat: eine 1,0. Anschließend
überlegte ich mir ernsthaft, diese Kombination
aus Amphetamin und Benzodiazepin vor Klas-
senarbeiten einzuwerfen, aber ich ließ es zum
Glück sein, denn beide Präparate machen süch-
tig. Anscheinend war ich an diesem Tag einfach
gut drauf.

LSD war für viele das Wundermittel unserer
Zeit. Der Schweizer Albert Hofmann entdeckte
1938 im Rahmen seiner Arzneimittelforschung
mit dem Mutterkorn das Halluzinogen Lyserg-
säurediethylamid, kurz LSD. In einem Selbstver-
such nahm er am 19. April 1943 die für ihn
denkbar kleinste wirksame Menge von 250 µg
ein. Die Dosis war viel zu hoch und es wurde
ein Horrortrip, bevor er das hinter seinen Augen
entstehende Farben- und Formenspiel genießen
und dokumentieren konnte. Da er nach der Einnahme mit dem Fahrrad nach Hause fuhr,
feierten LSD-Anhängern später die LSD-Ge-
burtsstunde als „Fahrradtag".

LSD wurde 1966 in den USA und 1971 in Deutschland verboten. Da LSD wenig Suchtpotenzial besitzt, sind Konsumenten nicht bereit, hohe Preise wie notgedrungen für Heroin oder Kokain zu zahlen, damit wurde es für den Drogenhandel uninteressant.

Ich griff nie zu LSD und war später heilfroh, dass der Kelch Drogen an meinen Kindern unbeschadet vorüberging. Natürlich haben auch sie einiges probiert. Selbst in Indonesien, wo auf Handel oder Schmuggel die Todesstrafe steht, waren Drogen erhältlich, es geht schließlich um viel Geld. Eine deutsche Schülerin aus Singapur hatte auf einer Klassenfahrt auf die Insel Batam mit dem Besitz von Drogen im Gepäck geprahlt. Natürlich machte dies schnell die Runde und die Lehrer reagierten sofort, sie ließen die Schülerin zu ihrer eigenen Sicherheit unverzüglich direkt nach Deutschland ausfliegen.

Bei einer Wanderung im Norden Vietnams, entdeckte unser Sohn Hanfpflanzen. Natürlich musste er einige Blätter und Blüten des Cannabis nach Hanoi mitnehmen und trocknen. Ich sollte das „grusige" Kraut dann rauchen - ich lehnte dankend ab.

In Sri Lanka galt Hikkaduwa an der Westküste als Drogenhochburg. Am einstigen Hippiestrand feierten Backpacker wilde Partys. Unser Sohn wollte unbedingt hin, also nahm er seinen Papa im Schlepptau mit. Der ging jedoch früher zu Bett, so konnte der Sohnemann in Ruhe seinen Joint am Strand rauchen. Am nächsten Morgen war ihm kotzübel.

Allerdings drohen auch in Sri Lanka hohe Geld- oder Gefängnisstrafen für Drogenbesitz, auf Heroin steht sogar die Todesstrafe, die seit über 40 Jahren jedoch nicht mehr vollzogen wurde. Jetzt zieht Sri Lanka die Schrauben jedoch kräftiger an und will Rauschgifthändler an den Galgen bringen. Vom philippinischen Präsidenten Rodrigo Duterte mit seinen Todesschwadronen beeindruckt, möchte Präsident Sirisena auch in Ceylon die Todesstrafe wieder einführen. Per internationaler Zeitungsannonce suchte die Strafvollzugsbehörde Anfang des Jahres einen Henker. Über hundert Männer, darunter ein Amerikaner, haben sich für den Posten des Scharfrichters angeblich beworben.

Natürlich gab es in unserer Zeit nicht nur die weichen Drogen, wie Marihuana und Haschisch, deren Verkauf in Holland in „Coffeeshops" seit Jahren geduldet wird, sondern auch Rauschgifte wie Heroin und Kokain. Partydrogen kamen erst in den 80er Jahren in Mode.

Trotz allem - ich muss mehr als bescheuert gewesen sein - transportierte ich einmal für einen Freund eine Tüte mit weißem Inhalt in der Straßenbahn durch Heidelberg. Keine Ahnung mehr, was es war, ich denke Kokain und kein Heroin. Mein Gott, wenn ich damals erwischt worden wäre! Ab und zu macht man im Leben wirklich einen Scheiß!

Der Drogenkonsum nahm nicht ab, im Gegenteil. Laut dem Drogenbericht der Vereinten Nationen (UNO) lag der Konsum 2016 um rund 10 Prozent höher als im Jahr davor. Bei der Vorstellung des Berichts sagte die Uno-Drogenexpertin Angela Me: „Es ist das Jahr der Rekorde". Die Drogenmärkte wachsen, die Kokain- und Opium-Produktion weist Rekorde auf.

Nach wie vor ist Cannabis Spitzenreiter, im Vergleich zum Vorjahr konsumierten rund 16 Prozent mehr Menschen dieses Rauschmittel, der Anbau wuchs sogar um 27 % auf 4'386 Tonnen. Insbesondere stieg der Verbrauch in den USA, vermutlich durch die Legalisierung in zahlreichen Bundesstaaten. Aber auch in der Bundesrepublik nahm der Cannabiskonsum zu, speziell bei den 45- bis 64-Jährigen.

Die Menschheit lernt leider Gottes nicht dazu. Drogen sollen beim Konsum ein Glücksgefühl

hervorrufen, aber die Einzigen, die dabei glück-
lich werden, sind die Drogenbosse und die Ma-
fia, die scheffeln Milliarden ein.

Mode

Das neue Lebensgefühl unserer Generation spiegelte sich in der Mode wider. Unser Stil, wenn es überhaupt irgendeinen Stil gab, war unkonventionell. Wir nutzten unseren Körper und dessen Bekleidung als Schauplatz für Protest, wir wollten bewusst provozieren - und meistens hatten wir Erfolg. Das Titelthema der Jugendzeitschrift „pop" hieß dann auch „Jugend '69" - "Ihr seid dumm frech & verdorben"

Mode ist Diktat - und dem haben wir versucht, uns zu entziehen. Aber ist uns das gelungen? Sind wir über die Anti-Mode zum Modestil geworden? Wir trugen Jeans, um gegen die faden Konfirmandenanzüge, Krawatten, Röcke, brave Blusen und Kostüme unserer Elterngeneration zu rebellieren. Und plötzlich hatten alle Bluejeans an, die Textilindustrie hat sich gefreut. Jeans wurden Mode, wir haben uns das Diktat selbst auferlegt.

Allerdings waren Hosen in den 1960er-Jahren für Frauen noch lange nicht gesellschaftsfähig. An vielen Schulen waren sie nur im Winter erlaubt und deutsche und englische Luxushotels verwehrten sogar Stars, wie Esther Ofarim oder Senta Berger, den Zutritt in Hosenanzügen.

Und selbst Politikerinnen durften 1970 in Hosen den Plenarsaal nicht betreten, jedenfalls drohte der damalige CSU-Bundestagsvizepräsident Richard Jaeger, er werde jede Abgeordnete in Hosen des Saales verwiesen. Wo blieb die im Grundgesetz verankerte Gleichberechtigung von Mann und Frau?

Die erste Jeans-Reklame, auf deren Foto auch Frauen Jeans trugen, erschien 1969. Die Firma Lee propagierte die „Freizeit-Mode der Jungen Welt".

Anfangs der 60er Jahre trugen junge Frauen und Mädchen noch den Petticoat, ein Überbleibsel aus den Rock 'n' Roll Jahren, die Dame ging im Etuikleid, Tulpenrock oder im eleganten Coco-Chanel-Kostüm aus.

Nach dem Krieg kam der Versandhandel mit seinen Katalogen wieder in Gang, der in der Weimarer Republik seine Blütezeit erlebt hatte. Neckermann, Quelle, Bader, Otto Versand und Co. versandten ihre bunten Hochglanzkataloge in die hintersten Teile des Landes. Da konnte Frau dann Pariser Mode zu Kaufhauspreisen bestellen.

Die Modeschöpferin Mary Quant hat den Minirock 1965 wiederentdeckt - und zunächst in Großbritannien und den USA vermarktet. Und Twiggy, das klapperdürre, englische Model der „Swinging Sixties", half ihr dabei. Mit kurzen Haaren und Rehaugen lief sie über den Laufsteg. Und viele Mädchen folgten ihr, nicht nur im Minirock, sie wollten genau so schlank wie ihr Vorbild sein. Magere Frauen ohne Kurven, mit knabenhafter Figur, entwickelten sich plötzlich zum Schönheitsideal.

Ich erinnere mich noch an einen Minirock, den ich besaß. Himmelblauer Cordstoff mit Blumen übersät. Eben im Hippie-Look mit Flower-Power. Dazu Turnschuhe mit weißen Socken, damals gab es den Begriff Sneakers noch nicht.

Und dann kamen Ende der 60er-Jahre die Schlaghosen in Mode - und für uns Frauen darunter hohe Plateau-Schuhe. Mensch, waren wir plötzlich groß und schlank! Eigentlich die beste Mode, wenn man nicht wie Twiggy aussah oder aussehen wollte. Anfangs der

1970er galten Schlagjeans als modisch, verschwanden aber Ende des Jahrzehnts von der Straße.

War 1968 auf dem Frühling/Sommer-Katalog von Neckermann noch ein Modepüppchen in weißem Rüschenkleid mit passendem Hut und Täschchen abgebildet, hatte der OTTO-Versand die Zeichen der Zeit erkannt. Mit dem „Magazin '68" des Hermes Post-Shops hatte er speziell die Zielgruppe der 15 - 27-Jährigen im Visier. Die „Versand-Boutique für junge Leute" versprach in ihrer Herbst/Winter 69/70-Ausgabe ein besonderes, in Paris fotografiertes, riesiges Modeangebot und als Highlight-Angebot für Männer "FOR HIM", die "Beatle - Perücke", für junge Leute von heute, die selbst einmal Beatle sein möchten."

Laut Petra Leutner, Modehistorikerin und Professorin für Modetheorie an der Akademie Mode und Design (AMD) in Hamburg, schlug sich das Lebensgefühl der 1968er auch in unkonventioneller Mode nieder. Die Jugend trug keine brav geschnittenen Anzüge mehr, sondern stellte sich ihren persönlichen Stil selbst zusammen. „Zum Beispiel lange Haare und Schlaghosen bei den

Männern, kurze Röcke und Hängekleidchen bei den Frauen."

Ich selbst trug einmal ein giftgrünes, kurzes Hängekleid, daran kann ich mich noch gut erinnern. Hauptsache auffallend und schrill. Einige Stilelemente überlebten bis heute, so finden sich auf T-Shirts noch immer das Hippie-Peace-Zeichen oder der Aufdruck „MAKE LOVE NOT WAR".

Religion

Ich bin in einem katholischen Dorf aufgewachsen, am Sonntag musste ich in die Kirche. Meine Eltern besuchten die Frühmesse, ich durfte später ins Hauptamt gehen, Gott sei Dank.

Ab etwa 14 Jahren fanden meine Freundinnen und ich den Gottesdienst nur noch ätzend. Wir entdeckten einen Weg, den lästigen Kirchbesuch am Sonntag zu umgehen. Unsere Kirche besitzt ein Hauptportal und links und rechts Seiteneingänge. Wir betraten das Gotteshaus über den Haupteingang und schlüpften nach Beginn der Messe durch die Seitentür hinaus. Über einen kleinen Fußweg gelangten wir in ein Café und es war viel schöner dort, als in der langweiligen Kirche zu sitzen. Und kurz bevor die Messe zu Ende war, betraten wir wieder über den Seiteneingang das Gotteshaus und mischten uns unters Kirchenvolk.

Einmal lief ich meinem Opa in die Arme. Er war entweder zu spät dran oder er ging an der Kirche vorbei direkt zum Frühschoppen. Denn dies war Tradition. Nach der Messe suchten die Männer das Wirtshaus auf, palaverten am

Stammtisch und die Frauen und Kinder gingen nach Hause zum Kochen. Was war das für ein ungerechtes Leben. Zum Glück hatten wir Jugendlichen unseren eigenen Stammtisch, zwar nicht mit Alkohol, dafür ohne das Geschwätz des Pfarrers. Mein Opa hat mich übrigens damals nicht verpfiffen!

Für viele Eltern waren auch ein evangelischer Schwiegersohn oder -tochter nicht akzeptabel. In solch einer bigotten Welt wuchsen wir auf. Einmal hatten wir einen jungen Kaplan, an seinen Namen kann ich mich nicht mehr entsinnen. Er versuchte, ein bisschen frischen Wind in die Gemeinde zu bringen. Er organisierte Jugendtreffs, bei denen es Musik und Tanz gab. Aber den „alten Dorfweibern" - ich bin sicher, die waren damals jünger als ich heute - war das ein Dorn im Auge, so etwas unmoralisches ging natürlich nicht. Sie haben solange beim Pfarrer interveniert, bis der Kaplan versetzt wurde.

Papst Paul VI. verbot 1968 in der Enzyklika „Humanae Vitae" künstliche Verhütungsmittel. Auf dem Katholikentag in Essen rebellierten die Untertanen gegen das Pillenverbot und verlangten den Rücktritt des Papstes. Die Freiheit des lebendigen Gewissens wurde gefordert. Und die Antwort des Papstes, vorgetragen vom Vorsitzenden der Bischofskonferenz Julius Döpfner, lautete: „Man möchte gerne erlaubt wissen, dass jeder in der Kirche meinen und glauben kann, was ihm beliebt. Dabei bedenkt man aber nicht, dass nur der sich voll und ganz in den Dienst der Wahrheit stellt, der sich dem Lehramt der Kirche unterordnet."

Zwar gelangten Priester mit Jeans und Gitarre in den Gottesdienst, aber hat das etwas geändert? In unserer Gemeinde scheiterte der Kaplan.

Die katholische Kirche mischte sich auch in die Politik ein, trotz der Trennung von Kirche und Staat. Gerade als es um die Abschaffung des Abtreibungsparagrafen § 218 ging, hat die Kirche die Politiker unter Druck gesetzt.

Vor der Bundestagswahl 1972 erklärte der Kölner Kardinal Höffner: „Abgeordnete, die nicht bereit sind, die Unantastbarkeit menschlichen Lebens, auch des ungeborenen Kindes, zu gewährleisten, sind für einen gläubigen Christen nicht wählbar." Welch eine Ironie - erst verbietet der Papst die Pille, die eine Schwangerschaft verhindert und dann untersagt er den Abbruch einer ungewollten Schwangerschaft. Dafür soll ein unerwünschtes Kind großgezogen werden. Ungeliebt zu sein, ob das einem Kind hilft?

Glaube ist Privatsache. Jeder kann glauben, was er will, aber glauben heißt nicht wissen. Was aber die Institution Kirche aus dem Glauben macht, ist etwas anderes. In den letzten 50 Jahren hat sich in der katholischen Kirche nicht viel geändert, außer, dass die Gotteshäuser in Deutschland leerer wurden und dass Priestermangel herrscht. Immer mehr Pfarrer stammen aus dem Ausland. Priester aus Indien, Polen, Lateinamerika und Afrika zelebrieren inzwischen die Messe. Können die Gastarbeiter im Namen Christi die katholische Kirche in Deutschland retten? Wäre es nicht sinnvoller, den Zölibat abzuschaffen und auf die Mehrheit der deutschen Bevölkerung - die Frauen - zurückzugreifen? Wer über die Hälfte der Kandidaten aus seinem Betrieb ausschließt, braucht sich nicht über Facharbeitermangel zu beschweren.

Was der katholischen Kirche mehr Demokratie brachte, ist die Möglichkeit eines Papstes, von seinem Amt zurücktreten zu können. 1294 trat Papst Coelestin V. zurück, ob freiwillig ist umstritten. Im Februar 2013 legte der deutsche Papst Benedikt XVI. sein Amt nieder. Joseph Ratzinger war nicht der reformfreudigste Papst, sein Nachfolger Papst Franziskus scheint änderungswilliger zu sein. Der Argentinier hat

allerdings mit den abscheulichen Missbrauchs-
fällen innerhalb der Kirche zu kämpfen. Da wird
ihm nicht viel Zeit für weitere Reformen bleiben.

Zu den Missbrauchsopfern gehören Mädchen,
Jungen, aber auch Ordensschwestern - und
dies weltweit. Nach Jahrzehnte langem Vertuschen fand Ende Februar 2019 in Rom ein Gip-
feltreffen zum Thema Missbrauch statt. Papst
Franziskus beriet sich mit den Vorsitzenden
aller Bischofskonferenzen weltweit, mit den Lei-
tern der Ordensgemeinschaften sowie mit rund
70 Fachleuten. Sogar drei Frauen durften reden,
welch ein Novum. Aber die Opferverbände zeigten sich vom Ergebnis enttäuscht. Sie forderten,
dass Missbrauch im Kirchenrecht ausdrücklich
als schwerwiegende Straftat verankert wird und
die Täter - und diejenigen die es vertuschen -
ihre Ämter verlieren.

Vermutlich gelangte bei der Anti-Missbrauchs-
konferenz nur die Spitze des Eisbergs an die
Oberfläche, mal sehen, was künftig noch alles
ans Tageslicht kommt. Zumindest bewirkte sie,
dass der Papst jetzt umfassende Regeln zum
Schutz von Kindern vor sexuellem Missbrauch
für den Vatikanstaat erließ - nicht allzu viel bei
nur 800 Einwohnern, aber immerhin ein Anfang
im Machtzentrum der Kirche.

Früher gab es einen Witz: „Was ist der Unterschied zwischen einem katholischen und einem evangelischen Pfarrer?" - „Beim evangelischen Pfarrer hängen die Windeln hinterm Haus, beim katholischen im ganzen Dorf." Dies bringt ein weiteres Problem der katholischen Kirche auf den Punkt. Solange Priester Sex mit erwachsenen Personen im gegenseitigen Einverständnis haben, ist das ihre Angelegenheit, das sie mit ihrem Gewissen und ihrem selbstauferlegten Zölibat zu vereinbaren haben. Wenn aber aus solch einer Verbindung Kinder hervorgehen, sieht die Sache ganz anders aus.

Die Kirche verwehrt den Priesterkindern die Grundrechte. Jedes Kind hat in Deutschland Anspruch darauf, seinen leiblichen Vater und seine Mutter zu kennen, Unterhalt zu erhalten und im Falle des Todes erbberechtigt zu sein.

Gemäß „Katholisch.de", dem Internetportal der katholischen Kirche in Deutschland, hat das UN-Kinderrechtskomitee im Februar 2014 den Vatikan aufgefordert, die Kinder katholischer Priester über ihre Herkunft aufzuklären. Sie müssten ihr Recht wahrnehmen können, „ihren Vater zu kennen und von ihm versorgt zu werden". Als Voraussetzung dafür solle der Heilige Stuhl deren Zahl und Identität ermitteln. Besorgt äußerte sich das Gremium über Berichte, nach denen Mütter von Priesterkindern eine finanzielle Unterstützung durch die Kirche nur unter der Auflage erhielten, dass sie die Liebesbeziehung zu dem Geistlichen verschwiegen. Der Vatikan müsse gegen solche Vertraulichkeitsvereinbarungen vorgehen, forderte das Komitee.

Wie viele Kinder es von im Zölibat lebenden Priestern gibt, ist nicht bekannt, da kein Pfarrer verpflichtet ist, dies in seinem Bistum anzuzeigen und die Schätzungen reichen von ein paar Hundert bis zu mehreren Tausend. Früher hieß es schon immer respektlos, dass der Dorfpfarrer eine Haus- und Herhälterin im Pfarrhaus habe. Dann gilt die Mutter als alleinerziehend und ist eine billig bezahlte Haushaltskraft. Der Kinder dürfen ihren Vater allerdings nicht Papa nennen. Wie schwer ist das, für Kinder zu ertragen?

Problematisch wird es insbesondere, wenn es sich um einen Ordenspriester handelt, der das Armutsgelübde abgelegt hat, dann verweigert der Orden oft ganz den Unterhalt. Kirchenrechtlich ist eine Anerkennung der Vaterschaft bei gleichzeitigem Verbleib im Amt zwar möglich, jedoch setzt dies die Beendigung der sexuellen Beziehung zur Mutter voraus. Und falls die Mutter im kirchlichen Dienst ist und den Vater benennt, wird sie entlassen.

Diese Problematik kennt die evangelische Kirche nicht, da mit der Reformation vor gut 500 Jahren der Zölibat abgeschafft wurde. Martin Luther, Augustinermönch und Initiator der Reformation, heiratete 1525 Katharina von Bora, eine ehemalige Nonne des Zisterzienserordens.

Wie bereits erwähnt, bin ich in einem katholischen Dorf aufgewachsen, in dem noch zahlreiche erzkonservative Familien lebten. Für deren Kinder war ein evangelischer Lebenspartner tabu. Gottlob waren meine Eltern nicht so verbohrt und es war kein Problem, als ich einen Protestanten heiratete. Es gab sogar eine ökumenische Trauung in der katholischen Kirche, allerdings musste mein Mann unterschreiben, die Kinder katholisch zu erziehen. Ich weiß nicht, ob das heute noch erwartet wird. Das Ende vom Lied ist, dass unsere beiden Kinder der Kirche den Rücken gekehrt haben.

In Westdeutschland gehörten im Jahr 1951 noch 96,4 Prozent der Bevölkerung einer christlichen Konfession an, was bis 1970 etwa konstant blieb. Anders in Ostdeutschland, dort sank der Anteil der Christen zwischen 1949 und 1988 von rund 92 auf knapp 40 Prozent. Aber auch in der alten Bundesrepublik gingen die Christen, sowohl bei den Katholiken wie bei den Protestanten, zahlenmäßig zurück. Dies lag einerseits am gesellschaftlichen Umbruch, andererseits an der Zunahme des Islams.

Zählte die BRD 1990 noch 35,4 Prozent Katholiken, waren es 2013 nur noch 29,9 Prozent. In der evangelischen Kirche ging der Prozentsatz von 36,9 auf 28,5 zurück. Der Schwund hält an, wobei die Lutheraner seltsamerweise stärker davon betroffen sind. Im Jahre 2017 gehörten 28,2 Prozent zu Rom, während lediglich 26 Prozent zur Evangelischen Kirche Deutschland (EKD) zählten.

Mit dem Wirtschaftswunder kamen ab 1956 die ersten Gastarbeiter nach Westdeutschland, zunächst aus Italien, dann aus Griechenland und Spanien. 1961 folgte die Türkei, die den verhassten Griechen in nichts nachstehen wollten. Die BRD warb die Türken nicht von sich aus an, sondern das Ansinnen ging von der Türkei aus. In Deutschland war man darüber nicht begeistert, da man sich der Problematik bezüglich der unterschiedlichen Kultur und Religion durchaus bewusst war. Aber die Türkei bekam Schützenhilfe von den USA. Die Türkei war NATO-Partner und Amerika befand sich im Kalten Krieg mit der Sowjetunion. Also drängten sie die Politiker, das Anwerbeabkommen zu unterzeichnen. Damit kam der Islam in größerem Maße nach Westdeutschland.

Was als zeitlich begrenzter Arbeitsaufenthalt geplant war, endete nach einem Anwerbestopp mit der Wirtschafts- und Energiekrise 1973 in Daueraufenthalt und Familiennachzug. Damit stieg der Anteil an islamischen Mitbürgern, und da praktisch keine Integration stattfand, existierten de facto plötzlich anatolische Dörfer in Westdeutschland.

Lag der Anteil der Muslime 1970 noch bei 1,3 Prozent, verdoppelte er sich bis 1987. Nach der Wiedervereinigung betrug er 3,7 Prozent, im Jahre 2017 stieg er, auch aufgrund des Flüchtlingszustroms, auf 5,6 % an.

Der Islam gehört also schon seit den 70er-Jahren zur alten Bundesrepublik und nicht erst seit gestern. Die erste Moschee auf deutschem Boden entstand bereits 1914 in der Nähe von Berlin. Allerdings realisierten dies viele Bundesbürger überhaupt nicht.

Meinen ersten Kontakt mit einem Moslem - außer einem Kurzurlaub in Istanbul - hatte ich Mitte der 70er. Ein Freund meiner Tante war Türke und wurde im Kreise der Familie aufgenommen. Wie viele Moslems, die ich später noch kennenlernte, aß er kein Schweinefleisch, war aber einem Bier nicht abgeneigt. Von seinem Heimaturlaub im hintersten Anatolien brachte er uns immer einen 10-Liter-Eimer schwarze Oliven mit. Er war ein ruhiger, bescheidener Mann.

Mit dem Nachzug der Familien änderte sich auch das Erscheinungsbild, vorwiegend in den Städten, man sah immer mehr Frauen mit Kopftuch und in bodenlangen, langärmlichen Kleidern. Mir taten die Frauen zunächst leid, so vermummt im Sommer durch die Straßen gehen zu müssen. Inzwischen denke ich anders: „Wehrt euch, wir haben uns auch erfolgreich gewehrt! Veränderung muss von innen kommen, nicht von außen! Stellt euch jeden Freitag vor die Moschee und fordert Gleichberechtigung!"

Ich habe von 1994 bis 2000 in Indonesien gelebt, dem zahlenmäßig größten Moslemland. Nur wenige Frauen trugen ein Kopftuch, und in zahlreichen Vorträgen über den Islam betonten die Religionswissenschaftler, dass dies nicht ausdrücklich im Koran stehe, sondern Interpretationssache sei. Deshalb, ihr Musliminnen wehrt euch gegen den Zwang der Männer, euch unter Kopftuch, Hijab oder im schlimmsten Fall der Burka verstecken zu müssen. Wehrt euch gegen Zwangsheirat und die Bevormundung durch Mann, Vater oder Bruder, ohne deren Zustimmung vieles für die Frau unerreichbar ist.

Im Grundgesetz der Bundesrepublik ist die Religionsfreiheit verankert, damit haben Muslime das Recht auf ihren Moscheebesuch. Was mich aber absolut stört, sind die Sony-Lautsprecher an den Minaretten der Moscheen. Ich kenne dieses störende Geplärre zu Genüge, ob von Indonesien oder Malaysia, aber in diesen Ländern bin ich Gast und habe dies zu respektieren. Aber in Deutschland?

Kirchenglocken mögen manche frühmorgens behelligen, aber diese rufen neutral zum Gebet. Der Muezzin schreit jedoch das muslimische Glaubensbekenntnis vom Dach der Moschee. Es beginnt mit: „Allah ist der Allergrößte. Ich bezeuge, dass es keinen Gott außer Allah gibt." Müssen sich das Nicht-Muslime wirklich anhören? Alle haben inzwischen ein Handy und es gibt bereits zahlreiche Apps, die an die Gebetszeiten erinnern. Am besten sollten sie sich eine WhatsApp-Gruppe einrichten und ihr Glaubensbekenntnis auf diese Weise verbreiten, beim Installieren von nervigen Lautsprechern besteht auch keine Technikscheu.

Paare, Kinder & Familie

Nach dem Zweiten Weltkrieg stellte die Allein-verdiener-Ehe noch die Regel dar. Der Mann brachte das Geld nach Hause, die Frau hütete Haus und Herd und kümmerte sich um die Kinder. Die tatkräftigen Trümmerfrauen des Wiederaufbaus mutierten schnell wieder zu Hausmütterchen. Die Ehe - und damit die Familie - galt als höchstes Gut, wer von dieser Norm abwich, hatte es schwer.

Die große Wohnungsnot der Nachkriegszeit führte zu schnellerer Heirat, da Wohnungsbesitzer Ehepaare bevorzugten. Ein Zusammenleben ohne Trauschein war praktisch unmöglich, Vermieter konnten bis 1974 der Kuppelei beschuldigt werden. Eine Schwangerschaft endete fast unweigerlich in einer Ehe, denn „ledige Mütter" mit einem „Bastard" waren verpönt. Uneheliche Kinder erhielten erst 1970 die gleichen Rechte wie eheliche, den Begriff Alleinerziehende gab es noch nicht.

Die Frauen saßen in der finanziellen Abhängigkeitsfalle. Eine Scheidung kam nur in Frage, wenn eine Frau unschuldig geschieden wurde, dann hatte sie Anspruch auf Unterhalt. Das änderte sich mit der Scheidungsreform von 1976. Das Zerrüttungsprinzip ersetzte das Verschuldungsprinzip, dies vereinfachte Scheidungen und sicherte die Frauen finanziell besser ab.

Für die Frauen unserer Generation bedeutete diese Form des Zusammenlebens kein Glücksversprechen mehr, sondern es galt als Abhängigkeitsfalle. Wir rüttelten an den Pfeilern dieses Gebäudes und es stürzte ein. Der gesellschaftliche Umbruch in den Bereichen Sexualität und Feminismus führte zu einem ganz neuen Rollenverständnis innerhalb der Partnerbeziehung und der Familie. Das goldene Zeitalter der Ehe war vorbei.

Plötzlich stellte ein Zusammenleben ohne Trauschein kein Tabu mehr dar und vorehelicher Sex galt nicht länger als skandalös. Auch mein Mann und ich zogen vor der Heirat zusammen, es macht schließlich Sinn zu testen, ob das gemeinsame Alltagsleben funktioniert. Natürlich ist dies keine Garantie für ein erfolgreiches Eheleben - die gibt es nie.

Die Frauenbewegung der 60er und 70er Jahre trieb die schrittweise Gleichstellung der Geschlechter voran. Die Frauen erkämpften sich nach und nach den Zugang zum Arbeitsmarkt, gewannen ein neues Selbstbewusstsein und emanzipierten sich von ihren Ehemänner. Sie schlüpften aus der Hausfrauenrolle zunehmend in die Rolle von Karrierefrauen. Kindergärten, privat organisierte „Kinderläden" oder im Zuge der 68er Bewegung entstandene Kinderbetreuung in den Wohngemeinschaften, ebneten den Weg.

Berufstätigkeit und Mutterschaft unter einen Hut zu bringen, war, ist und bleibt ein Problem für die Frau. Wird aus ihr eine Mutter, sieht sie sich plötzlich mit den traditionellen Erwartungen der Gesellschaft konfrontiert. Sie soll voll und ganz für die Kinder da sein, für ihre Erziehung sorgen, den Haushalt schmeißen und auf ihre Berufstätigkeit verzichten.

Will sie dazu noch Karriere machen, beginnt ein echter Spagat. Der Wunsch nach Gleichberechtigung führt die Multitasking-Frau unweigerlich in eine Doppelbelastung. Die Verteilung der Hausarbeit ist längst noch nicht fifty-fifty, selbst wenn beide Partner berufstätig sind.

Laut einer Studie der Organisation für wirtschaftliche Zusammenarbeit und Entwicklung (OECD) von 2017 sind Frauen in Deutschland benachteiligt. Das alte Rollenbild vom männlichen Alleinverdiener ist nach wie vor Realität.

Zwar sind rund 70 Prozent der Mütter erwerbstätig, aber fast 40 Prozent sitzen in der Teilzeitfalle und tragen mit einer durchschnittlichen Wochenarbeitszeit von 20 Stunden nur 22,6 Prozent zum Familieneinkommen bei. In Dänemark und Schweden sind rund 82 Prozent berufstätig und der Anteil am Einkommen beträgt in Dänemark 42 Prozent. Von 15 ausgewählten Ländern steht Deutschland am schlechtesten da. Gleichzeitig erledigen die deutschen Frauen fast zwei Drittel der Hausarbeit neben der Betreuung von Kindern und anderen Angehörigen.

In der OECD-Studie heißt es: „In Ländern, in denen Frauen in größerem Umfang arbeiten und es eine gut ausgebaute und qualitativ hochwertige Kinderbetreuung wie etwa in Finnland oder Norwegen gibt, teilen Eltern unbezahlte Arbeit ausgewogener auf."

Schuld an dem Dilemma sind die schlechteren Betreuungsangebote für Kinder und die starren Öffnungszeiten von Schulen, Kindergärten und Kindertagesstätten (Kitas). Hinzu kommen die hohen Gebühren für Kitas, wobei diese vom Wohnort abhängen.

Während Berlin die Betreuungsgebühren abgeschafft hat, müssen Eltern anderswo für die Betreuung ihrer Kinder tief in die Tasche greifen. Dies geht aus einer Studie des Instituts der deutschen Wirtschaft (IW) in Köln Ende 2018 hervor. Allerdings wurden nur die Großstädte untersucht. So kostet in Mannheim ein 18 Monate altes Kind mit einer Betreuungszeit von 45 Stunden pro Woche monatlich 364 Euro. Den Vogel schießt aber meine Heimatgemeinde Forst/Baden ab. Für eine Betreuung von 48 Stunden pro Woche müssen Eltern fürs erste Kind unter drei Jahren 768 €, bei 45 Stunden immer noch €720, plus €70 für Verpflegung berappen! Wer kann das noch bezahlen? Auch gut verdienende Familien müssen dabei den Griffel ordentlich spitzen und rechnen.

Hier herrscht ein dringender Handlungsbedarf der Politik. Es kann nicht sein, dass eine Berlinerin problemlos arbeiten gehen kann, während dies einer Badenerin, die in ihrer Heimat bleibt, auf Grund der hohen Kinderbetreuungskosten verwehrt ist. Dies ist Diskriminierung pur. Im Grundgesetz ist im Artikel (3) festgelegt: „Niemand darf wegen ..., seiner Heimat und Herkunft, ... benachteiligt oder bevorzugt werden."

Daher ist es kein Wunder, dass viele Frauen auf Kinder verzichten - und oft auch auf eine feste Partnerschaft - und lieber Singles bleiben.

Dann können sie ungestört leben und Karriere machen. Und die Zeiten als unverheiratete Frauen als „alte Jungfer" bezeichnet wurden, sind endgültig vorbei.

In der Familie änderte sich jedoch nicht nur die Rolle der Frau grundlegend, sondern ebenso die des Mannes. Auch wenn ein Großteil der Hausarbeit noch bei der Frau hängen bleibt, helfen die Männer zumindest mit. Insbesondere nehmen die Männer ihre Vaterpflichten gewissenhafter und liebevoller wahr. Mit der Frauenbewegung fand ein Bewusstseinswandel statt und es setzte sich die Erkenntnis durch, dass nicht nur die Zeugung eines Kindes, sondern auch Schwangerschaft, Geburt und Kinderbetreuung beide Partner betrifft. Damit öffneten sich in den 1970er Jahren die Kreißsäle für werdende Väter und sie durften bei der Entbindung dabei sein.

Als mein Mann mich während der Schwangerschaft in den 1980er Jahren zum Frauenarzt begleitete, wollte ihm die Arzthelferin den Zutritt zum Behandlungszimmer verwehren. Glücklicherweise bekam es der Arzt mit und selbstverständlich durfte mein Mann mitkommen, aber es war anscheinend noch nicht üblich, dass ein Vater die Ultraschall-Bilder seins Kindes sehen durfte. Mein Mann war bei beiden Geburten anwesend und schnitt die Nabelschnur durch. Heute begleiten rund 90 Prozent der Männer ihre Partnerinnen bei der Geburt.

Wenn ich mich im Familien- und Freundeskreis umschaue, bin ich oft selbst erstaunt, wie liebevoll die jungen Väter mit ihrem Nachwuchs umgehen. Sie stehen nachts auf, füttern und beruhigen die Babys und scheuen sich auch nicht, die Windeln zu wechseln. All dies wäre in der Generation unserer Eltern unmöglich gewesen, es war die heutige Generation 65 plus, die dieses Umdenken angestoßen und den Wandel vollzogen hat.

Da die Ehe nicht mehr die allein glückselig machende Form des Zusammenlebens darstellt, gibt es immer mehr Ein-Eltern-Familien, sprich Alleinerziehende. Meist sind es Mütter, die ihr Kind oder ihre Kinder alleine großziehen. Sei dies wegen Scheidung, Trennung, Tod oder einfach, weil sie alleine bleiben wollen oder müssen.

Ein-Eltern-Familien bestehen mehrheitlich aus Mutter und Kind, nur etwa 10 % sind alleinerziehende Väter, wobei Kleinkinder vorwiegend von der Mutter betreut werden. Diese sind gemäß Georg Thiel, dem Präsidenten des Statistischen Bundesamtes, überdurchschnittlich oft armutsgefährdet. Das verfügbare Pro-Kopf-Einkommen betrug laut der aktuellen Studie des Statistischen Bundesamtes in Haushalten von Alleinerziehenden im Jahr 2016 durchschnittlich 976 Euro pro Monat - staatliche Transferleistungen wie Arbeitslosengeld, Sozialhilfe oder Kindergeld eingerechnet. Wie kann man damit überleben?

Eine große Änderung hat unsere Generation auch für gleichgeschlechtliche Paare bewirkt. 1994 strich der Gesetzgeber endgültig den Paragrafen § 175 des deutschen Strafgesetzbuches, welcher bis dahin sexuelle Handlungen zwischen Männern unter Strafe gestellt hatte.

Seit 2001 ermöglichte das Lebenspartnerschaftsgesetz zwei Personen gleichen Geschlechts, eine eheähnliche Lebensgemeinschaft einzugehen. Seit dem 1. Oktober 2017 sind in der BRD gleichgeschlechtliche Zivilehen erlaubt. Welch ein Sinneswandel in knapp 50 Jahren!

Tierschutz & Tierrecht

Ein Tierschutzgesetz gab es bereits im Nazi-Deutschland und wurde entsprechend propagandistisch ausgeschlachtet und nach dem Krieg zunächst übernommen.

„Zweck dieses Gesetzes ist es, aus der Verantwortung des Menschen für das Tier als Mitgeschöpf dessen Leben und Wohlbefinden zu schützen. Niemand darf einem Tier ohne vernünftigen Grund Schmerzen, Leiden oder Schäden zufügen", lautet der Grundsatz des vom Deutschen Bundestag 1972 beschlossenen Gesetzes.

Das Bewusstsein, vom Aussterben bedrohte Tierarten zu schützen, wurde teils durch die wöchentliche Sendung des Hessischen Rundfunks „Ein Platz für Tiere" geschärft. Seit 1956 kämpfte der Direktor des Frankfurter Zoologischen Gartens, Professor Dr. Bernhard Grzimek, für den Erhalt der Serengeti in Tansania und den Schutz der wilden Tiere in Afrika.

Auch Prominente, wie die Schauspielerin Brigitte Bardot, setzten sich aktiv für den Tierschutz ein. Die Französin prangerte die Art und

Weise der kanadischen Robbenjagd an und verbrannte in Paris öffentlich Pelze.

1973 unterzeichneten die ersten fünf Staaten das Washingtoner Artenschutzübereinkommen (WA), in dem der internationale Handel mit gefährdeten Arten frei lebender Tiere und Pflanzen geregelt ist. Inzwischen haben das Abkommen 183 Staaten unterschrieben, im Anhang sind derzeit 5'659 Tierarten aufgelistet.

Ging es bei den Tiersendungen um den Schutz von vor dem Aussterben bedrohter frei lebender Tiere, und im Gesetz von 1972 um den Tierschutz, entwickelte sich zunächst in Großbritannien die Tierrechtsbewegung. Sie zählt wie die Friedens-, Studenten- und Frauenbewegung zu den neuen, sozialen Bewegungen unserer Generation.

Der Unterschied zwischen Tierschutz und Tierrecht liegt darin, dass Tierschützer davon ausgehen, Tiere in einem gewissen Rahmen nutzen zu dürfen, während Tierrechtler diese Ungleichbehandlung zwischen Menschen und Tieren ablehnen.

Die Tierrechtsbewegung kopierte die Instrumente der neuen sozialen Bewegungen, organisierte Demonstrationen und Sit-ins. In den 1960er Jahren fanden erste Jagdsabotagen statt, der Kampf gegen Massentierhaltung und Tierversuche stand im Mittelpunkt.

1972 entstand die militante Gruppe „Band of Mercy", die zahlreiche Anschläge auf Laboratorien, Tiertransporte und Jagdgerätschaften ausübte. Aus ihr ging 1976 die „Animal Liberation Front (ALF)" hervor, deren erklärtes Ziel die „Befreiung der Tiere von menschlicher Herrschaft" durch Sabotageakten war.

Die Tierrechtsbewegung schwappte erst später nach Deutschland über. Gemäß der Bundeszentrale für politische Bildung, erkannte der Deutsche Tierschutzbund nicht die Zeichen der Zeit. Inhaltlich gab sich der Verein pragmatisch, verzichtete zunächst auf eine Kritik an Tierversuchen, Massentierhaltung und der Jagd, und verurteilte radikalere Tierschützerinnen und Tierschützer und Vegetarierinnen und Vegetarier als Extremisten.

Die Radikalisierung führte in Deutschland 1985 zu einer Spaltung zwischen Tierschutzbund und Tierrechtlern, eine Welle von Neugründungen von Tierrechtsgruppen entstand, darunter auch 1993 die größte Tierrechtsorganisation „PETA Deutschland e.V." (People for the Ethical Treatment of Animals (PETA). PETA finanziert sich durch Spenden, der Verein macht durch gezielte Aktionen auf Misshandlungen aufmerksam. Für Senioren pflegt PETA die Webseite: www.peta50plus.de

Neben PETA entstanden zahlreiche weitere Tierrechtsorganisationen, wie beispielsweise „Animal Equality", die 2014 von der gemeinnützigen Organisation „Animal Charity Evaluators (ACE)" als eine der effizientesten Gruppe ausgezeichnet wurde. Ebenso setzt sich der „Vegetarierbund Deutschland (VeBu)" für die Tierrechte ein. Inzwischen firmiert VeBu als ProVeg international, wobei die bereits 1892 gegründete Organisation ProVeg die größte Interessenvertretung für vegan und vegetarisch lebende Menschen in Deutschland ist.

Seit 2002 ist der Tierschutz als Staatsziel im Grundgesetz verankert. 2006 und 2018 erfolgte eine Überarbeitung des Tierschutzgesetzes. So besagt der § 90 des Bürgerlichen Gesetzbuches (BGB), dass Tiere keine Sachen sind, allerdings spiegelt der § 90a die seltsame Situation wider: „Sie werden durch besondere Gesetze geschützt. Auf sie sind die für Sachen geltenden Vorschriften entsprechend anzuwenden, soweit nicht etwas anderes bestimmt ist."

Tierrechte sind damit rechtlich gesehen nicht vorhanden, da vor Gericht durchsetzbare Rechte nur juristischen Personen zustehen und das steht Tieren - zumindest bis heute - nicht zu. Dass dem so ist, lässt sich kulturell wie wirtschaftlich durch die Menschheitsgeschichte erklären. Der Homo sapiens unterwarf im Laufe seiner Entwicklung seine Umwelt - und damit auch das Tierreich - seinem Willen, neben seiner enormen Anpassungsfähigkeit an neue Gegebenheiten, ein wesentlicher Grundpfeiler seines Erfolges. Von Hause aus ist der Mensch kein Vegetarier, sondern ein Allesfresser, er hat also schon immer mehr oder weniger Fleisch gegessen - und sein Hunger nach Fleisch ist noch lange nicht gestillt.

In den letzten 60 Jahren entstand eine gesteigerte Nachfrage nach Fleisch und tierischen Produkten. Massentierhaltung ist eine direkte Folge, um diesem hohen Konsum wirtschaftlich gerecht zu werden. Dabei werden die Rechte, die den Tieren laut Tierschutzgesetz eigentlich zustehen oft missachtet. Ferner gehören Tierversuche in der medizinischen Forschung zum Alltag und im Zirkus dienen dressierte Tiere noch heute zur Volksbelustigung. Und nicht jeder Zoo hält seine Tiere artgerecht.

Neben dem Tierschutz gibt es im Gesetz ein Tierrecht, allerdings regelt dies nur den Umgang verschiedener Situationen mit Tieren als Besitztum. Im Blickpunkt steht dabei, wie der Kauf oder Verkauf, der Import oder Export sowie die Unterbringung oder der Unterhalt der Tiere stattzufinden hat.

Um den Tieren mehr Gerechtigkeit zukommen zulassen, sehen die Tierrechtsorganisationen oft nur den Ausweg der Ernährungsumstellung und werben für vegetarische oder vegane Kost. Bleibt die Nachfrage nach tierischen Produkten aus, entfällt der Anreiz, sie zu züchten. Was zunächst logisch erscheint, ist jedoch noch nicht einmal die halbe Miete, laut VeBu liegt der aktuelle Anteil an Vegetariern in Deutschland derzeit bei rund 10 % der Bevölkerung. Hinzu kommen 1,6 % Veganer, Tendenz steigend.

Aber vielleicht gibt es in Zukunft eine Alternative. Mark Post, Forscher an der Universität Maastricht und Mitbegründer des niederländischen Unternehmens „Mosa Meat", kultiviert Fleisch im Labor aus tierischen Stammzellen. Inzwischen produzieren die Wissenschaftler nicht nur Muskelzellen, sondern auch Fettgewebe. Biologisch betrachtet ist Laborfleisch genau das Gleiche wie das Fleischgewebe eines Tieres. Derzeit benötigt das Herstellungsverfahren noch eine fast schmerzfreie Nadelbiopsie an lebenden Kühen, was weiter reduziert werden soll.

Vielleicht ist das In-vitro-Fleisch oder Clean Meat das Ei des Kolumbus, um künftig den Appetit auf Fleisch ohne Tierleid zu stillen. Es würde auch noch ein weiteres Problem, das mit der Massentierhaltung einhergeht, lösen: Die Massenschlachtungen - das Menschenleid. Denn nicht nur die Tiere sind betroffen, sondern auch die Menschen.

Deutschland ist zum Billigland für Schlachter geworden. Gerade im Norden Deutschlands zerlegen Tausende Polen, Ukrainer, Rumänen und Bulgaren Schweine und Rinder im Akkord. Und dies bei miserablen Arbeitsbedingungen. Schichten von bis zu 15 Stunden, Wuchermieten für Massenunterkünfte, die Erhebung von zusätzlichen Gebühren für Schutzkleidung oder die Nutzung des Pausenraums, und was sich die Fleisch-Mafia sonst noch an Sklavenhaltungsmethoden einfallen lässt.

Mit dem sauberen Fleisch aus der Retorte könnte in Zukunft die Gier nach billigem Fleisch vermutlich gedeckt werden und für teureres Fleisch könnten die Kühe auf den üppigen Weiden im Schwarzwald biologisch und artgerecht

weiter grasen oder in der Schweiz auf die Alm
geführt werden. Denn was wäre unsere schöne
Landschaft ohne glückliche Kühe?

Musik, Tanz & Kultur

Musik

Musik begann für viele unserer Generation mit dem Erlernen eines klassischen Musikinstrumentes. Ich selbst spielte zunächst Blockflöte, und danach quälte ich zwei Jahre lang den Bogen über die Saiten meiner Geige. Mit der Pubertät verlor ich schnell das Interesse an dieser Art von Musik.

In unserer Straße hatte ich eine jüngere Freundin, deren Vater neben seinem Friseursalon Zigarettenautomaten und Musikboxen bestückte. Über deren Garage befand sich ein Raum mit Sitzgelegenheiten, den wir nutzen durften. Dort stand eine Musikbox mit den neusten Schallplatten. Durch den Einwurf von 50 Pfennig oder einer Deutschen Mark, die für uns zum Glück unten wieder rausfielen, konnten wir unsere Lieblingssongs erneut abspielen.

Die Beatles plärrten in voller Lautstärke „Sie liebt dich, yeah, yeah, yeah" und „Komm gib mir deine Hand" aus dem Kasten. Über die Vorgabe der Plattenfirma Odeon, in Deutsch zu singen, waren die Pilzköpfe aus Liverpool bei der Aufnahme in Paris 1964 nicht sehr begeistert, denn die korrekte Aussprache des „ch" machte Paul McCartney anscheinend Probleme. Aber sein Vorschlag, es ins berlinerische „Sie liebt dir" zu ändern, kam natürlich nicht gut an.

Die Karriere der Beatles begann zwischen 1960 und 1966 auf der Reeperbahn in Hamburg. Im Indra in der Großen Freiheit hatten sie ihre ersten Auftritte, allerdings pfiffen die Kiezbesucher sie zunächst aus. In Anzug und Krawatte spielten sie im Kaiserkeller, dann im Top Ten noch Rock 'n' Roll Songs und moderne Tanzmusik.

Die Wende erfolgte mit ihren Auftritten im Star-Club. Mit der Ankündigung: „Die Not hat ein Ende! Die Zeit der Dorfmusik ist vorbei!", eröffnete der legendäre Klub 1962 seine Pforten. Plötzlich traten Musikgrößen, wie die Beatles, die Bee Gees, Jimi Hendrix, Little Richard und Fats Domino, mitten in St. Pauli auf.

Die Beatles entwickelten sich zur bisher erfolgreichsten Band der Musikgeschichte, den Höhepunkt ihrer Karriere erlebten sie zwischen 1964 und 1969. Rund um den Globus fielen Mädchen bei ihren Auftritten in hysterische Ekstase. Ich selbst konnte nur Bilder aus der Bravo ausschneiden und an die Wand in meinem Zimmer kleben. Natürlich war ich damals noch zu jung, um die Bands live in Hamburg zu erleben. Wir mussten uns mit der Musiksendung des Beat-Clubs zufrieden geben. Von 1965 bis 1972 strahlte Radio Bremen jeden Samstag von 16:45 bis 17:15 Uhr englischsprachige Pop-Musik live aus.

Kurz nach den „Four Fab", wie die Beatles auch hießen, kamen die Rolling Stones. Waren unseren Eltern bereits die vier Pilzköpfe suspekt, ging es nun erst richtig zur Sache. Standen die Beatles fast noch wie brave Sängerknaben auf der Bühne, wirkten die Stones schmuddelig, waren ständig besoffen oder auf Droge und als Rowdies verschrien. „Erbärmlich einfallslose primitive Musik", urteilte damals die „Frankfurter Allgemeine Zeitung" und die eindeutigen Bewegungen Mick Jaggers mit seinem Unterleib oder der legere Streifenpulli von Brian Jones bedeuteten für unsere Elterngeneration eine neue Zügellosigkeit.

Bei ihrer ersten Deutschlandtournee vor mehr als einem halben Jahrhundert zerhackten Fans die Berliner Waldbühne zu Kleinholz. Die Zeitschrift „Bravo" hatte zu dem Konzert geladen. Es war das Jahr von „Satisfaction", „I can't get no satisfaction, 'Cause I try and I try and I try...."

„Die 20.000 Jugendlichen in der ausverkauften Waldbühne hatten sich schon nach einer Viertelstunde in Ekstase gejohlt. Bis die Rolling Stones aufkreuzten, wurde schon so viel Krawallstimmung erzeugt, daß eine Steigerung unmöglich schien", so der Originalartikel des Berliner Tagesspiegel von 1965. Aber es war erst der Anfang. „Polizeihunde bissen sich in Textilien und Fleisch durchbrechender Beatjünger fest. Von den Rängen flog alles Werfbare in den Hexenkessel, Sanitäter bahnten sich eine schmale Gasse, um die Verletzten in die Freiheit zu retten. Und so wurde es halb zehn Uhr: die Rolling Stones kamen."

„Der Enthusiasmus schwappte vollends über. Die Bühne wurde im Sturm genommen und erklommen. Polizeiknüppel fuhren machtlos dazwischen. Leiber flogen hinauf zur Bühne und wieder herunter auf die Häupter des nächsten Stoßtrupps. Die erste Nummer der Rolling Stones wurde im Keim erstickt, verschüchtert räumten die Fünf das Feld. Konzentrierter Ordnermacht gelang es nach fünf lärmenden Minuten, ihnen wieder einen engen bedrängten Spielraum freizuschaufeln. Der Krawall dauerte bis zum bitteren Ende."

Das Konzert endete mit fast 100 Verletzten, 85 Festnahmen und eine auf Jahre kaputte Waldbühne.

Unter uns Jugendlichen erhob sich natürlich immer die Frage: „Bist du Beatles oder Rolling Stones Fan?" Die beiden Bands spalteten uns in zwei Lager, ich war zwar eingefleischter Beatles-Fan, aber die Musik der Stones - und speziell Satisfaction – reißt mich heute noch vom Hocker.

Natürlich kamen nach und nach weitere Rockgruppen dazu, wie The Doors, Status Quo, Steppenwolf, Uriah Heep, The Who, Creedence Clearwater Revival, Deep Purple, die Bee Gees und Jimi Hendrix, um nur einige zu nennen.

Folksänger, wie Bob Dylan in seiner Anfangszeit oder Joan Baez, die mit ihrer Musik zum politischen Protest aufriefen, mischten in der Szene mit. Joan Baez und Bob Dylan nahmen 1963 bei dem von der US-Bürgerrechtsbewegung organisierten „Marsch auf Washington" teil und Baez 1966 beim Frankfurter Ostermarsch.

Und nicht zu vergessen, die deutschen Liedermacher, mit ihren gesellschaftskritischen und politischen Texten, wie Reinhard Mey, Wolf Biermann, Franz Josef Degenhardt, Hannes Wader oder Konstantin Wecker. Musik diente nicht mehr nur zur Unterhaltung, sondern war plötzlich ein Stilmittel des Protestes.

Ich hatte das Glück, Hannes Wader 2004 persönlich kennenzulernen. Auf seiner Tournee gastierte Wader nach Basel, Zürich und Bern in Waldshut. Ich war als Pressevertreter am Konzert und durfte ihn anschließend interviewen.

An dem Abend erlebten die Besucher der kleinen Waldstadt eine Uraufführung. Wader spielte die Stücke "Und es wechseln die Zeiten" sowie "Milliardäre" erstmals auf der Bühne, seine neue CD war tags zuvor im Handel erschienen. In einer kleinen Mathelektion führte der Liedermacher das Vermögen der Walmart-Brüder vor Augen: 15 Milliarden Dollar ergeben aufeinandergestapelt die zehnfache Höhe des Mount Everests.

Wader agierte an dem Abend weiterhin sozialkritisch und mit Biss. Allerdings griffen die Zähne nicht mehr ganz so tief, und der einst von der Justiz geächtete Polit-Barde verlegte sich darauf, sein Leben zu reflektieren.

Auf meine Frage, was ihn an einem Auftritt in Waldshut reize, meinte der seit 35 Jahren auf der Bühne stehende Künstler: "Ich bin ein Landei. Ich liebe Kleinstädte. Und zu Waldshut - wo ich 1991 schon auftrat - habe ich eine besondere Beziehung: Es ist die Heimat meines langjährigen Managers Robert Weißenberger. Und der erwartet natürlich von mir, dass ich hier ganz besonders gut bin."

Trotz dieser verschiedenen neuen Musikrichtungen führten Mitte 1960 und in den 70er Jahren in Deutschland noch die Schlager die Hitlisten an, daran hatten - bis dahin - auch die Beatles nichts geändert.

Immerhin schafften es die Beatles 1964 mit „I Want To Hold Your Hand" auf Platz 6 und 1965 die Rolling Stones mit „I Can't Get No Satisfaction" auf Platz 15. Platzhirsche waren noch Cliff Richard, Bernd Spier, Peter Alexander, Freddy Quinn, Rex Gildo, Roy Black, Siw Malmkvist, Peggy March und wie sie alle hießen mit ihren Liebesschnulzen.

Am schlimmsten wurde es 1968, als der holländische Kinderstar Heintje mit „Mama", „Du sollst nicht weinen" und mit „Heidschi Bumbeidschi" Platz 1, 2 und 4 der Hitliste belegte. Mitten im Jahr der Studentenrevolution plärrten solche volksverdummenden Hits aus dem Radio. Gerade die Musik offenbarte am deutlichsten die Unterschiede der Generationen.

Was ist aus unseren einstigen Idolen geworden? Die Beatles lösten sich bereits 1970 auf, die Rolling Stones starteten 2017 ihre „No Filter"-Welttournee in Hamburg. Es folgten Auftritte in Europa und die Tournee soll 2019 in den USA fortgesetzt werden.

Bob Dylan erhielt 2016 für seine Liedertexte den Nobelpreis für Literatur und steht immer noch auf der Bühne, so auch 2019 in der Bundesrepublik. Die inzwischen 77-jährige Baez tourt mit ihrer „Fare Thee Well" - Lebe-Wohl-Tour mit großem Erfolg durch Europa und Deutschland. Mit dem von Bob Dylan geschriebenen Lied „Times They Are A Changing" übt sie direkte Kritik an der Waffen-Lobby in den USA, und mit ihrem Anti-Kriegs-Lied „Sag mir wo die Blumen sind", bereitet die Folk-Sängerin Konzertbesuchern noch immer eine Gänsehaut.

Das Abschiedskonzert von Hannes Wader fand Ende 2017 im Berliner Tempodrom statt. Reinhard Mey beendete 2018 seine Bühnenkarriere mit seinem Abschlusskonzert im Konzerthaus in Wien, wo 1968 alles begann. Konstantin Wecker steht auch 2019 noch an verschiedenen Orten in Deutschland auf der Bühne.

Tanz

Die Möglichkeiten, sich in Musik-Klubs zu treffen, waren sehr limitiert. In Bruchsal gab es das „Haus der Begegnung", wo wir uns am Sonntagnachmittag verabreden konnten, um Musik zu hören und zu tanzen, selbstverständlich nicht live, sondern ab dem Plattenspieler. Ein Klassenkamerad hatte ferner bei sich zuhause in einem Hinterhofgebäude einen privaten Klub eröffnet, wo wir uns treffen konnten.

Mit der Zeit entstanden immer mehr Diskotheken in der Region. In Bruchsal eröffnete die „Tenne", in Forst das „Töff-Töff" oder wie sie alle hießen. Meist traf ich mich mit meinen Freundinnen am Sonntagnachmittag und wir trampten, da es außer Schulbussen keine öffentlichen Verkehrsmittel gab, in die Nachbarorte oder weitere Umgebung. In den Discos konnten wir tanzen und uns hinter einer warmen Coca-Cola vergnügen. Natürlich geschah dies hinter dem Rücken unserer Eltern, die hätten uns das nie erlaubt.

Einmal hatten wir mehr Glück als Verstand. Wir waren zu dritt und zwei junge Männer nahmen uns mit. Dann passierte es. Sie fuhren zu schnell um die Kurve, kamen von der Straße ab und wir landeten ein paar Meter tiefer, mit dem Dach nach unten, auf den Bahngleisen. Ich forderte meine Begleiterinnen auf, das Auto sofort zu verlassen, da ich Angst hatte, es könnte wie in Filmen explodieren. Da wir auf dem Rücksitz saßen, konnten wir durch die zerborstene Heckscheibe nach außen klettern. Bis auf ein paar kleine Schnitte von den Glasscherben waren wir unverletzt. Wir machten uns schnellstens vom Acker, da wir keine Lust hatten, mit der Polizei in Konflikt zu geraten.

Unter der Woche, wenn Schule war, durften wir nicht ausgehen, so trafen wir uns öfter bei mir zu Hause, da ich ein großes Zimmer mit eigener Terrasse besaß und keine störenden Geschwister. Ich besaß einen Plattenspieler und irgendwann sogar einen Kofferradio mit Kassettenteil. Nach den Hausaufgaben hörten wir ungestört Musik, allerdings schimpften meine Eltern, wenn die „Negermusik" zu laut wurde, insbesondere wenn wir im Sommer auf der Terrasse saßen oder zur Musik tanzten.

Die Beatmusik bedeutete für uns in erster Linie Spaß, sie riss uns mit, wie zuvor die Rock 'n' Roll Musik, die bereits etwas älteren Jugendlichen. Erst die ablehnenden und empörten Reaktionen der Erwachsenen machte daraus ein rebellisches Aufbegehren. Plötzlich war die Musik etwas, das uns von unseren Eltern abgrenzte. Es vereinte die ansonsten so unterschiedlichen Jugendlichen, die Musik machte keinen Halt vor gesellschaftlichen Konventionen. Unabhängig davon, ob Arbeiterkind, Lehrling, Schüler oder Student, auf der Tanzfläche spielte das keine Rolle, Hauptsache man gab sich dem Rhythmus hin, und tauchte ein in die Welt der Fantasie, die fast psychedelischen Lichteffekte der Discobeleuchtung taten ein übriges.

Wir tanzten nicht mehr paarweise, sondern jeder für sich, ein Novum auf dem Parkett. Bis zu diesem Zeitpunkt war es üblich, dass die Mädchen sittsam warteten, bis sie von einem Mann zum Tanz aufgefordert wurden, ausgenommen es gab Damenwahl. Mit diesem alten Zopf war es nun endgültig vorbei, und wir konnten selbst entscheiden, ob wir tanzen wollten oder nicht - und mit wem.

Damit begann unser neues Lebensgefühl. Meine Eltern wollten mir einen Tanzkurs ermöglichen, aber wer machte damals so etwas spießiges? Nein danke, das kam gar nicht in Frage. Wir besuchten lieber heimlich die Discos, trafen uns mit irgendwelchen Typen, qualmten Zigaretten, probierten unseren ersten Alkohol und kamen teilweise mit Drogen in Kontakt.

Damit begann die Ära der langen Haare der Jungs und der Miniröcke der Mädchen, letztlich die Geburtsstunde unserer aufregenden Zeit, in deren Folge die politischen, gesellschaftspolitischen und emanzipatorischen Bewegungen entstanden. Wir machten uns lustig über Bügelfalten in den Hosen, korrekt geschnittene Haare und über die Dorfmusik, wobei darunter nicht nur die Volksmusik fiel, sondern auch die deutschen Schlager.

Eine Ausnahme bildete die Fastnacht. Da trällerten und schunkelten auch wir begeistert zum Lied: „Humba Täterä". Das Fastnachtslied hatte Ernst Neger 1964 bei der ARD-Fastnachtsendung „Mainz wie es singt und lacht" erstmals gesungen.

Ich war damals erst zwölf, aber ich erinnere mich noch gut, als meine sechs Jahre ältere Tante kurz darauf von einem Fastnachtsball morgens in aller Frühe laut singend mit ihren Freundinnen zu uns nach Hause kam.

Mit 16 Jahren schmuggelten wir uns zum ersten Mal in die Turnhalle, wo die legendären Fastnachtsbälle meiner Heimatgemeinde stattfanden. Der Saal war brechend voll, alle waren auf der Tanzfläche. Genauso bevölkert war die Sektbar im Keller unter der Bühne. Wir mussten nur höllisch aufpassen, nicht erwischt zu werden, denn es waren immer Kontrolleure des Jugendamtes anwesend, die Ausweiskontrollen durchführten, und der Zutritt war erst ab 18 Jahren erlaubt. Auch im Jahr darauf kamen wir ungeschoren davon. Dies war allerdings nicht allzu schwierig, die Beamten trugen zwar keine Uniformen, waren aber dermaßen spießig gekleidet, dass wir sie sofort erkannten und in der Masse untertauchen konnten. Um 10 Uhr war für uns sowieso Zapfenstreich, da wir offiziell schließlich nur eine Freundin besuchten.

Kultur

Kultur ist ein weitreichender Begriff, ich möchte mich hier auf Musik und Literatur beschränken. Dank unserer Schulbildung waren uns Komponisten und Schriftsteller, mit ihrer klassischen Musik, ihren Büchern und Schauspielstücken, nicht fremd. Lange Haare und kurze Röcke bedeuteten nicht gleichzeitig einen Mangel an Intellekt, Feingefühl oder Bildung.

Bei aller Liebe zur Musik der „Höhlenmenschen", waren wir keine Kulturbanausen. Meine Mutter besaß ein Abo mit Busfahrt für das Karlsruher Staatstheater. Abwechselnd standen Opern, Operetten und Schauspiele auf dem Programm. Wenn sie verhindert war, sprang ich für sie ein. Auch als ich 1977 in Zürich lebte, besuchte ich mit meinem Mann hin und wieder die Oper. Studenten konnten für einen Apfel und ein Ei ins Opernhaus, meist waren es Plätze hinter einem Pfeiler, aber Hauptsache billig.

Zum 70. Geburtstag lud ich meine Mutter nach Verona ein, um La Traviata zu sehen, ein lang gehegter Herzenswunsch von ihr, und irgendwann nach der Wende habe ich es auch in die Semperoper in Dresden geschafft. In Moskau ergatterten wir Eintrittskarten für das Bolschoi-Theater und immer wenn ich in Hanoi war, warf ich einen Blick ins Opernhaus, wo unregelmäßig Konzerte stattfinden.

Längst rangieren Musicals vor Operetten, und ich besuchte zahlreiche Aufführungen zwischen Melbourne, Zürich und Stuttgart. Und wenn wir auf Kreuzfahrt sind, hören wir gerne klassische Musik von Künstlern von Weltrang.

Bruchsal, wo ich das Gymnasium besuchte, ist seit 1952 Sitz der Badischen Landesbühne (BLB). Seit der Gründung 1949 hat sich die BLB dem Grundsatz verschieben „sie wolle durch ihre Arbeit helfen, die Ursachen der heutigen und allgemeinen Not zu bekämpfen", und damit ein politisches Ziel mit dem Theater verknüpft. Damit hatten wir als Jugendliche Zugang zu Theateraufführungen.

Neben klassischen Stücken stand ab 1963 bereits zeitgenössische Literatur auf dem Spielplan, so von den beiden Schweizer Schriftstellern „Andorra" und „Biedermann und die Brandstifter" von Max Frisch, „Die Physiker" von Friedrich Dürrenmatt und „Herr Puntila und sein Knecht Matti", „Mutter Courage und ihre Kinder" sowie „Die Dreigroschenoper" des deutschen Dramatikers Bertolt Brecht.

Medien, Kommunikation & Technologie

Printmedien

Neben den traditionellen Tageszeitungen zählten nach dem Krieg Zeitschriften, Nachrichtenmagazine und Illustrierten zu den Printmedien. Im Bereich Zeitschriften etablierten sich speziell auf die Jugend ausgerichtete Blätter. Nachrichtenmagazine waren letztlich begrenzt auf Spiegel und Stern, und zu den Illustrierten zählte die Regenbogenpresse, die beim Friseur und in den Arztpraxen auslagen, wie die Quick, Neue Illustrierte, die Bunte und wie sie noch alle hießen, um über den Adel, Sternchen und Playboys mit bunten Bildern zu berichteten.

Daneben erschienen Zeitschriften wie die Brigitte, Autozeitschriften, der Playboy, aber auch seriöse Blätter wie das Capital. Die Jugendzeitschrift twen erschien von 1959 bis 1971. Trendthemen waren Mode, Musik und Sexualität, aber auch Film-, Buch- und Schallplattenkritiken.

Für mich war jedoch eine andere Zeitschrift wichtiger: die Bravo. Dieses Jugendmagazin existiert seit 1956 bis heute. Donnerstags warteten wir schon sehnsüchtig auf die nächste

Ausgabe. Wir schnitten die Fotos der Beatles und anderer Musikgruppen aus und hängten sie in unseren Zimmern an die Wand.

War das Heile-Welt-Blatt des Axel-Springer-Verlages bis 1969 eher ein Sprachrohr der Spießer, änderte sich das ab 1969 mit Dr. Sommer schlagartig.

In der Serie „Jugend und Sex '68" erklärte sein Vorgänger Dr. Vollmer noch Homosexualität für „abartig" und empfahl männlichen Lesern, in einem solchen Fall einen Psychiater aufzusuchen oder sich „männliche Hormone" injizieren zu lassen, und „Lesbierinnen" riet er, ihre „tiefe unbewusste Angst vor den Männern" loszuwerden oder „Ein Mädchen, das lange und ausdauernd Petting betrieben hat - meist bleibt es ja auch da nicht bei einem Partner - wird verdorben und ist verdorben." Oder „Ein Junge, der der Lust an sich selbst nachgibt, verkennt gründlich, wozu der Sex von der Natur bestimmt ist."

Neben den Berichten über unsere Musik-Idole, die wir wie ein Schwamm in uns aufsogen, gehörten jetzt die Ratschläge von Dr. Jochen Sommer mit zum Wichtigsten. Hier erfolgte unsere sexuelle Aufklärung - nicht im Biologieunterricht, wo sie eigentlich hätte stattfinden sollen, denn dort faselte der Lehrer immer noch davon, wie sich Moos vermehre. Da konnte er von Sporen reden und musste das Wort Geschlechtsverkehr, Sperma, Penis oder Vagina nicht in den Mund nehmen. Mein Gott, wie verklemmt war diese Generation!

Nachdem sich in den 1960er Jahren der Journalismus langsam als vierte Staatsgewalt etablierte, stand das Aufdecken von Missständen und die politische Beeinflussung fortan im Mittelpunkt. Der Spiegel erschien bereits 1947 als erstes Nachrichtenmagazin auf dem deutschen Markt. Ebenso wandelte sich der Stern zum Politmagazin.

Der Spiegel berichtete 1966 über Maos Kulturrevolutionäre in China, 1967 über den Studentenführer Rudi Dutschke und seine Ziele sowie im selben Jahr über die Jugend, die sich da neu zu firmieren begann. In den USA belagerten die Hippies die großen Parks von San Francisco und New York, bewarfen Polizisten mit Blumen und forderten: "Macht Liebe, nicht Krieg!". Ein Kongress von deutschen Schülern in Frankfurt fordert die Einführung eines Spezialunterrichts über Verhütungsmittel sowie die Bereitstellung von Anti-Baby-Pillen für geschlechtsreife Schülerinnen.

Weiter berichtet das Magazin über den Blitz-
krieg in Israel, über die aufsässigen Berliner
Studenten, die die Große Koalition in Bonn, den
Krieg in Vietnam und die Diktatur in Athen ver-
dammen und gegen den persischen Schah de-
monstrieren. Aber auch 1968 über die Tragödie
in Tschechien und über den Völkermord in Biaf-
ra, wo die nigerianische Regierung die abtrün-
nige Provinz im Osten Nigerias aushungerte.

Ähnlich berichtete der Stern, allerdings oft mit
sexistischen Titelbildern, und die Veröffentlichung der gefälschten Hitler-Tagebücher 1983
halfen nicht gerade dazu bei, das Ansehen dieses Magazins zu fördern.

Den krassen Gegensatz dazu bildete die
Springer-Presse, allen voran die Bild-Zeitung.
Berlins Studenten protestierten am 2. Juni 1967
gegen den Besuch des persischen Schahs und
seiner Frau. Vor der Oper kam es zu Ausschrei-
tungen, bei denen der Student und werdende
Vater Benno Ohnesorg von einem Polizisten erschossen wurde.

Tags darauf war in der Bildzeitung - Berliner
Ausgabe mit einer Auflage von über 4 Millionen
Exemplaren - zu lesen: „Nach der Straßen-
schlacht zwischen 500 Randalierern und einem
Massenaufgebot an Polizei wurde der Student

Benno Ohnesorg (26) aus Wilmersdorf mit schweren Verletzungen in das Moabiter Krankenhaus gebracht. Er starb kurze Zeit später an einer Schädelfraktur." Und weiter: „Die Halbstarken warfen Rauchbomben, rohe Eier, Milch- und Milchtüten sowie Sandsäcke. Die Polizei setzte - zum erstenmal seit Jahren - Wasserwerfer ein. Schwere Schlägereien folgten."

Im zugehörigen Kommentar, unterzeichnet mit „Bild", fanden sich schnell die angeblich Schuldigen: „Gestern haben in Berlin Krawallmacher zugeschlagen, die sich für Demonstranten halten. Ihnen genügte der Krach nicht mehr. Sie müssen Blut sehen. Sie schwenken die rote Fahne und sie meinen die rote Fahne. Hier hören der Spaß und der Kompromiß und die demokratische Toleranz auf. Wir haben etwas gegen SA-Methoden. Die Deutschen wollen keine braune und rote SA. Sie wollen keine Schlägerkolonnen, sondern Frieden."

So wurden aus Opfern – schließlich war ein Student von einem Polizisten erschossen worden und nicht umgekehrt - plötzlich Täter. Ohnesorg war letztlich nicht mit einem rohen Ei oder einer Milchtüte niedergestreckt worden.

Die Volkshetze von Axel Cäsar Springer ging weiter. Schließlich gehörten ihm 70 % der Berliner Presse und dieses Monopol nannte sich Pressefreiheit und freie Meinungsäußerung.

In der Ausgabe vom 7. Februar 1968 forderte die Zeitung im Zusammenhang mit den Studentenunruhen, als „Wanderzirkus der Revolution" betitelt: „Stoppt den Terror der Jung-Roten jetzt!" Und weiter: „Man darf über das, was zur Zeit geschieht, nicht einfach zur Tagesordnung übergehen. Und man darf auch nicht die ganze Dreckarbeit der Polizei und ihren Wasserwerfern überlassen. Schlafen unsere Richter? Schlafen unsere Politiker?" Und der Schluss: „Aber unsere Jung-Roten sind inzwischen so rot, daß sie nur noch rot sehen und das ist gemeingefährlich und in einem geteilten Land lebensgefährlich. Stoppt den Terror jetzt!"

Natürlich war nicht alles rechtens, was bei den Protesten geschah, insbesondere die Gewaltanwendungen, aber solche Artikel waren meines Erachtens reine Volkshetze. Und in der Folge verübte der 24-jährige Anstreicher Josef Bachmann mit dem Ruf „Du dreckiges Kommunistenschwein!" am Gründonnerstag, dem 11. April 1968, ein Attentat auf Rudi Dutschke.

Weitere Studentenunruhen folgten nach dem Anschlag auf Dutschke. Eine der Parolen war „BILD schoss mit". Springer wurde „Anstiftung zu Straftaten", Zensur und Entwürdigung der Studenten und ihrer Positionen vorgeworfen.

Die einseitige Berichterstattung der „Springer-Presse", vor allem der BILD-Zeitung, über die Proteste der vorwiegend linksgerichteten Studentenschaft führte in der Folge zu Krawallen und Anschlägen auf das Springer-Verlagshaus sowie zu Brandanschlägen auf Springers Firmenfahrzeuge.

Die Funken der Oster-Proteste sprang von Westberlin in die Bundesrepublik über. An allen Standorten der Springer-Presse hallte der Ruf: „Axel wir kommen" und es fanden Schlachten zwischen Demonstranten und Polizisten statt.

Ganz anders die Berichterstattung des eher links orientierten Spiegels vom 22. April 1968 („Verlorenes Wochenende", DER SPIEGEL 17/1968, Seite 25): „In ihrem moralischen Aufbegehren - etwa gegen den Vietnam-Krieg - allein gelassen, von der Springer-Presse verketzert und von der Polizei verprügelt, kamen sie zu der Einsicht, dass das System irreparabel sei. In der Bildung der Großen Koalition zu Bonn, durch die praktisch jede parlamentarische Opposition abgeschafft wurde, sahen die Studenten nur die Bestätigung ihrer Überlegungen. Je mehr Prügel sie bekamen, um so radikaler wurden sie; je radikaler sie wurden, um so mehr Prügel bezogen sie. Sie schwenkten rote Fahnen, riefen "Ho-Ho-Ho-Tschih-minh" und überholten die etablierten kommunistischen Systeme so weit links, daß sie heute auch dem Osten nicht mehr geheuer sind."

Und weiter hieß es: „Es gab keinen Zweifel, die Demonstranten - wenn auch nicht immer Studenten - hatten nach dem Dutschke-Attentat Gewalt angewandt. Aber der Gegenschlag der Staatsgewalt, von der Polizei im Namen des Rechtsstaats mit Gummiknüppeln geführt, war ungleich brutaler."

Und liest man in derselben Ausgabe im Bericht „Gesunde Vernunft" die Aussagen von betroffenen Studenten, deren Eltern, Spaziergängern, Touristen, Fotografen und Korrespondenten über das Vorgehen der Polizei quer durch die Republik an diesem Osterwochenende, wird einem im Nachhinein noch Angst und Bange. War Deutschland in diesen Tagen wieder ein Polizeistaat geworden, wo die Ordnungskräfte in SS-Manier ungestraft gewalttätig und sadistisch zuschlagen durften? Hier war versucht worden, den Teufel mit dem Beelzebub auszutreiben. Wo war die noch junge deutsche Demokratie geblieben?

Dass die Springer-Presse an diesem Dilemma mitschuldig war, ist kaum von der Hand zu weisen. Um sein Image bezüglich der Berichterstattung der Studentenbewegung von 1967 - 1968 aufzubessern und zu objektivieren, stellte die Axel Springer SE anfangs 2010 alle seine Beiträge, Kommentare, Leserbriefe, Karikaturen, Reportagen, Glossen und Interviews aus dieser Zeit für jedermann zugänglich ins Netz. Es steht auf der Webseite „Medienarchiv68.de".

Alle Hefte des Spiegels seit 1947 finden sich unter: „www.spiegel.de/spiegel/print".

Film, Funk & TV

Bei uns im Dorf gab es ein Kino und ab 12 Jahren durfte ich ab und zu am Sonntag mit meinen Freundinnen die Nachmittagsvorstellung besuchen. Da ich mit Begeisterung die Karl-May-Bücher verschlungen hatte, waren „Der Schatz im Silbersee" und „Winnetou" meine Favoriten. Die Verfilmungen waren in Jugoslawien gedreht worden und 1964 erhielt „Der Schatz im Silbersee" sogar als erster Film die „Goldene Leinwand" und einen „Bambi".

Finanziell konnte die wiederauferstandene Filmindustrie nicht mehr an die Vorkriegsfilmerfolge der UFA anknüpfen, dafür hatten die Amerikaner gesorgt. Die Alliierten beschlagnahmten und kontrollierten das Vermögen der UFA-Film-Dachgesellschaft nach dem Krieg und verboten Importbeschränkungen für ausländische Filme, um ihre eigenen Produktionen in Deutschland konkurrenzlos verkaufen zu können. So beschränkte sich die heimische Filmproduktion in den 1950er Jahren auf Heimat-, Schlager- und Kriegsfilme. Der erste deutsche

Nachkriegsfarbfilm war 1950 das „Schwarzwald-
mädel".

Die Filme hatten alle eines gemeinsam, sie
waren provinziell, betonten die konservativen
Werte Ehe und Familie, Frauen stellten–glückliche Hausfrauen und Mütter dar, und die Ob-
rigkeit wurde nicht hinterfragt. Eine schöne,
heile Welt. Von 1959 bis 1972 erfolgte die Verfilmung der Edgar-Wallace-Serie, zunächst mit
dem Film „Der Frosch mit der Maske".

Die deutsche Filmlandschaft änderte sich erst
Mitte der 60er Jahre. Die Zeit des „Neuen Deutschen Films" oder „Jungen Deutschen Films
(JDF)" begann. Als erster internationaler Erfolg
galt 1966 die Robert Musil Verfilmung „Der junge Törless" von Volker Schlöndorff.

Filmemacher wie Wim Wenders, Werner Her-
zog und Rainer Werner Fassbinder stellten die
Kritik an der herrschenden Gesellschaft sowie
der Politik in den Mittelpunkt ihrer Arbeit. Es
folgten die Fassbinder Filme „Katzelmacher"
(1969) und „Angst essen Seele auf" (1973).
Volker Schlöndorff verfilmte die Böll-Bücher „Die
verlorene Ehre der Katharina Blum" (1976) und
„Die Blechtrommel" (1979). Damit hatte eine
neue Ära des deutschen Films begonnen, die

allerdings zeitgleich mit dem frühen Tod Fassbinders bereits 1983 endete.

Ein ganz anderes Genre waren die Aufklärungsfilme, die ab 1968 entstanden. Der Film „Das Wunder der Liebe – Sexualität in der Ehe" von Oswalt Kolle hatte für reichlich Aufregung gesorgt, wobei der Zusatz Ehe im Filmtitel bereits ein Zugeständnis an die Zensurbehörde war. Insbesondere ging es um die Frage, ob es sich um legitime Aufklärung oder um Pornografie handelte. Konservative Kreise und die katholische Kirche verurteilten den Film, in einigen Kantonen in der Schweiz war er sogar verboten. So organisierten findige Zeitgenossen Pendlerbusse zum Nachbarkanton, wo sich die Cineasten das Liebeswunder reinziehen konnten.

1970 folgte der Film „Schulmädchen-Report: Was Eltern nicht für möglich halten" und anschließend weitere Folgen. Die Serie war eine der erfolgreichsten deutschen Kinoproduktion. Für die damalige Zeit war der Film spektakulär, allerdings weniger dokumentarisch, wie die Interviews mit den 15- bis 20-jährigen Schülerinnen dem Zuschauer gerne vorgaukeln wollen. Heute würde ich den Film eher als sexistisch einstufen, zwar eindeutig mit Aufklärungspotenzial für die Ära vor 50 Jahren, aber die Schulmädchen werden als geile Luder hingestellt, die außer Sex nichts im Kopf haben. Dies entsprach vermutlich mehr der Fantasie der älteren, männlichen Produzenten. Aber auch damals galt bereits „Sex sells" - Sex verkauft sich.

Das Fernsehen half dabei, die Kinos sterben zu lassen. Wer saß noch in einen Filmpalast, wenn er zuhause vor der Glotze die Beine auf den Tisch legen, gemütlich dabei ein Bier oder Glas Wein trinken konnte, und zusätzlich das Eintrittsgeld sparte? Und nach dem Fernsehboom kamen die Videokassetten, die man für einen gemütlichen Filmabend ausleihen konnte, gefolgt von den CDs und DVDs. Und heute gibt es das Internet mit Netflix und Co, die den Kinos trotz Plüschsesseln, Soundsystemen und Popcorn das Leben schwer machen.

Laut der Verbrauchs- und Medienanalyse (VuMA) haben im Jahr 2018 rund 95,5 Prozent der deutschsprachigen Bevölkerung ab 14 Jahre wiederholt im Monat ferngesehen, aber nur rund 1,27 Millionen Personen gingen mehrmals pro Monat ins Kino, das sind weniger als 2 Prozent.

Zwar werden immer noch mehr als genug Filme produziert - und darunter viel Schwachsinn für viel Geld, allerdings nicht mehr in Deutschland, sondern in Hollywood in den USA oder in Bollywood in Indien. Sie nennen sich Blockbuster.

Ich mag mich nicht erinnern, wann ich das letzte Mal in einem Kino war, außer beim Internationalen Filmfestival 2017 in Kota Kinabalu. Angeschaut habe ich den Dokumentarfilm „Das Versprechen" von Marcus Vetter und Karin Steinberger, dessen Premiere im Juni 2016 beim „Filmfest München" in der Reihe „Neues Deutsches Kino" stattfand. Ansonsten schaue ich Filme nur noch im Flieger an, das ist dann beinahe so bequem wie vor dem Flimmerkasten zuhause und die Zeit vergeht dabei fast wörtlich „wie im Flug".

Bei uns daheim dudelte von früh morgens bis abends das Radio. Die Bedienung des Rundfunkgerätes war die erste Handlung meiner Mutter nach dem Aufstehen und die letzte vor dem Schlafengehen. Und es lief das Programm des SWF1, das hauptsächlich Schlager und volkstümliche Musik abspielte. Das ging mir als Jugendliche bereits gewaltig auf die Nerven.

Dem ersten Sender des Südwestfunks, folgte der zweite als Kultursender, dann der dritte zunächst als „Gastarbeiterprogramm". Nach der

Fusion 1998 mit dem Süddeutschen Rundfunk (SDR) entstand der Südwestrundfunk (SWR) und fortan plärrte in meinem Elternhaus das S4 Badenradio und zuletzt SWR4 - und die Musik war nach wie vor schrecklich.

Eine der wenigen Sendungen, die man anhören konnte, war das Wunschkonzert am Mittwochabend, „Vom Telefon zum Mikrofon", da konnten Zuschauer ihre Wünsche äußern und die waren fast immer querbeet und dadurch abwechslungsreich. Es gab aber auch Krimihörspiele.

In unserer Jugend blieben uns nicht viele Möglichkeiten unsere Musik zu hören. Einer der wenigen Sender, die Popmusik ausstrahlten, war das deutsche Programm von Radio Luxemburg, der schnell zum Kultsender avancierte.

Inzwischen höre ich nur noch Radio beim Autofahren, und dann SWR1. Da kommen die Oldies, die in meiner Jugend die Musik der langzotteligen „Höhlenmenschen" waren. Wenn ich zwischendurch einmal auf SWR3 umschalte, stelle ich nur fest, dass nicht viel weltbewegendes im letzten halben Jahrhundert dazukam – irgendwie langweilig.

Längst haben Musik-Streaming-Dienste wie Spotify, Apple Music, Google Play Music oder

Amazon Music Unlimited & Co. den Rundfunksendern den Rang abgelaufen. Per monatlicher Flatrate liefern sie unbegrenzten Musikgenuss, ob am Smartphone per Kopfhörer, über die Stereoanlage oder über Alexa im Wohnzimmer.

Die Sprachansteuerung von Alexa von Amazon hilft Senioren, besonders bei Sehstörungen. Per Zuruf liefert Alexa Musik, Hörbücher, Informationen zum Wetter, Verkehr, dient als Wecker oder steuert die Hausautomation an, selbst telefonieren funktioniert. Ferner beantwortet sie Fragen aus Wikipedia oder erzählt Witze.

Unseren ersten Fernseher kauften meine Eltern 1957. Sie übernahmen das gebrauchte Gerät meiner Großeltern, die ihre Gaststätte auflösten. Das TV-Gerät war bereits 1954 im Lokal gestanden, als Deutschland die Fußballweltmeisterschaft gegen Ungarn in Bern gewann. Damals schaute der ganze Ort in diesen kleinen Kasten. Laut Berichten meiner Eltern war die Wirtschaft so proppenvoll gewesen, dass ein Teil der Gäste das Fußball-Endspiel von außen durch die Fenster verfolgen musste.

Damit stand schon sehr früh ein TV-Apparat in unserem Wohnzimmer. Es gab nur ein Programm mit dem Logo „Deutsches Fernsehen“. Nach dem Startschuss an Weihnachten 1952, strahlte die Fernsehanstalt im ersten Jahr lediglich eine Abendsendung aus, ab 1954 am frühen Abend zusätzlich eine Kindersendung.

Die Tagesschau um 20 Uhr diente seit dem 26.12.1952, neben dem Rundfunk, als Quelle für Nachrichten. Am häufigsten wurde aus der BRD berichtete, danach folgten Ereignisse aus Westeuropa, Osteuropa, danach kamen Berichterstattungen aus den USA und zum Schluss aus der DDR. Die Sachgebiete betrafen Politik, Wirtschaft, gefolgt von Kriminalität, Sensationen und Katastrophen.

Mit der Aufnahme des Sendebetriebes des Zweiten Deutschen Fernsehens (ZDF), erhielt die „Tagesschau" im April 1963 mit der Nachrichtensendung „heute" Konkurrenz. Immerhin war im Vorspann: „Die Eierpreise bis Ostern stabil" eine Ankündigung wert. Und die Mainzelmännchen hatten ihre Premiere. Die lustigen Spots dienten zur Trennung zwischen Werbung und Programmteil. Die aus Mainz stammenden (Sitz des ZDF) schlumpfartigen Wesen wiesen Ähnlichkeiten mit den Kölner Heinzelmännchen auf.

Das ursprüngliche „Deutsche Fernsehen" wurde in „Arbeitsgemeinschaft der öffentlich-rechtlichen Rundfunkanstalten der Bundesrepublik Deutschland" (ARD) und deren Hauptfernsehprogramm zunächst in „Erstes Deutsches Fernsehen" und aktuell in „Das Erste" umbenannt.

Im Vorabendprogramm liefen Ende der 1950er, anfangs der 1960er Jahre meist synchronisierte US-Serien, wie etwa „Abenteuer unter Wasser" mit dem Taucher Mike Nelson, die Erlebnisse des wilden Pferdes „Fury" oder „Sprung aus den Wolken".

Vor dem Abendprogramm kam das Sandmännchen mit: „Nun, liebe Kinder, gebt fein acht, ich hab' euch etwas mitgebracht" und erzählte seine Gute-Nacht-Geschichten.

Es gab Aufführungen des Ohnsorg-Theaters Hamburg, des Millowitsch-Theaters aus Köln, aber auch klassische Theateraufzeichnungen verschiedener Häuser. Familienserien, wie etwa die „Familie Hesselbach" flimmerten über die Mattscheibe. Musiksendungen hatten ebenso ihren Stammplatz im Programm, wie die Unterhaltung-Shows „Einer wird gewinnen" mit Hans-Joachim Kulenkampff im Ersten oder der „Goldene Schuß" mit Lou van Burg im ZDF.

Des Weiteren sorgten „Vorsicht, Kamera!" von und mit Chris Howland oder das heitere Berufe-Raten „Was bin ich?" mit Robert Lembke für

Unterhaltung. Krimis wie „Stahlnetz" oder Filme von Alfred Hitchcock ergänzten das Programm - und seit 1970 am Sonntagabend die Reihe „Tatort". Sportsendungen rundeten das Angebot ab. Neben Olympiaden und Weltmeisterschaften sowie spektakuläreren Boxkämpfen, gehörte seit der Gründung der Bundesliga 1963 die Sportschau jeden Samstag von 17.45 bis 18.30 Uhr fest zum Programm.

Zwischen den 60ern und 70ern etablierten sich Spielfilme als regelmäßiger Bestandteil des Fernsehens. Auch westeuropäische und britische Filme wurden ausgestrahlt. Darunter die „Miss Marple"-Filme von Agatha Christie mit Margaret Rutherford. Ich liebte diese Filme – und liebe sie immer noch. Da unser TV-Gerät jedoch nur das Erste empfangen konnte und die Sendungen im ZDF liefen, besuchte ich meine Tante, die bereits ein moderneres Gerät besaß.

Für gute Unterhaltung sorgten das politische Kabarett der „Münchner Lach- und Schießgesellschaft" und die aus Berlin stammenden „Stachelschweine", insbesondere ihre gemeinsame Auftaktsendung „Berlin ist einen Freiplatz wert" zur ARD-Fernsehlotterie „Ein Platz an der Sonne". Der Losverkauf verhalf während der Berlinblockade 1948 zunächst Kindern, und ab

1959 auch bedürftigen kranken und älteren Menschen, zu einem mehrwöchigen Ferienaufenthalt in Westdeutschland.

Eine meiner Lieblingssendung war die seit 1973 vom Westdeutsches Fernsehen ausgestrahlte Serie „Ein Herz und eine Seele". Überspitzt spiegelten die Folgen das Zusammenleben einer deutschen Familie Anfang der 1970er Jahre wider. Die kleinbürgerliche spießige Einstellung der Eltern prallte auf das neue Lebensgefühl von Tochter und Schwiegersohn, die mangels Wohnung bei den Eltern lebten.

Ekel Alfred Tetzlaff nahm kein Blatt vor den Mund und hatte an allem etwas auszusetzen, ob es um Kommunisten, Sozialisten, Gammler oder Gastarbeiter ging. Mit seinem frauenverachtenden Auftreten bezeichnete der kleinwüchsige und kleinkarierte Angestellte seine Frau Else als „dusselige Kuh", die nichts von Politik und der Welt verstand, während Tochter Rita, Verkäuferin in der Kosmetikabteilung eines Kaufhauses, oft lautstark widersprach. Der aus der DDR stammende Schwiegersohn Michael verkörperte die 68er-Jugend und Alfred betitelte ihn ständig als „Sozi" oder „Kommunistenschwein".

Die Sendung war einfach herrlich und zeigte all die Alltagsprobleme und Ressentiments unserer Zeit auf - besser hätte man es nicht auf den Punkt bringen können.

Hatte das Fernsehprogramm seinen gesetzlich festgeschriebenen Bildungsauftrag in den Anfangsjahren durch die Sendung von Literatur, Theater und Spielfilm noch geschafft, wurde das durch die Übertragung von endlosen Serien - vor allem amerikanischen - fraglich. Seit den 80ern sind Spielfilme rund um die Uhr verfügbar, Anfang der 90er konnten verkabelte Haushalte 7'000 Filme jährlich empfangen. Und nach und nach kamen weitere private Sender hinzu. Ob das Angebot durch die Vielzahl an Sendern besser wurde, wage ich zu bezweifeln und habe immer mehr das Gefühl, dass Fernsehen nur noch der Volksverdummung dient. Oder wie sonst lassen sich so hirnrissige Sendungen wie das „Dschungelcamp" oder die Verkuppelungsschau „Bauer sucht Frau" erklären? Soll dies Unterhaltung sein? Zum Glück besitzt jedes Fernsehgerät einen Ausschaltknopf!

Nichtsdestotrotz ist das TV-Programm weiterhin das wichtigste Medium der Silber-Generation (siehe Freizeit), wenn auch zwischenzeitlich über alle Altersgruppen rückläufig.

Foto, Video

Meinen ersten Fotoapparat habe ich zu meiner Kommunion 1961 geschenkt bekommen. Dies war eine Kodak Kamera und mein ganzer Stolz. Allerdings waren Farbfilme teuer und das Einlegen der Rollfilme brauchte etwas Fingerspitzengefühl. Aus Kostengründen hielt ich mich zurück mit Fotografieren und beschränkte mich aufs Wesentliche. In den Jahren darauf wurde es mit den Instamatic-Kameras mit dem Kassettensystem einfacher und mit der Zeit auch billiger.

Später gönnte ich mir eine Minolta-Spiegelreflexkamera mit Bajonettverschluss und legte Dia-Filme ein. Die austauschbaren Objektive kosteten teilweise ein kleines Vermögen, insbesondere gute Teleobjektive. Meine erste Digitalkamera hielt ich 1996 in Händen, allerdings taugte der Akku nicht viel, kaum waren ein oder zwei Bilder geschossen, gab er den Geist auf. Aber die Zeit der digitalen Fotografie war angebrochen und nicht mehr aufzuhalten.

Neben dem Fotografieren wurde Hobby-Filmen immer interessanter. Mit dem seit 1965 eingeführten Schmalfilm-Format Super 8 war es möglich Familienfeste und Urlaubserinnerungen in Bild und Ton einzufangen. Mein Schwiegervater besaß solch eine Amateurkamera und sie steht bei uns zuhause nach wie vor im Schrank. Damit filmte er die ersten beiden Lebensjahre unserer Tochter.

Die Super-8-Kameras verschwanden mit dem Aufkommen der Videotechnik in den 1980er-Jahren vom Markt. Camcorder, also Kameras mit eingebautem Videoaufnahmegerät, kamen 1983 in den Handel und 1985 die Video-8-Kassetten von Sony, die dann von Hi-Video-8 abgelöst wurden, bevor die Digitalisierung begann.

Zur Geburt unseres Sohnes legten wir uns solch ein Gerät zu und konnten damit die Kindheit unseres Nachwuchses dokumentieren. Die Aufnahmen erfolgten analog und kürzlich habe ich alle Filme digitalisiert, um sie für die Nachwelt zu erhalten. Nichts ist schnelllebiger als der technische Fortschritt. Was gestern noch als hi-tech und hipp galt, ist teils schon bei der Markteinführung veraltet.

Vor den kleinen Video-8-Kassetten, die vorwiegend im Camcorder Verwendung fanden, existierten bereits Videosysteme, die das Aufzeichnen und die Wiedergabe von Fernsehsendungen ermöglichten. Durchgesetzt hatte sich - nach einem harten Formatkrieg - das Video Home System (VHS), ein 1976 von der japanischen Firma JVC entwickelter analoger Videorekorder.

Die Videorekorder eröffneten eine neue Welt in der Medienlandschaft. Sie ermöglichten Fernsehsendungen zeitversetzt anzuschauen, und brachten Kinofilme direkt ins Wohnzimmer. Viele Produzenten begannen, Filme ausschließlich für den VHS-Markt zu produzieren. Damit fing die Flut an Porno- oder „Aerobic"- Filmen an.

Wir besitzen noch einen ganzen Schrank voll mit VHS-Kassetten, hauptsächlich Walt-Disney- und sonstige Kinderfilme. Da wir lange im fremdsprachigen Ausland gewohnt haben, bildeten die deutschsprachigen Filme für unsere Kinder eine Brücke zur Heimat. Aber nicht nur für die Kleinen, als wir 1985 in Liberia in der „Bong Mine"-Bergbausiedlung lebten, gab es einen TV-Klub. Mithilfe eines Senders strahlten Mitglieder abends - in Deutschland auf Videokassetten aufgenommene - Fernsehsendungen aus. Dies änderte sich erst mit dem Satellitenfernsehen, als wir per Riesenparabola einige Privatsender im Busch empfangen konnten.

Nach VHS kamen digitale CDs, DVDs und zuletzt Blu-ray als Speichermedien mit immer längerer Abspieldauer.

Die Problematik von Dias und Fotos liegt in der Langzeitqualität. Papierabzüge vergilben mit der Zeit, auf den Dias setzt sich Staub und Dreck ab und plötzlich sind keine Diaprojektoren mehr erhältlich. Ähnlich verhält es sich mit analogem Filmmaterial, aber auch mit digitalen Foto- und Filmformaten. Daher müssen sie rechtzeitig auf neue Medien kopiert oder überspielt werden.

Um unsere Schätze der Nachwelt zu erhalten, habe ich angefangen, sie sukzessive zu digitalisieren. Aber auf welchem Medium speichern? Erfüllten früher beschreibbare DVDs diese Aufgabe, lautet das Stichwort heute „Cloud". Fotos ablegen in den Wolken des Internets? Sensible Daten irgendwo bei Dropbox, Google, Amazon oder iCloud Drive abzuspeichern, würde ich mir bei der bekannten Datensammelwut von Auslandsgeheimdiensten und Google zweimal überlegen, aber unverfängliche Urlaubsfotos im Nirwana zu speichern, hilft Platz auf dem eigenen Rechner zu sparen.

Papierfotos und Dias lassen sich durch Einscannen und Digitalisieren der Negative retten.

Selbst mit entsprechendem Scanner ist das ein äußerst mühsames Unterfangen, daher schickte ich unsere Diakästen mit über 2'000 Dias an einen professionellen Dienstleister, was einwandfrei funktionierte. Die Qualität der Fotos ist erstaunlich gut.

Bei Filmen im Schmalfilm-Format Super 8 bleibt nur die Wahl, sie abzufilmen. Einfacher geht es mit den Video-8 oder VHS-Kassetten, sofern die Abspielgeräte, wie Camcorder oder VHS-Videoplayer, noch funktionieren.

Daher entschloss ich mich letzten Winter, unsere Filme selbst zu digitalisieren. Dafür kaufte ich zunächst einen günstigen Video-Capture-Adapter, den ich über die USB-Schnittstelle an meinen PC anschloss, um festzustellen, dass unser alter Camcorder leider defekt war. Zum Glück gibt es eBay und hier konnte ich ein identisches Gerät ersteigern.

Danach legte ich los. Den Camcorder an die Buchsen stöpseln, starten und Geduld aufbringen. Das Video wird in Echtzeit abgespielt und lässt sich am Display verfolgen. So sah ich im Zeitraffer unsere Kinder wachsen.

Der Adapter wandelt die analogen Signale in digitale um und die dazugehörige Software speichert den digitalisierten Film auf der Festplatte ab. Nach 20 Video-8-Kassetten hatte ich es geschafft und lud die riesigen Dateien in die Cloud. Kopien speicherte ich auf einer großen Festplatte und schloss sie im Safe ein, in der Hoffnung, dass dieser Datenträger in 20 Jahren noch lesbar ist. Wem das zu aufwendig ist, kann auch dabei auf gewerbliche Anbieter zurückgreifen. Aber um eine Konvertierung auf neuere Medien kommt letztlich niemand herum.

Digitale Fotoapparate, meist mit integrierter Videofunktion, existieren zwar weiterhin und vereinzelt sieht man noch Hobbyfotografen mit einem überdimensionalen Teleobjektiv vor der Linse, aber immer mehr Menschen - insbesondere junge - knipsen nur noch mit ihrem Smartphone. Gerade in Asien rennt jede Person mit dem Gerät in der Hand - oder auf einem Verlängerungsstick montiert - durch die Landschaft und ist mit Knipsen von Selfies beschäftigt. Die Jungen haben überhaupt keine Zeit mehr, sich Sehenswürdigkeiten direkt und in Ruhe anzuschauen. Eigentlich könnten sie gleich zuhause bleiben und die Welt übers Internet vom Sofa aus betrachten, wäre bequemer und billiger.

Uhren

In meiner Kindheit stand auf dem Buffet noch eine Kaminuhr von meinem Großvater. Es war ein Geschenk zu seinem Firmenjubiläum bei der Firma „Schnabel und Henning", später Siemens. Irgendwann hing an der Wand eine Wanduhr mit Pendel und nach einem Ausflug meiner Mutter in den Schwarzwald, zwitscherte zur vollen Stunde ein Kuckuck aus dem Gehäuse. Damit die Zeit immer stimmte, zog mein Vater die Uhren regelmäßig von Hand auf.

Meine Eltern schenkten mir irgendwann zum Geburtstag eine edle Uhr mit einem Armband aus Gold, allerdings noch mit Handaufzug.

Armbanduhren mit Automatikwerk lösten die mechanischen Uhren ab, bevor Quarzuhren in den 1970er Jahren den Markt eroberten. In den 80ern erlebte die Schweizer Uhren Industrie mit der Produktion der Swatch einen ungeahnten Höhenflug. Ab 1984 vermarktete Nicolas Hayek die Plastikuhr weltweit erfolgreich.

Der Schwager meines Mannes arbeitete in einer Uhrenfabrik und konnte als Mitarbeiter günstige Swatch-Uhren beziehen. Bei seinen Besuchen brachte er regelmäßig eine große Auswahl mit. Es war immer ein Fest, all meine Cousinen kamen und zum Schluss waren wir alle gut mit den neusten Modellen der poppigen Uhren bestückt.

Die erste Atomuhr wurde 1949 in den USA konstruiert, seit 1958 gibt es die internationale Atomzeit, die erste Funkuhr meldete Telefunken 1967 zum Patent an. Die deutsche Atomuhr steht in Braunschweig, von dort können Funkuhren oder Anwendungen übers Internet per Network Time Protocol (NTP) die Zeit abrufen.

2015 brach mit der Apple Watch eine ganz neue Uhren-Ära an. Mit ihr kam der Computer ans Handgelenk. Neben der analogen oder digitalen Zeitanzeige, lassen sich zahlreiche Apps aufrufen. Die Sturzerkennung der aktuellen Version 4 zaubert die SOS-Notrufnummer auf die Anzeige, reagiert man nicht, setzt die Uhr automatisch einen Notruf ab. Mit einer App und einem eingebauten Sensor lässt sich ein EKG erstellen, diese Funktionen dürften interessant für Senioren sein, ebenso wie zahllose Fitness-Apps oder ein Schnarchstopper.

Heute zählen die ursprünglich reinen Zeitmesser zur Kategorie Neue Medien.

Korrespondenz

In meiner Jugend erhielt ich noch ab und zu einen handgeschriebenen Liebesbrief. Während meiner Schulzeit unterhielt ich eine Brieffreundschaft mit einem philippinischen Mädchen, um mein Englisch zu verbessern. Korrespondenz fand ausschließlich handschriftlich statt. Von meinen Ferien verschickte ich in den Anfangsjahren noch Postkarten an Freunde und Verwandte, bis es mir irgendwann zu viel und zu teuer wurde. Die Ansichtskarten zierten zuhause die Kühlschränke, so konnte jeder sehen, wer sich wo, Urlaub leisten konnte.

Nach dem Besuch eines Schreibmaschinenkurses schenkten mir meine Eltern eine mechanische Schreibmaschine zu Weihnachten. Mit diesem Gerät tippte ich 1976 noch meine Diplomarbeit. Mein Gott war das mühsam, schlich sich ein Fehler ein, musste ich die ganze Seite erneut schreiben. War nur ein Zeichen falsch, konnte ich es mit Tipp-Ex korrigieren. Entweder mit einem Folienblättchen, das ich unterlegte oder als weiße Korrekturflüssigkeit. Wer kennt nicht die blöden Blondinenwitze vom Tipp-Ex Einsatz am Bildschirm.

Nach und nach gab es in den Betrieben elektrische Schreibmaschinen mit Korrekturbändern und später kombiniert mit DIN A4 großen Bildschirmen. Damit erstellten Sekretärinnen die Firmenkorrespondenz, die unterschrieben und per Post verschickt wurden.

Bei Stellenbewerbungen erwarteten die Personalabteilung - neben einem handgeschriebenen Anschreiben - mit der Schreibmaschine getippte Lebensläufe, mit einem Nadeldrucker am Computer erstellte Ausdrucke waren verpönt. Dies änderte sich erst gegen Ende der 1980er-Jahre mit der Verbreitung der Tintenstrahldrucker mit ihrer guten Druckqualität. Laserdrucker waren noch viel zu teuer.

Wer schickt heute noch einen privaten Brief per Post - außer Einladungskarten zu Hochzeiten, Taufen oder sonstige Anlässe? E-Mails und Chats haben die klassischen Briefe längst abgelöst. Selbst Verlage und Literaturagenten verzichten inzwischen auf ausgedruckte Manuskripte. Allerdings reduzierte sich die Bearbeitungszeit von drei Monaten dadurch nicht, was nicht auf Effizienz schließen lässt. Welche andere Branche kann sich das leisten?

Telekommunikation

In meiner Kindheit gab es nur wenige Familien in unserer Straße, die ein Telefon besaßen. Irgendwann Ende der 60er-Jahre stand auch bei uns ein Wähltelefon auf einer Schuhkommode in der Diele. Vor einiger Zeit las ich, dass bei einer Umfrage unter Jugendlichen viele mit dem Begriff Wählscheibe nichts anfangen konnten. Mutmaßungen gingen bis dahin, dass dies eine Scheibe zum Abstimmen bei Wahlen sei.

Wollte ich eine Freundin anrufen, gab ich über die Drehscheibe mit den Ziffern 0 bis 9 die Telefonnummer ein. Es surrte und knackte in der Leitung, bis am anderen Ende endlich das Besetzt- oder Freizeichen ertönte. Nach kurzem Warten meldete sich meist deren Mutter, die danach lautstark durchs ganze Haus nach meiner Freundin rief. Heute hat das Handy die Festnetztelefone längst abgelöst und ein Telefonat ist nur noch halb so erlebnisreich wie damals. Später ersetzte bei uns zuhause ein grünes Telefon mit Tasten die Wählscheibe.

Mein erstes Handy kaufte ich mir 1998. Nachdem ich im Mai desselben Jahres alleine mit dem Auto durch die - aufgrund von Unruhen und Plünderungen - brennende Stadt Jakarta fuhr, hatte ich mich aus Sicherheitsgründen entschlossen, mir eine „Telefonzelle für die Handtasche" zuzulegen. Das Nachfolgemodell war dann bereits ein kleiner Computer mit Office-Funktionen.

Heute ist das iPhone in meiner Handtasche nicht mehr wegzudenken. Das Telefonieren ist in den Hintergrund gerückt, man chattet mit der Familie und Freunden, bildet Gruppen für eine schnelle selektive Kommunikation, googelt, sucht den geeigneten Anfahrtsweg in digitalen Straßenkarten oder informiert sich bei Wikipedia über alles Mögliche. Nach wie vor gilt, man muss nicht alles wissen, man muss nur wissen, wo es steht, und mit den heutigen Smartphones ist dies einfacher denn je. Inzwischen bediene ich selbst unsere Wohnungsheizung per App aus der Ferne.

Ein Ärgernis bereitet die geografische Beschränkung mancher Geräte. Mein Mann hatte sich in der Schweiz ein Samsung Smartphone ohne Handy-Vertrag gekauft und eine deutsche SIM-Karte eingeschoben und das Internet damit genutzt, aber nicht telefoniert. Als er nach Malaysia kam und seine lokale SIM einstecken wollte, konnte er das Gerät zunächst nicht benutzen, da es geografisch geblockt war. Es hat dann über zwei Wochen gedauert, bis der malaysische Samsung-Laden, das Handy freischalten konnte, sie brauchten dazu die Unterstützung aus Korea. Er hatte das Gerät sowie die SIM-Karten ganz offiziell gekauft - es gehört ihm und trotzdem konnte er es nicht bestimmungsgemäß verwenden - das ist doch Frechheit pur.

Das Taschentelefon ist zum Computer mutiert, dient zum Erledigen der Bankgeschäfte, fungiert als Fotoapparat und Mediaplayer. Es sorgt aber auch für Vereinsamung. Gerade in Asien sehe ich immer wieder junge Paare oder Familien, die zusammen am Restauranttisch sitzen und sich konzentriert in ihre Handys vertiefen. Was einst als tragbares Kommunikationsmittel konzipiert war, verhindert inzwischen das persönliche Gespräch zwischen den Menschen.

Jedermann läuft durch die Gegend, hält sein Handy in der Hand und starrt unentwegt aufs Display. Irgendwann werden wir Menschen einen verkürzten Arm haben und gekrallte Finger, bei denen der Daumen nur noch zum Tippen funktioniert - und wir brauchen keine Augen mehr, um in die Ferne zu blicken, denn das Leben spielt sich auf dem Bildschirm vor unserer Nase ab. Was würde Darwin dazu sagen?

Aber das Handy ist nicht nur bei den Jüngeren und den Asiaten besonders beliebt. Auch wir Pensionäre haben die Vorteile dieses Gerätes mit den verschiedenen Apps darauf erkannt. Eine Schweizer Statistik von 2018 zeigt: Für 64 Prozent der befragten Schweizer im Alter von 55 bis 69 Jahren ist WhatsApp eine der wichtigsten Medien- und Digitalmarken. Das dürfte in Deutschland nicht wesentlich anders sein.

Computer

Meinen ersten Computer sah ich 1970. Unser Mathematiklehrer hatte sich selbst einen zusammengebaut und führte ihn voll Stolz vor. Ich glaube, es war ein Atari, jedenfalls hat mir dieses Gerät damals imponiert und mich nachhaltig beeinflusst.

1972 begann ich das Studium Wirtschaftsingenieurwesen mit der Vertiefungsrichtung Wirtschaftsinformatik an der Fachhochschule in Karlsruhe. Diese Studienrichtung existierte erst seit zwei Jahren, ebenso wie das Studium der Informatik. Wirtschaftsinformatik als eigenständiges Studienfach gab es überhaupt noch nicht.

Die Computerprogramme erstellten wir mithilfe von Lochkarten in den Sprachen Fortran, Cobol, Algol, Pascal oder Basic. Jede Lochkarte stellte eine Zeile im Programm dar. Den Karton mit den gestanzten Karten gaben wir Studenten im Rechenzentrum ab und nach ein paar Stunden konnten wir den Ausdruck auf grün-weißgestreiftem Papier abholen - nur um festzustellen, dass sich noch irgendwo ein Fehler im Programm befand. Nach dem Austausch der fehlerhaften Lochkarte begann der ganze Vorgang von vorne. Das war mehr als ätzend.

Welche Arbeitserleichterung brachte die Einführung von Monitoren mit Tastaturen und einem Texteditor zum Eintippen der Programmzeilen! Endlich fielen die nervigen Lochkarten weg und ich konnte meine Programme direkt am Großrechner testen.

Nach dem Studium arbeitete ich für ein Ingenieurbüro. Die Firma betrieb eine HP 3000, damals ein ganz moderner Rechner. Eine 20-Megabyte große Festplatte besaß die Ausmaße eines Kühlschranks. Irgendwann anfangs der 1980er Jahre sah ich erstmals auf einer Ausstellung eine Computermaus. Welch eine Spielerei, mutmaßten mein Chef und ich. Wir konnten uns überhaupt nicht vorstellen, dass es einmal eine Zeit geben würde, in der man ohne diese Maus am Computer kaum noch effizient arbeiten konnte.

Im gleichen Zeitraum kamen die Personal-Computer (PC) auf den Markt. Der Name PC war ab 1981 mit dem IBM Personal Computer und später mit kompatiblen Nachbauten verknüpft. Als Betriebssystem diente noch DOS (Disk Operating System), das die Firma Microsoft an IBM in Lizenz überlassen hatte.

Ab 1985 entwickelte Microsoft das Betriebssystem in Eigenregie unter dem Namen MS-DOS weiter. Hier mussten Anwender noch jeden Befehl von Hand eintippen. Die ersten Heimcomputer verfügten zunächst über ein Diskettenlaufwerk, dann über zwei, was die Datensicherung erheblich vereinfachte. Es gab 51/4, dann 3,5 Zoll Disketten. Heute lacht man über deren Speicherkapazität von 1,2 Megabyte (MB) und 1,44 MB.

Die Entwicklung der Festplatte für den PC sorgte für eine wesentlich einfachere und schnellere Handhabung, denn die Disketten dienten nur noch zum Einlesen von Software und zur Sicherung der Daten. Inzwischen eroberten sich externe Festplatten mit 3,5 und 2,5-Zoll ihren Platz für Datensicherung und sie liegen längst im Terabyte-Bereich.

Natürlich lassen sich persönliche Daten heute in einer Cloud speichern. Das spart Speicherplatz auf dem eigenen Rechner und erleichtert die Arbeit der NSA, der nationalen US-Sicherheitsbehörde und anderen Organisationen und Firmen (Google & Co.) bei ihrer Datensammelwut.

Die Entwicklung der Maus als Eingabegerät ermöglichte die Programmierung einer grafischen Benutzerschnittstelle. Die Firma Apple stellte 1984 den Macintosh (Mac) vor, den ersten Mikrocomputer mit grafischer Benutzeroberfläche, der in größeren Stückzahlen produziert wurde. Auch Microsoft schlief nicht und brachte das Betriebssystem Windows auf den Markt. Die Preise fielen, damit war der Siegeszug des PC eingeläutet und die Geräte fanden Einzug ins heimische Büro und Wohnzimmer.

Ein Computer besteht im Prinzip aus zwei Komponenten, der Hardware und der Software, das eine taugt ohne das andere nichts. Im Bereich der Hardware gab es riesige Fortschritte, die Bauteile wurden immer kleiner, die Speicherkapazitäten immer größer und die Zugriffszeiten immer schneller.

Auch im Bereich Software gab es Veränderungen und Verbesserungen, aber nicht in dem Maße wie bei der Hardware. Der größte Fortschritt war die Entwicklung eines Betriebssystems, das in der Lage war, Geräte mit einem grafischen Interface mit Hilfe einer Maus, einem Touchpad oder per Finger direkt am Display zu bedienen. Dies war die Voraussetzung für den Siegeszug des PCs und in deren Folge für Notebooks, Tablets und Smartphones.

Im Bereich Anwendersoftware gibt es schon lange MS-Office (Word, Excel, Power Point, u.a.) für den Windows-PC und kompatible Software für den Mac. Außer ein paar neuen Features und Versionen tat sich in diesem Bereich in den letzten 30 Jahren nicht viel.

In der Vergangenheit leitete ich für verschiedene Anbieter Computerkurse, für Wiedereinsteiger ins Berufsleben, für Jugendliche, Erwachsene und Senioren. Dabei ging es um Grundlagenwissen sowie um Anwendungssoftware fürs Büro oder einfach für den Privatgebrauch. Natürlich gehörte auch das Internet dazu, näheres dazu im Kapitel „Internet".

Wenn ich heute lese, dass rund 20 Millionen ältere Menschen, insbesondere die über 70-Jährigen, laut einer neuen Studie bei der Digitalisierung auf der Strecke bleiben, dann wundert mich das. Die Weiterbildungsangebote gab es in der Vergangenheit und sie waren auch nicht so teuer, dass sie sich jemand in Deutschland nicht hätte leisten können. Die Leute waren offenbar einfach zu bequem etwas dazuzulernen. Sie setzten sich nach der Arbeit lieber gleich vor die Glotze, als etwas für ihre Bildung zu tun. Deshalb bitte jetzt nicht jammern und der

Politik die Schuld geben für ein mangelndes Weiterbildungsangebot. In meinen PC-Kursen saßen über 80-jährige vor mir, die noch nie zuvor am Computer gearbeitet haben – und das neu Erlernte machte ihnen sichtlich Spaß.

Neben den klassischen Programmen für alle möglichen Anwendungen entstanden in den letzten Jahren zahlreiche Apps für iPhone und Smartphones. Hinz und Kunz tummeln sich in diesem Segment und verschenken oder verkaufen ihre unzähligen Softwareprodukte im App-Store fürs iPhone oder für Android-Handys im Google Play Store. Ob die Qualität der Software dabei immer angemessen ist, wage ich zu bezweifeln.

2015 besaßen in Deutschland 72 % der Seniorenhaushalte über 65 Jahren einen Computer, fünf Jahre zuvor waren es erst 56 %. Bei den 18- bis 64-Jährigen steht in 94 % der Haushalte ein PC. Der Anteil an mobilen Geräten, wie Laptop, Notebook, Netbook oder Tablet, steigt in beiden Altersgruppen stetig.

Internet

Wer kann sich heute die Welt noch ohne Internet vorstellen? Wohl kaum jemand mehr, außer vielleicht ein paar Ewiggestrige, die aus schwer nachvollziehbaren Gründen einfach den Anschluss verpassten. Selbst in entlegenen Dschungeldörfern von West-Papua in Indonesien gab es vor ein paar Jahren schon Internetverbindung.

Die Entwicklung des Internets hat unsere Welt nachhaltig und quer durch alle Lebensbereiche verändert. Oft wird dieser Modernisierungsschub des 20. Jahrhunderts mit der Erfindung des Buchdruckes im 15. Jahrhundert gleichgesetzt.

Der Begriff Internet setzt sich aus den beiden Wörtern „inter" und „net", zu deutsch „zwischen" und „Netz" zusammen, also eine Verbindung zwischen bestehenden Netzen. Vorgänger des Internets war ab 1969 das Arpanet, das zunächst zur Erhöhung der Rechenkapazitäten, die Rechenzentren einiger US-amerikanischen Universitäten über Telefonleitungen miteinander verband.

Da es sich dabei um Rechner unterschiedlicher Hersteller handelte, musste eine Sprache geschaffen werden, die alle Computer verstanden. Dazu wurde das Internetprotokoll (IP), das heute noch verwendet wird, entwickelt.

Die Implementierung des World Wide Web (WWW) und dem dazugehörigen Webbrowser ermöglichte die Nutzung des Internets für jedermann. Die Grundlagen dazu schuf der Brite Tim Berners-Lee 1989 am CERN, der europäischen Großforschungseinrichtung im Kanton Genf in der Schweiz. 1991 machte er diese Errungenschaft ohne Patentanmeldung öffentlich und weltweit verfügbar.

Damit konnte das WWW im Internet frei benutzt werden. Es folgte die Entwicklung verschiedener Browser wie der Internet Explorer von Microsoft, Firefox von Mozilla, Safari von Apple, Chrome von Google und weitere. Neben dem Durchsuchen von Web- oder Internetseiten mit Suchmaschinen von Google, Yahoo und anderen, zählen E-Mailprogramme wie Outlook, Gmail oder Mozilla Thunderbird zu den am meisten benutzten Anwendungen im Internet. Des Weiteren gehören Online-Shopping und -Banking, IP-Telefonie, Videokonferenzen, Internetradio, Livestreams von Fernsehprogrammen und Filmen zum Anwendungsspektrum.

Ich kann mich gar nicht mehr erinnern, wann ich das erste Mal durchs Netz gesurft bin. Auf jeden Fall weiß ich noch, dass ich etwa 1996 aus Indonesien übers Internet nach Deutschland telefoniert habe. Ich besaß ein Internet-Telefon, das ich an den PC anschließen konnte. Allerdings war das keine Vollduplex-Verbindung, sondern eine wechselseitige Datenübertragung, es konnte immer nur eine Person sprechen. Trotzdem war das für uns eine tolle Sache, da wir damit mit Freunden und Verwandten einfacher und billiger in Verbindung bleiben konnten - einzige Voraussetzung war, dass der jeweilige Gesprächspartner ebenfalls über einen Computer verfügte, was damals absolut noch nicht üblich war.

Inzwischen avancierte das Web zur größten Shoppingmall der Welt. Hier gibt es alles zu kaufen, was das Herz begehrt. Wenn es denn so einfach wäre! Mein Gott Walter! Die App-Entwickler haben alle Scheuklappen an und ein Brett vor dem Kopf. Vielleicht nicht die Programmierer selbst, aber auf jeden Fall deren Auftraggeber.

Ich besitze über 200 Accounts mit jeweils einem Benutzernamen und einem Passwort oder einer sogenannten persönlichen Identifikationsnummer (PIN). Das kann sich beileibe kein Mensch mehr merken, egal wie alt er ist. Da sind die Bankkonten, die Kreditkarten, die Fluggesellschaften und Hotels mit ihren Bonusprogrammen, Handy-Anbieter, Facebook, Google, Webseiten-Zugänge, E-Bay, Amazon, Apple, Adobe, Samsung, Microsoft, W-LAN, Instagram, LinkedIn, DB, SBB, Krankenkassen, Versicherungen, Internetprovider, Reiseveranstalter, Online-Shops, Online-Apotheken und und und...!

Jeder Entwickler denkt, er sei mit seiner Softwareanwendung allein auf dieser Welt und verlangt vom Anwender zum angeblichen Schutz vor Missbrauch grad was er will. Es geht zu wie im Wilden Westen. Vieles ist noch fehlerhaft, unausgereift oder überfordert den Anwender schlicht und einfach.

Am schlimmsten sind die Banken. Um Online-Banking zu tätigen, braucht es heute mindestens zwei Geräte, den Computer und einen auf Reisen unpraktischen TAN-Generator oder ein Mobiltelefon. Befindet man sich nicht gerade in einem Funkloch, kommt entweder per SMS die Transaktionsnummer (TAN) an oder man muss am Handy eine App, wieder mit einem anderen Usernamen und Passwort öffnen, um irgendwas zu bestätigen. Oder man muss einen QR-Scan mit einer PIN ausführen oder irgendwelche Ziffern aus einer Matrix eingeben, die nicht immer zur Hand ist. Furchtbar.

Und die Behauptung, man könne alles Online-Banking am Smartphone oder iPhone problemlos erledigen, hapert dann an solch trivialen Dingen, wie meinen lackierten Fingernägeln. Mit der Fingerkuppe komme ich nicht ran, weil der lange Nagel im Weg ist, die Nagelspitze funktioniert nicht zum Tippen, ja wie soll ich da etwas eingeben können? Manchmal schon zum Verzweifeln!

Kein Schwein blickt mehr durch, wie das weitergehen soll. Immerhin gibt es bereits Banking-Apps, die den Fingerprint am iPhone erkennen, welch ein Fortschritt. Denkste! Derzeit habe ich meinen rechten Arm im Gips und komme mit meinem Zeigefinger nicht mehr an die Taste, so ein Mist.

Vom Irisscan sind wir auch noch weit entfernt, zumindest von einem, den man nicht mit Kontaktlinsen und einem Foto austricksen kann. Dasselbe gilt für den Fingerabdruck, auch der ist nicht fälschungssicher. Biometrische Daten sind möglicherweise nur bedingt für Sicherheitszugänge geeignet.

Wenn sich diese Problematik in Zukunft nicht grundlegend vereinfacht, haben wir Senioren ein ernsthaftes Problem. Wie sollen wir das in 15 oder 20 Jahren noch handhaben, wenn wir vielleicht geistig nicht mehr so agil sind? Hier herrscht ein enormer Handlungsbedarf, ich weiß nur nicht, ob und inwieweit Firmen und die Politik Lösungen dieser Problematik vorantreiben.

Dann lese ich über eine aktuelle Studie, verfasst vom Informatik-Professor Herbert Kubicek vom Institut für Informationsmanagement Bremen (ifib), einem Forschungsinstitut der Universität Bremen, und seiner Kollegin Barbara Lippa von der Stiftung Digitale Chancen, dass zehn Millionen der über 70-Jährigen bis heute nicht im Internet gesurft sind und weitere zehn Millionen noch nie online eingekauft haben.

Das ist sehr bedauerlich, aber diese Senioren-Generation hatte Zeit genug, schon früher etwas für ihre Internet-Ertüchtigung zu tun, wie ich weiter oben bereits ausgeführt habe.

Ich habe vor 10 - 15 Jahren spezielle Internetkurse für Senioren angeboten. Ich ging mit meinen „Schülern" auf die Internetseiten der Banken und wir übten an fiktiven Konten. Wir planten eine Reise nach Berlin, verglichen Billigangebote von Bahn und Flügen, buchten ein Hotel und besorgten uns noch ein Ticket für die Oper. Wir kauften uns auf einer Plattform einen Gebrauchtwagen nach unseren Wünschen und schauten, was eBay anzubieten hatte. Wir tippten Fantasiedaten ein und unterließen zum Schluss „Jetzt kaufen" klicken.

Meine Teilnehmer kapierten trotz ihrer Anfangsängste schnell, dass das Internetsurfen halb so wild und das schlimmste Malheur, das passieren kann, eine verschüttete Tasse Kaffee auf der Tastatur ist. Selbstverständlich heißt das nicht, dass man leichtsinnig an die Sache rangeht und das Passwort mit einem gelben Zettel an den Bildschirm klebt, aber das gilt schließlich auch für den Geldautomaten mit der an die Karte gehefteten PIN-Nummer.

Natürlich schrieben wir auch E-Mails und warfen bei eingehenden Mails einen Blick auf die Absender, denn es braucht den gesunden Menschenverstand, um die Spreu vom Weizen zu trennen, sprich Phishing-Mails schnell zu erkennen. Hier hilft nur ein „Schlag auf die Finger", falls jemand eine suspekte Mail anklicken will. Aber gegen Dummheit ist leider noch kein Kraut gewachsen, auch nicht im Internet.

Computer- und Internetkurse gab es von verschiedenen Anbietern, wie von den Volkshochschulen, von den Industrie- und Handelskammern (IHK), den Gewerbeakademien der Handwerkskammer, von der Deutschen Angestellten-Akademie (DAA) sowie von Landwirtschaft- und Landfrauenverbänden, für Berufstätige nach Feierabend und für Senioren meist am Nachmittag. Dieses Angebot existierte zumindest in den alten Bundesländern, mit Sicherheit auch in den neuen. Die heute Siebzigjährigen hatten also alle Möglichkeiten, den Anschluss zu finden.

Und was passiert mit all den Konten, die da existieren, wenn wir den Löffel endgültig abgeben müssen? Schwirren dann unsere digitalen Leichen wie tote Fische im großen Teich des Internets bis zum Sankt-Nimmerleinstag herum? „Heinrich! Mir graut's vor dir", sagte bereits Gretchen zu Faust.

Trotz aller Widrigkeiten, mit denen man im Internet zu kämpfen hat, ist eines ganz klar: Ohne das World Wide Web (WWW) wäre das vorliegende Buch nicht entstanden - zumindest nicht in dieser Form. All die Recherchen auf Basis von gedruckten Zeitungen oder Fiches in Bibliotheken durchzuführen, wäre zeitlich unmöglich gewesen.

Soziale Medien

Mit der allgemeinen Verbreitung des Internets entstanden im 21. Jahrhundert neue Nutzungs- formen. Die sozialen Netzwerke schossen wie Pilze aus dem Boden, allen voran Facebook (FB). Die von Mark Zuckerberg und einigen Kommilitonen anfangs 2004 gegründete Platt- form verzeichnete laut dem Statistischen Bun- desamt im 4. Quartal 2018 rund 2,32 Milliarden Nutzern weltweit.

Standen zu Beginn die sozialen Kontakte unter Freunden im Mittelpunkt, entwickelte sich Facebook inzwischen längst zu einem ge- schäftsorientierten Modell zum Sammeln und Verkaufen von personenbezogenen Daten.

Die Vorteile von Facebook sind groß, es er- möglicht den unkomplizierten Kontakt mit Kolle- gen und ganzen Interessensgruppen rund um den Globus, das Teilen von Fotos, Videos und Texten. Der Preis für dieses kostenlose Angebot sind die eigenen Daten.

Dabei verkauft Facebook diese Daten nicht direkt an Dritte oder gibt sie ohne Zustimmung der betroffenen Nutzer weiter, sondern sie werden zum einen zur Verbesserung des eigenen Dienstes und zum anderen zur Optimierung der Anzeigenschaltung benutzt. Aber keine Regel ohne Ausnahme, so dürfen in Deutschland Daten per Gerichtsbeschluss an Ermittlungsbehörden herausgegeben werden und in anderen Ländern, wie etwa in den USA, kann Facebook zur Zusammenarbeit mit Geheimdiensten unter Einhaltung der Schweigepflicht gezwungen werden, wie mit den Enthüllungen von Edward Snowden bekannt wurde.

Alleine schon die Auswertung der „Likes" erlaubt laut britischen Forschern recht treffsicher einen Rückschluss auf die dahinter stehende Person, ob weiblich oder männlich, homo- oder heterosexuell oder ob der Nutzer christlichen oder muslimischen Glaubens ist. Und diese Nutzerdaten durchforstet und analysiert Facebook. Ferner erlauben viele andere Anwendungen das einfache Einloggen mit dem Facebook oder Google Konto. Damit gibt der Nutzer unweigerlich interessante Daten preis und wird Opfer der Datensammelwut der Internet-Plattformbetreiber.

Bedenklich ist auch der leichtsinnige Umgang mit dem Datenschutz. Im März 2019 bestätigte Facebook, dass die Passwörter von Millionen

Instagram-Nutzern (Instagram gehört seit 2012 zu Facebook) unverschlüsselt gespeichert wurden, nachdem zuvor lediglich von Zehntausenden die Rede war. Sie betonten zwar, dass die Passwörter niemals für Außenstehende sichtbar gewesen seien und dass es bislang keinen Hinweis darauf gäbe, dass Mitarbeiter sie missbraucht hätten. Dann bleibt nur zu hoffen, dass das stimmt.

Ferner waren möglicherweise Beiträge von mehreren Millionen Nutzern, die für Freunde sichtbar sein sollten, öffentlich zu sehen. Laut Stiftung Warentest weisen die Plattformen Facebook und LinkedIn erhebliche Mängel beim Datenschutz auf, während soziale Netzwerke wie „studiVZ" und „schülerVZ" einen deutlich besserer Umgang mit Nutzerdaten pflegten.

Diese Nachteile müssen jedem Facebook-Mitglied bewusst sein, wenn er die Plattform nutzt. Der „Gläserne Mensch" und „Big Brother is watching you" aus dem Roman „1984" von George Orwell ist inzwischen Realität. Keine Frage also, dass der „Große Bruder" dich längst beobachtet.

In jüngster Zeit scheint sich Facebook zum Seniorentreff zu etablieren. In den USA verließen in den vergangenen drei Jahren Millionen von Teenager das soziale Netzwerk und wechselten zu Plattformen wie YouTube, Instagram oder Snapchat. Bei den 14- bis 19-jährigen Facebook-Nutzern sank der Anteil von 90 auf 61 Prozent, während er bei den über 60-Jährigen zwischen 2013 und 2017 von 47 auf 70 Prozent anstieg.

Laut eigenen Angaben von Facebook vom März 2019 tummelten sich in Deutschland täglich 23 Millionen Nutzer auf ihrer Plattform, das entsprach 72 Prozent der 32 Millionen, die monatlich aktiv sind. Dabei nutzten 91 % ein mobiles Gerät für den Zugang.

Gemäß dem Social-Media-Atlas 2018, herausgegeben von der Beratungsgesellschaft Faktenkontor und dem Marktforscher Toluna in Kooperation mit dem Institut für Management- und Wirtschaftsforschung (IMWF) fiel der Zuwachs bei der Generation 60 plus mit 23 % am kräftigsten aus. 70 Prozent der Silver Surfer nutzten Facebook. Die Marktforscher befragten dazu im vierten Quartal 2017 online 3'500 Internetnutzer ab 14 Jahren, aufgeschlüsselt nach Alter, Geschlecht und Bundesland.

Facebook ist nicht das einzige Social-Media-Angebot. Im Jahr zuvor veröffentlichte Faktenkontor zum Social-Media-Atlas eine Infografik

„So Social-Media-geil ist Deutschland", daraus geht hervor, dass eine Mehrheit es tatsächlich ist. Bundesweit nutzen 76 % Social Media Kanäle wie YouTube, Facebook, Twitter & Co., während der Rest sich diesbezüglich abstinent verhält.

Dabei steht aber mit 65 % nicht Facebook an der Spitze, sondern YouTube mit 69 %, gefolgt von WhatsApp mit 59 %. Danach kommen Instagram (23 %), Twitter (22 %), Xing (18 %), Pinterest (17 %) und MyVideo (15 %). Insbesondere schwören die Jungen auf Social Media, bei den 14 - 29-Jährigen sind es 94 %, bei der Altersgruppe 60 plus noch 55 %. Und je höher die Schulbildung, desto größer die Akzeptanz. Mit Hauptschulabschluss sind 70 % aktiv und unter den Nutzern mit Abitur/Fachhochschulreife sind es 83 %.

Auch ich nutze Facebook und WhatsApp, mit Twitter und Instagram halte ich mich zurück, da diese Angebote sich nicht mit meinen Kommunikationsgewohnheiten decken. Ebenfalls bin ich kein großer Nutzer von YouTube, welches zwar mal ganz lustig für Sketche sein kann, und Gebrauchsanweisungen ziehe ich in gedruckter Form vor, besser als Filmchen von Möchtegern-Profis anzuschauen. Und was Twitter betrifft, seit ich weiß, dass der amerikanische Präsident gerne Tweeds absetzt, schreckt mich dieses Medium noch mehr ab.

Die Kommunikation über WhatsApp verläuft etwas vertraulicher, hoffe ich zumindest, auf jeden Fall sind die Daten nicht ganz so öffentlich zugänglich wie bei Facebook. Was mir allerdings bei den Sozialen Medien zu denken gibt, ist die Verbreitung von Unwahrheiten, sogenannten Fake News, mit dem Ziel, die Meinung der Menschen zu manipulieren. Hier heißt es, genau hinzuschauen und nicht alles zu glauben, was einem vorgegaukelt wird. Da hilft oft nur der gesunde Menschenverstand, und eine seriöse Zeitung zu lesen, neben all der Gratisinformation, die einem geradezu aufgedrängt wird.

Bildung, Aus-
bildung & Beruf

Bildung

„Es gibt nur eins, was auf Dauer teurer ist als Bildung, keine Bildung", erkannte schon John F. Kennedy. Erziehung und Lernen beginnt im Elternhaus, Bildung spätestens im Kindergarten und in der Schule. Bildung ist ein weitreichender Begriff, der sich in der Vergangenheit mehrfach gewandelt hat. Bildung ist nicht nur das Ansammeln von Wissen, sondern dient gemäß Wilhelm von Humboldt dazu, die eigene Persönlichkeit weiterzuentwickeln. Wissen und Lernen allein ergeben noch keine Bildung. Die Aufgabe der Bildung ist es vielmehr, junge Menschen zu befähigen, in ihrem Leben komplexe Situationen nicht nur mit Fachwissen, sondern auch mit sozialen und emotionalen Kompetenzen zu meistern.

Keine einfache Aufgabe für die heutigen Erziehenden. Vielfach beginnen die Probleme schon in der Grundschule. Den Schülern fehlt das benötigte Unterrichtsmaterial wie Schreibstifte, Radiergummi, Lineal oder Hefte, weil die Erziehungsberechtigten oft keinen Blick in den Schulranzen ihrer Kinder werfen. Das zeigt sich offenbar öfter bei der Hausaufgabenbetreuung, die im Rahmen der verlässlichen Grundschule angeboten wird.

Ich erinnere mich noch an den Tag, als ich vor der Einschulung mit meiner Mutter beim Rektor vorsprechen musste. Der Stichtag war damals Sylvester und ich war eine der Jüngsten. Da ich klein und schmächtig war, wollte mich der Rektor um ein Jahr zurückstellen. Ich protestierte lauthals: „Ich will in die Schule", denn mir war im Kindergarten einfach langweilig. Also nahm er mich zur Probe auf. Es gibt ein Foto, auf dem ich ganz stolz meine Schultüte halte. In meinem Schulranzen befanden sich noch keine Hefte, sondern eine Schiefertafel samt einem Griffel und einem Schwamm. Darauf übten wir unsere ersten Spazierstöcke, um danach das „r" zu malen. Wir waren 36 Schüler in unserer Klasse und lernten noch die einzelnen Buchstaben, bevor wir daraus Wörter zusammensetzten.

Seit meiner Einschulung vor 60 Jahren hat sich viel verändert, aber leider nicht wirklich alles zum Besseren. Und bei dem derzeitigen Lehrermangel kann es in Zukunft kaum besser werden. Es gibt sicherlich keine Ideallösung für die heute mehrheitlich vorherrschende Bildungsmisere, aber ein Land wie Deutschland sollte sich bewusst sein, wie wichtig Bildung ist und lieber in anderen Bereichen sparen und entsprechend mehr in die Schulen investieren.

Im Oktober 2018 legte die Kultusministerkonferenz (KMK) den Lehrereinstellungsbedarf und das Angebot an Lehrkräften vor. Demnach brauchen die Länder von 2018 bis 2030 pro Jahr rund 31'900 Lehrerinnen und Lehrer. Dem stünden 31'200 Anwärter gegenüber, was ein jährliches Minus von voraussichtlich 700 Stellen ergibt - vorausgesetzt, alle Absolventinnen und Absolventen steigen in den Schuldienst ein. Dass dies unrealistisch ist, zeigt die Frankfurter Universität, hier geht tatsächlich nur die Hälfte der Lehramtsstudenten in den Schuldienst. Viele wechseln in die Wirtschaft, da das Lehramt in der Gesellschaft kaum Anerkennung genießt und finanziell nicht unbedingt als attraktiv gilt.

Die besten Abiturienten entscheiden sich sowieso nach wie vor eher für ein Jura-, Medizin- oder Betriebswirtschaftsstudium. Das ist in den skandinavischen Ländern anders, denn dort hat Bildung einen höheren Stellenwert. Um das entstehende Loch zu stopfen, müssen bessere Anreize für den Lehrberuf geschaffen werden.

Der Mangel an Lehrkräften verteilt sich jedoch unterschiedlich über die Länder und Schularten. Am größten ist die Lücke im Osten, an den beruflichen Schulen und an den Grundschulen, während im gymnasialen Bereich ein leichter Überschuss an Bewerbern herrscht.

Den Grundschulen kommt nach wie vor eine besondere Bedeutung zu, da alle Schüler - mit Ausnahme derer von Sonderschulen - diesen Schulzweig durchlaufen. Die Grundschule legt den Grundstein für die weitere Schul- und Ausbildungswahl. Und gerade in diesem wichtigen Bereich mangelt es an Lehrkräften.

In einigen Bundesländern, darunter Baden-Württemberg, schließen sich an die vierjährige Grundschule die Hauptschule, Werkrealschule, Realschule oder das Gymnasium an.

Seit 2012 existieren auch Gemeinschaftsschulen in wachsender Anzahl. Diese entstanden nach dem Vorwurf der PISA- und weiterer Studien, dass die bestehenden Schultypen sozial selektiv seien, derweil ein weitaus höherer Prozentsatz der Kinder der oberen Gesellschaftsschichten das Gymnasium besuchten als Kinder aus Arbeiterfamilien. Das derzeitige Schulsystem sei für Kinder von Migranten und sozial Schwache im Leistungsbereich diskriminierend.

Ob die Gesamtschulen dieses Problem allerdings lösen, wage ich zu bezweifeln. Meine Kinder besuchten in Jakarta die deutsche Schule, dort hat die Gesamtschule funktioniert. Allerdings gab es da praktisch keine Hauptschüler und die Klassen bestanden aus nur 12 - 14 Schülern. Wie soll denn ein Lehrer allen Schülern gerecht werden, wenn mehr als doppelt so viele vor ihm sitzen? Bei allem sozialen Verständnis ist es ein zweiseitiges Schwert, denn auch die guten Schüler besitzen ein Recht auf optimale Betreuung und Unterstützung - und an die Überflieger möchte ich dabei gar nicht denken, die wenig echte Förderung erhalten.

Laut dem Statistischen Jahrbuch von 1962 besuchten 1960 von rund 6,6 Millionen Schülern in der BRD einschließlich Westberlin 12,8 % eine höhere Schule und 5,6 % eine Mittelschule. Hier gab es zwischenzeitlich eine starke Verschiebung. Zwar ist ein direkter Vergleich aufgrund der Wiedervereinigung schwierig, aber die Tendenz ist klar. Gemäß dem Jahrbuch von 2018 besuchten im Schuljahr 2016/17 von 8,4 Millionen Schülern 10,2 % eine Realschule und 26,9 % ein Gymnasium. Damit hat sich der Zugang an mittleren und höheren Schulen in den letzten 56 Jahren verdoppelt.

Der Grund für diese Entwicklung liegt auf der Hand. Heute versuchen die Eltern, mit aller Macht, ihre Sprösslinge zumindest auf eine Realschule zu schicken, um ihnen einen Besuch einer Brennpunktschule, zu denen zahlreiche Hauptschulen zählen, zu ersparen. Einerseits verständlich, aber viele Betroffene sind dann im Unterricht der höheren Schulen geistig überfordert. Die Lehrer stehen vor dem Dilemma, die Kinder mitzuziehen, was unweigerlich zu einem Niveauverlust in der Klasse führt oder sie fallenzulassen. Kein befriedigender Zustand unseres Bildungssystems. Unter diesem Aspekt mag eine Gesamtschule vernünftig sein.

Wenn ich mir die vielen Probleme um die Bildung anschaue, kann ich nur sagen, Gott sei Dank betrifft es unsere Generation nicht mehr - aber leider die unserer Enkelkinder.

Der Bruder meines Vaters kam 1912 zur Welt - er war 10 Jahre älter als mein Vater. Als Arbeiterkind durfte er in Bruchsal ans Gymnasium. Ungewöhnlich, da zu dieser Zeit nur Kinder von Ärzten, Apotheker, Lehrer oder sonstigen Akademikern eine höhere Schule besuchen konnten. Allerdings scheiterte mein Onkel bereits nach einem halben Jahr, weshalb genau entzieht sich meiner Kenntnis. Mein Vater hegte denselben Wunsch, den meine Großeltern ihm aufgrund dieser Vorgeschichte verwehrten. Wenigstens konnte er noch vor dem Krieg eine Lehre als Installateur und Blechner absolvieren und seine Gesellenprüfung ablegen.

Mit 29 Jahren kehrte er aus russischer Gefangenschaft zurück, zu spät, um sich beruflich nochmals neu zu orientieren. Allerdings ließ ihn der Wunsch nach einer höheren Schulbildung nie ganz los. Daher lautete seine Devise: „Und wenn ich einmal zehn Kinder haben sollte, bekommt jedes die Chance auf eine höhere Schulbildung." Es gab schlussendlich nur mich und mein Vater ermunterte mich aufs Gymnasium zu wechseln, was ich dann tat.

Zur Wahl standen das humanistische Gymnasium mit den Sprachen Latein und Altgriechisch oder das mathematisch-naturwissenschaftliche mit Englisch und Französisch. Ich entschied mich für Letzteres, da ich mir nicht vorstellen konnte, was ich einmal mit Altgriechisch anfangen sollte. Allerdings gehörte Französisch auch nicht zu meinen Lieblingsfächern.

1962 stellte der Übertritt ins Gymnasium für ein Mädchen aus kleinbürgerlichen Verhältnissen längst nicht die Norm dar. Ich erinnere mich noch genau an die Aufnahmeprüfung im Fach Deutsch. Zum Glück schnitt ich im schriftlichen Teil gut ab, sodass ich nicht zur mündlichen Prüfung antreten musste. Allerdings saß ich mit dabei und verstand nur Bahnhof und Abstellgleis. Es ging um Fragen zur Grammatik, wie wenn wir auf dem Dorf je etwas davon in der Grundschule gehört hätten.

Meine Mutter war sehr aufgeregt und der Meinung, ich bräuchte neue Kleider, denn in meinen einfachen Dorfkleidern könnte ich nicht in die Stadt zur Schule gehen. Ich war das einzige Mädchen meines Jahrgangs, das ans Gymnasium wechselte. Allerdings hatte ich Glück, kurz bevor es so weit war, zog eine Familie ins Dorf und mit Anita hatte ich eine gleichaltrige Klassenkameradin, die mit nach Bruchsal ans Gymnasium kam.

Damit war ich die erste in unserer Familie, die eine höhere Schule besuchte. Meine jüngeren Cousins und Cousinen folgten später teilweise meinem Beispiel, da sie sahen, dass es machbar war. Natürlich war es nicht immer einfach, da mir meine Eltern nicht viel helfen konnten. Meine Mutter hörte mich manchmal englische Vokabeln ab, was schwierig war, da sie selbst die Sprache nicht sprach. Erst später lernte sie an der Volkshochschule auch etwas Englisch und sogar Italienisch, um sich im Urlaub verständigen zu können.

Einige meiner Klassenkameraden und Kameradinnen aus der Grundschule beneideten mich, dass ich die Chance hatte aufs Gymnasium zu wechseln. Einige von ihnen besuchten die Realschule und wechselten nach der Mittleren Reife an ein berufliches Gymnasium, die nach und nach entstanden, wie das Technische, Kaufmännische oder das Ernährungswissenschaftliche Gymnasium.

Nach dem Hauptschulabschluss - damals Volksschulabschluss - und einer Lehre gab es weitere Möglichkeiten, um sich schulisch fortzubilden. Mit 18 hatte ich einen Freund, der Elektriker war. Er besuchte zunächst die Abendrealschule, um die Mittlere Reife und danach das Abendgymnasium, um die Fachhochschulreife zu erlangen. Danach begann er sein Studium der Feinwerktechnik an der Fachhochschule in Karlsruhe.

Meine Studienkollegen hatten teils ähnliche schulische Werdegänge. Einer war Tankwart von Beruf und hatte sich für 12 Jahre bei der Bundeswehr verpflichtet, nur um anschließend studieren zu können. Die meisten kamen über diese Schiene und absolvierten vor dem Studium einen Lehrberuf. Auch mein Cousin lernte zunächst Industriekaufmann, studierte dann an der Fachhochschule Betriebswirtschaft, bevor er an der Universität als Volkswirt abschloss.

Dank der Durchlässigkeit der Schulzweige konnten viele sich noch ihren Wunsch nach einem Studium erfüllen. Ich bewundert diese Studenten immer, mit welcher Energie und mit welchem Aufwand sie dies stemmten. Da war es für mich einfacher gewesen, ich zog von einer Klasse zur nächsten, ohne groß darüber nachzudenken. Zwar verließ meine Freundin Anita das Gymnasium nach der Mittleren Reife und arbeitete im Fernmeldeamt, das war für mich damals aber keine Option, also machte ich weiter bis zum Abitur.

Allerdings wechselte ich die Schule, um das Fach Französisch loszuwerden. Es existierte ein spezieller Zweig, der für das spätere Studium an der Pädagogischen Hochschule (PH) ausgelegt war. Ohne das leidige Französisch gab es 1972 keinen Zugang zu den Universitäten. Als Alternative zur PH gab es die Staatliche Ingenieurschule in Karlsruhe, die 1971 Fachhochschule wurde und heute unter dem Namen

„Hochschule Karlsruhe - Technik und Wirtschaft (University of Applied Sciences)" firmiert.

Da ich wie gesagt die erste in der Familie war, die eine höhere Schulbildung genoss, konnte mir auch niemand raten, was ich studieren sollte. Ich hatte zwar im Fach Deutsch den Scheffelpreis erhalten, aber so richtig konnte ich mich nicht dafür entscheiden, ich wusste nur, dass ich keine Lehrerin werden wollte. Also entschloss ich mich, beim Arbeitsamt an einem großen Eignungstest teilzunehmen.

Einen ganzen Tag lang löste ich Aufgaben und beantwortete Fragen. Ich dachte an Betriebswirtschaft, ohne zu wissen, was sich dahinter genau verbirgt. An den Test schloss sich ein Termin mit einem Berater an, der das Testergebnis kommentierte und entsprechen beriet. Meine Fähigkeiten lägen in der Mathematik, also sollte ich mich besser für Wirtschaftsingenieurwesen anstatt Betriebswirtschaft entscheiden, lautete das Fazit. Gesagt, getan, ich immatrikulierte mich in diesem neuen Studiengang - und habe es nie bereut. Schnell war klar, dass mir die Informatik Spaß macht, also wählte ich dies als Studienschwerpunkt.

Im Wintersemester 1967/68 studierten knapp 300'000 Studenten an den deutschen Hochschulen, Tendenz steigend. Rund 80 % besuchten Universitäten, 19 % eine Technische Hochschule. Wie viele sich für das Lehramt entschieden ist nicht ersichtlich, da Lehramtsanwärter ihrem Hauptstudienfach in der Statistik zugeordnet wurden. Weitere knapp 60'000 besuchten die Pädagogischen Hochschulen.

Der große Run innerhalb der Universitäten galt den Fächern Medizin, Rechtswissenschaften, Betriebswirtschaftslehre, Volkswirtschaftslehre und Germanistik. Danach folgten erst Mathematik, Physik und Chemie, vor den Ingenieurwissenschaften und Architektur.

Die Studenten waren mit dem bestehenden Lehrbetrieb an den Universitäten unzufrieden. Ab Mitte der sechziger Jahre entwickelte sich eine studentische Protestbewegung mit dem Ziel, mehr Mitbestimmung in den universitären Gremien zu erhalten und die Zustände zu verbessern. Erst später wandelte sich dieser Protest in eine politische Bewegung.

Die Anzahl der Studenten hatte sich nach der Devise „Bildung für alle" zwischen 1952 und 1967 verdoppelt, aber nicht die Kapazitäten der Hochschulen. Die Fächer Medizin und Pharmazie waren überlaufen, es fehlte an Lehrkräften, Laborplätzen und Unterrichtsräumen. Um der

Misere schnell Herr zu werden, schoben die Vertreter der Rektorenkonferenz 1968 der Jedermannsbildung einen Riegel vor und führten der Numerus clausus ein. Plötzlich entschied die Abiturnote über einen Studienplatz. Was ursprünglich, als Notmaßnahme geplant war, hielt sich über 50 Jahre!

Diese Maßnahme war für uns Schüler ein rotes Tuch, denn Abitur war nicht gleich Abitur. Da die Schulbildung Ländersache ist, gab es große Unterschiede. In Bayern und Baden-Württemberg waren die Anforderungen wesentlich höher als beispielsweise im Nachbarland Hessen. Eine Anpassung in Form eines Bonus/Malus-Systems kam erst später.

Im WS 2018/19 studierten knapp 2,9 Millionen, davon gut eine Million in den Rechts-, Wirtschafts- und Sozialwissenschaften (36,8 %), gefolgt von den Ingenieurwissenschaften mit 767'000 (26,7 %), während nur noch 6 % in Humanmedizin/Gesundheitswissenschaften eingeschrieben waren. Da überholten die Ingenieure die Weißkittel eindeutig.

Was ist eigentlich aus den Proteststudenten von 1968 geworden? Viele blieben an den Universitäten, wurden Professoren und gingen jetzt in den Ruhestand.

Andere wechselten in die Politik, so die Grünen-Politiker Daniel Cohn-Bendit als Europaparlamentarier, Joschka Fischer als früherer Bundesaußenminister und Hans-Christian Ströbele als Bundestagsabgeordneter. Ferner der zur SPD übergetretene Otto Schily als Innenminister und nicht zuletzt der baden-württembergische Ministerpräsident Winfried Kretschmann.

Wer sich im Alter noch weiterbilden möchte, dem stehen verschiedene Wege offen. An den Hochschulen können sich Gaststudierende einschreiben. Während die Gesamtzahl der Gasthörerinnen und Gasthörer in den letzten zehn Jahren um 14 % gesunken ist, stieg die Zahl der Seniorinnen und Senioren unter ihnen um 20 %. Damit erhöhte sich der Anteil der Generation 65 plus auf 42 %. Lieblingsfächer waren Geschichte und Philosophie, so die Angaben des Statistischen Bundesamtes über „Ältere Menschen in Deutschland und der EU, 2016". Auch Volkshochschulkurse werden immer häufiger von Älteren belegt und Seniorinnen und Senioren sind Spitzenreiter beim Lesen.

„Wer rastet, der rostet", heißt ein altes Sprichwort und Studium und Lesen sind sicherlich mit die besten Voraussetzungen, um im Alter geistig fit zu bleiben.

Ausbildung & Beruf

Natürlich zählt ein Studium auch zur Berufs- ausbildung, denn letztlich ist der angestrebte Beruf Sinn und Zweck eines Studiums. Trotz- dem habe ich das Studium der Bildung und nicht der Ausbildung zugeordnet, da an den Universitäten und Hochschulen meist theore- tisches Wissen vermittelt wird. Das Handwerks- zeug für die tatsächliche Ausübung des Berufes wird oftmals nach dem Studium in Form eines Volontariats, Referendariats, Praktikums oder einer Assistenz erworben.

Eine Ausnahme bildeten die Fachhochschu- len - die acht Regelstudiensemester enthielten zwei Praxissemester als Bestandteil des Stu- diums. Mein erstes Praxissemester absolvierte ich bei den Neff-Werken in Bretten. Ich durchlief verschiedene Abteilungen und lernte zusammen mit Auszubildenden in der Lehrwerkstatt die Grundlagen eines Handwerkberufes. Auf dem Lehrplan stand Bohren, Feilen, Löten und Schweißen. In der Elektroabteilung drückten sie mir einen Schaltplan in die Hand und ich sollte einen Elektroherd mit Backofen verdrahten.

Zum Glück stand ich oft genug neben meinem Vater in seiner Werkstatt, sodass ich keine Berührungsängste hatte, und ich war ganz stolz, als mein Herd einwandfrei funktionierte. Ich schätze, es sollte ein Test meines technischen Verständnisses sein, und die Ausbilder trauten das einem Mädchen vermutlich nicht zu.

Für das zweite Praxissemester hatte ich bereits eine Zusage für nach Irland, allerdings sagte die Firma das sehr kurzfristig ab und gaben dem Sohn eines Kunden den Vorzug. Ich war stinksauer und musste mir ganz schnell eine neue Stelle suchen. Glücklicherweise hatte ich während der Semesterferien jährlich bei der Raiffeisen-Zentralgenossenschaft gejobbt, sodass ich dort unterkam.

Seit der Umbenennung der Fachhochschulen in Hochschulen der Angewandten Wissenschaften und der Umwandlung des Diplom- in Bachelor- und Masterstudiengang ist das zweite Praxissemester auf der Strecke geblieben. Ob das gut ist, sei dahingestellt.

Im Rahmen des Bologna-Prozesses, einer europaweiten Vereinheitlichung von Studiengängen, stellten 2010 fast alle Fachhochschulen und Universitäten ihre Ingenieurstudiengänge auf den Abschluss Bachelor und Master um.

Durch diese Zweiteilung entfällt das frühere Diplomstudium. Ein Vorteil dieser Umstellung ist, dass der Bachelor bereits ein offizieller, berufsqualifizierender Universitätsabschluss darstellt, im Gegensatz zum ehemaligen Zwischendiplom.

Das Gros unserer Generation studierte nicht. Die Volksschule umfasste bei meinem Schuleintritt im Frühjahr 1959 acht Jahre, was kurz vor Schulabschluss meiner Klassenkameraden in neun Jahre abgeändert wurde.

Das Aus für die Volksschulen kam in Baden-Württemberg zwischen 1965 und 1970, viele wurden geschlossen, andere in Grund- und Hauptschulen umgewandelt. Ab 1966 erfolgte die Stärkung des Deutsch- und Mathematikunterrichts durch die Einrichtung von A- und B-Kursen sowie die Einführung des Englischunterrichts.

Im Jahre 1968 gab es in der BRD etwa 1,3 Millionen Schulabgänger, die einen Lehrberuf anstrebten. Renner waren Handelsberufe mit einem Anteil von über 26 %, gefolgt von der Gruppe Schmiede, Schlosser, Mechaniker und ähnliche Berufe mit gut 20 %. Danach kamen Bürokaufleute, Elektriker und Bauberufe. Aber viele arbeiteten direkt im Anschluss in Fabriken, um schnell Geld zu verdienen, oder besuchten eine weiterführende Schule.

Nach Erreichen des Pensionsalters, je nach Jahrgang zwischen 65 und 67 Jahren, sind insgesamt noch 6 % der Menschen erwerbstätig, mit steigender Tendenz. Davon sind 44 % selbstständig oder mithelfende Familienangehörige, da für diese Gruppe keine bindende Regelaltersgrenze gilt.

Dafür gibt es zwei Gründe, zum einen müssen immer mehr Senioren trotz gesundheitlicher Risiken arbeiten, weil die Rente für den Lebensunterhalt nicht reicht, zum anderen sind sie so fit, dass sie unabhängig von den Finanzen freiwillig weiter arbeiten können und wollen.

Innerhalb von zehn Jahren hat in Deutschland die Erwerbstätigkeit der über 65-Jährigen gegenüber 2002 um fast 140 Prozent zugenommen. Beim Blick auf die Bundesländer variiert der Anteil der noch berufstätigen 65- bis 74-Jährigen erheblich, während in Baden-Württemberg noch 10,5 % arbeiten, sind es in Mecklenburg-Vorpommern nur 3,6 %, wobei der Schnitt 7,7 % beträgt. Insgesamt liegen die neuen Bundesländer alle unter dem Mittelwert.

Ferner steigt die Lust an der Arbeit mit der beruflichen Qualifikation. Mit einem niedrigen Bildungsabschluss arbeiten 10 % der 65 - 69-Jäh-rigen nach der Pensionierung weiter, 12,9 % mit einem mittleren und 21,8 % mit einem hohen Bildungsabschluss. Bei Letzteren scheidet aufgrund eines in der Regel höheren Einkommens und damit einer höheren Rente die Vermeidung von Armut als Triebfeder wahrscheinlich aus. Hier steht eher die Freude am Arbeiten im Vordergrund, verbunden mit einem angenehmen Zuverdienst.

Nach der Pensionierung weiterzuarbeiten hält Senioren jung und agil – sofern es Spaß macht. Wer möchte schon zum alten Eisen gehören? Die Hauptgründe für Ruheständler nach dem Renteneintrittsalter weiterzumachen, sind zum einen der Kontakt zu anderen Menschen und zum anderen weiterhin eine sinnvolle Aufgabe zu haben. Die meisten erwerbstätigen Rentner arbeiten in Teilzeit.

Sich weiterhin beruflich zu beschäftigen ist eine gute Möglichkeit, sich körperlich und geistig fit zu halten,

Soziales Engagement & Ehrenamt

Soziales Engagement

Mein erstes soziales Engagement hatte ich als Jugendliche inne, ich gab Turnstunden für Kinder bei uns im Turnverein. In Indonesien engagierte ich mich in der Redaktion „Die Brücke", deren Erlöse in lokale Sozialprojekte flossen. In Sri Lanka backte ich Weihnachtsgebäck für den jährlichen Weihnachtsbasar, half beim Verkauf mit und ich schrieb und veröffentlichte ein Kochbuch zugunsten der Sozialprojekte der „Swiss Ladies Charity Group". Derzeit vertreibe ich das Kochbuch noch als E-Book und lasse die Erlöse den Schweizer Damen zukommen.

Viele Senioren verfügen am Ende ihres Berufslebens über einen enormen Fundus an Wissen und Erfahrung und sie sind bereit, dies weiterhin in die Gesellschaft einzubringen. Die 65- bis 85-Jährigen sehen sich in der Mitverantwortung und zeigen bürgerschaftliches Interesse. Die Generali Altersstudie 2017 belegt, dass sich 45 Prozent dieser Altersgruppe derzeit in einem von elf gesellschaftlichen Bereichen engagiert. Fast jeder Vierte hat mit seinem Engagement erst nach Renteneintritt begonnen. Den größten

Einfluss auf die Frage, ob man sich einbringen will, haben Bildung und Gesundheit. Für die Erhebung der Daten wurden mehr als 4'000 Personen zwischen 65 und 85 Jahren persönlich befragt.

Wer als Senior eine Freiwilligentätigkeit übernehmen möchte, muss sich nicht unbedingt in den Vorstand seines Traditionsvereins wählen lassen. Ein Ehrenamt zu bekleiden und an vorderster Front eines Vereins zu stehen, ist nicht jedermanns Sache. Aber jeder Verein braucht Helfer und zahlreiche weitere Betätigungsfelder bieten sich an. Warum nicht etwas ganz Neues beginnen?

Das Engagement reicht von Sport und Gesundheit über Kultur und Bildung bis hin zu Kirche und Politik. Im Sozialbereich können Senioren in der Nachbarschaftshilfe, beim Einsatz in einem Seniorenheim oder Krankenhaus, in der Wohnungslosenfürsorge oder in der Flüchtlingshilfe tätig werden. Andere Ruheständler helfen in der Familie, bringen die Enkel in den Kindergarten oder zur Schule, betreuen deren Hausaufgaben oder sie versorgen erkrankte Partner, Eltern, Verwandte oder auch Nachbarn. Die sozialen Verpflichtungen der Senioren sind sehr vielfältig.

Mentorenprojekte von Älteren mit Kindern oder Jugendlichen dienen der Förderung junger Menschen in Schule und Ausbildung. Dies können generationsübergreifende soziale oder kulturelle Projekte beinhalten oder ein Engagement im Umweltschutz. Vereine wie die „Aktivsenioren Bayern e.V." bieten Senioren die Möglichkeit, ihren Erfahrungsschatz weiterzugeben.

Eine Freundin von mir ist Apothekerin und seit ihrer Pensionierung gehört sie dem Verein „Apotheker ohne Grenzen Deutschland e.V." an. Nach einer vorbereitenden Ausbildung verbrachte sie inzwischen bei zwei Einsätzen mehrere Monate mit den „German-Doctors" und ihrer „Rolling Clinic" auf den Philippinen. In abgelegenen Gebieten hilft sie den Einheimischen beim Aufbau und richtigen Betreiben von kleinen Apotheken. Kürzlich flog sie zu einem Einsatz nach Mosambik.

Engagement im Ausland gibt es nicht nur für Ärzte und Apotheker, sondern auch für Experten aus allen möglichen Berufen. Der Senior Experten Service (SES) ist als Stiftung der Deutschen Wirtschaft für internationale Zusammenarbeit weltweit tätig. Er entsendet ehrenamtliche Fach- und Führungskräfte im Ruhestand in erster Linie in Entwicklungs- und Schwellenländern.

Die Daten des Statistischen Bundesamtes, „Ältere Menschen in Deutschland und der EU, 2016" zeigen deutlich: Ältere Menschen engagieren sich mittlerweile deutlich häufiger als noch vor 15 Jahren. Bei den 60- bis 69-Jährigen ist die Steigerung besonders deutlich: Der Anteil freiwillig Aktiver erhöhte sich in dieser Altersgruppe zwischen 1999 und 2014 von 31 % auf 45 %. Engagierte ab 65 Jahren brachten besonders viel Zeit für ihre freiwillige Tätigkeit auf. Rund die Hälfte von ihnen war drei oder mehr Stunden pro Woche damit beschäftigt.

Personen ab 65 Jahren waren überdurchschnittlich häufig im sozialen Bereich aktiv, also zum Beispiel in einem Wohlfahrtsverband, einer Hilfsorganisation oder in der Nachbarschaftshilfe.

Neben einer bezahlten Beschäftigung im Rentenalter bieten Ehrenämter und bürgerschaftliches Engagement eine ideale Voraussetzung, um im Alter gut in Form zu bleiben - sowohl geistig wie körperlich.

Bundesweit gibt es rund 370 Seniorenbüros, die bei der Suche nach einem ehrenamtlichen Engagement behilflich sind.

Ehrenamt

Wer hatte noch nie ein Ehrenamt in seinem Leben inne? Darunter verstehe ich ein - durch eine Wahl legitimiertes - Amt in einem Verein.

Ohne das Ehrenamt ginge in Deutschland gar nichts. Jeder Verein, ob Fußball-, Turn- oder Tennisverein, ob Gesangs- oder Musikverein, ob Kleintierzüchter, Rotes Kreuz oder Feuerwehr - alle brauchen Mitglieder, die bereit sind, im Verein ein Ehrenamt zu übernehmen.

Die Deutschen gelten zu Recht als Vereinsmeier. Schätzungen gehen von über einer halben Million Vereinen in Deutschland aus. Fast die Hälfte aller Deutschen ist Mitglied in mindestens einem Verein.

Nach dem Abitur übernahm ich mein erstes Ehrenamt, ich amtierte als Kassenwart im Fallschirmspringerklub. In Indonesien brachte ich mich zunächst als Vorsitzende der Schulpflegschaft und anschließend als stellvertretende Vorsitzende des Schulvorstands der Deutschen Internationalen Schule ein. In Sri Lanka gehörte ich zum Vorstand des „Swiss Circle", dem dortigen Schweizerverein.

Gesundheit, Wellness & Ernährung

Medizin

Warum gibt es das Überraschungsei nur für Kinder? Wie wär es mit einem Senioren-Überraschungsei? Mit Hörgerät, Herzschrittmacher, Zahnprothese, Leselupe, Viagra oder Zusatzrente? Dies habe ich jedenfalls als witzige Idee irgendwo gesehen. Es ließe sich noch um Kunstlinsen und Gutscheine für Knie- oder Hüftgelenke erweitern.

Unsere Generation kann sich im Körper-Ersatzteillager großzügig bedienen. Ich selbst hatte eine Graue Star-OP und sehe seitdem so gut wie nie zuvor in meinem Leben. Ich brauche keine Kontaktlinsen und keine Lesebrille mehr und kann jetzt auch problemlos das Kleingedruckte auf Verträgen entziffern. Freunde von uns haben Knie- und Hüftoperationen hinter sich und können seither wieder schmerzfrei Gehen und Sport treiben.

Mit der Einrichtung des Gesundheitsministeriums 1961 und der Ernennung von Dr. Elisabeth Schwarzhaupt als erste Ministerin im Kabinett Adenauers hat sich im Gesundheitswesen einiges getan. Schwarzhaupt forcierte die Ernährungsberatung, führte die Polio-Schluckimpfung ein, etablierte die Krebsvorsorge für Frauen als Pflichtleistung bei den gesetzlichen Krankenkassen und weihte den Bau des Deutschen Krebsforschungszentrums in Heidelberg ein.

Der medizinische Fortschritt ermöglichte 1967 die erste Herztransplantation bei einem Menschen. In einer fünfstündigen Operation verpflanzte der Herzchirurg Christiaan Barnard mit einem Team von 31 Ärzten das Herz eines bei einem Verkehrsunfall getöteten 25-Jährigen. Der Patient verstarb jedoch 18 Tage später an einer Lungenentzündung. Die Herzverpflanzung führte in den Medien weltweit zu kontroversen Debatten, insbesondere auch, weil Patient und Spender mit vollem Namen genannt wurden. Zahlreiche weitere Transplantationen folgten, wobei viele Patienten relativ kurz nach der Operation verstarben. In Frankreich lebte ein Weinvertreter 19 Jahre lang mit seinem Spenderherz und starb 1987 im Alter von 67 Jahren.

Im Laufe der Zeit entstanden immer mehr verbesserte medizinisch-technische Diagnose- und Behandlungsmethoden, was zu einer früheren Erkennung und Heilung von Krankheiten führte, die früher als unheilbar galten. Dank dessen können wir heute von einer besseren Lebensqualität und einer höheren Lebenserwartung profitieren.

Nach wie vor zählen Herz-Kreislauferkrankungen (37 %) zu den häufigsten Todesursachen, gefolgt von Krebs (25 %) und Erkrankungen des Atmungssystems. Bei den Männern stehen Lungen- und Bronchialkrebs, bei den Frauen der Brustkrebs an erster Stelle.

Drei Viertel der Menschen ab 65 Jahren fühlen sich fit, wobei die gesundheitlichen Beeinträchtigungen mit steigendem Alter erwartungsgemäß zunehmen. Im Vergleich zu jüngeren sind ältere Menschen häufiger übergewichtig, rauchen jedoch seltener. In der Altersgruppe ab 65 Jahren brachten 2013 rund 70 % der Männer und 57 % der Frauen - bezogen auf ihre Körpergröße - zu viele Kilos auf die Waage.

Der Anteil derer, die sich gesundheitlich gut beziehungsweise sehr gut fühlen, hängt auch vom Einkommen und Bildungsstand ab.

Gerade die Bildung wirkt sich signifikant auf die Gesundheit aus. Aus der Studie „Gesundheit in Deutschland aktuell 2014/2015 (GEDA)" geht hervor, dass Personen mit niedriger Bildung öfter als Personen mit hoher Bildung aufgrund einer chronischen Krankheit in der Alltagsgestaltung erheblich eingeschränkt sind. Gründe dafür sind, dass sie weitaus häufiger rauchen, weniger gesundheitsförderliche körperliche Aktivitäten in ihrer Freizeit ausüben, weniger Präventionsangebote in Anspruch nehmen, wie kostenfreie Krebsfrüherkennungsuntersuchungen, und deutlich weniger die typischen Symptome für Schlaganfall und Herzinfarkt kennen. Ebenso nehmen sie seltener an Diabetikerschulungen teil und haben weitaus größere Schwierigkeiten, diese Erkrankung im Alltag in den Griff zu bekommen.

Dem Bericht „Ältere Menschen in Deutschland und der EU, 2016" des Statistischen Bundesamtes zufolge, ist fast jeder zweite Krankenhauspatient über 65 Jahre alt. Die Hauptursache für einen stationären Aufenthalt waren 2014 in der Generation 65 plus bei Männern wie Frauen Krankheiten des Kreislaufsystems, wie Herzschwäche, gefolgt von Krebserkrankungen bei den Männern und Verletzungen und Vergiftungen bei den Frauen. An dritter Stelle kämpften die Männer mit Krankheiten des Verdauungssystems, während es bei den Frauen um das Muskel-Skelett-System ging, wie etwa Arthrose oder Osteoporose.

Damit unsere Generation also möglichst lange fit bleiben kann, sollte man aufs Rauchen verzichten, sich möglichst abwechslungsreich und gesund ernähren, Sport treiben oder sich zumindest regelmäßig bewegen. Bei Befolgung dieser einfachen Grundregeln sollten sich Herz-Kreislauf-Erkrankungen minimieren lassen und das Demenz-Risiko senken. Erhöhte Cholesterinwerte, Übergewicht, hoher Blutdruck und Rauchen begünstigen Demenzerkrankungen.

Nutzt man zusätzlich noch die Vorsorgeuntersuchungen, wie Mammografie zur Früherkennung von Brustkrebs, PSA-Test zur Diagnose eines Prostatakarzinoms oder eine Darmspiegelung als Vorsorge gegen Darmkrebs, sollten die Chancen auf einen langen, gesunden Lebensabend nicht schlecht stehen.

Parallel zum medizinischen Fortschritt entwickelte sich der pharmazeutische Bereich. Immer bessere Medikamente kamen auf den Markt. Heute gibt es für jedes Wehwehchen ein Mittelchen. Seien es Blutdrucksenker, Insulin für Diabetiker, chemotherapeutische Präparate für Krebspatienten oder Arzneien gegen Arthrose und Rheuma. Die Liste ließe sich beliebig fortsetzen.

Im Kampf gegen schädliche Bakterien forschten Wissenschaftler in den 1970er und 1980er Jahren verstärkt auf dem Gebiet der Antibiotika.

Inzwischen zählen Penicillin und Co. zu den weltweit am häufigsten verschriebenen Medikamenten. Bei den Erkrankungen durch Viren erzielten die Forscher wesentliche Fortschritte durch bessere Wirkstoffe und Therapien, wie etwa bei HIV/AIDS, Grippe-Wellen oder Kinderkrankheiten wie Windpocken, Masern und Röteln. In Forschungsanstalten auf der ganzen Welt untersuchen Wissenschaftler diese Geißeln der Menschheit.

Die von der Außenwelt abgeschottete Insel Riems in der Ostsee beherbergt die älteste virologische Forschungsstätte der Welt. Das von Friedrich Loeffler 1910 gegründete gleichnamige Institut (FLI) erforscht Tierseuchen, wie BSE, Maul- und Klauenseuche und die Schweinepest, und entwickelt entsprechende Vorsorge- und Schutzmaßnahmen. So forschte es 2006 an einem Impfstoff gegen die Vogelgrippe H5N1.

Ein weiterer Forschungskomplex stellt das Bernhard-Nocht-Institut (BNI) für Tropenmedizin in Hamburg dar. Hier werden tödliche Erreger aus aller Welt untersucht. Die Forscher waren entscheidend an der Diagnose der Coronaviren beteiligt, welche die lebensgefährliche Lungenerkrankung SARS auslöste. Die SARS-Pandemie 2002/2003 verbreitete sich, von Südchina

ausgehend, binnen weniger Wochen über nahezu alle Kontinente und forderte knapp 1'000
Menschenleben.

Ein Mitarbeiter des Metropole Hotels in Hongkong war auf dem Flug nach Singapur erkrankt,
worauf die Maschine ins vietnamesische Hanoi
umgeleitet wurde. Dort steckte er im French
Hospital zahlreiche Angestellte an. Ein Epide-
miologe der WHO erkannte das Virus und
schlug sofort Alarm, bevor er am 29. März
selbst starb.

Mein Mann hatte zu dieser Zeit gerade seinen
neuen Job in Hanoi angetreten. Nach dem
SARS-Ausbruch forderte die Firma die Mitarbeiter auf, das Land zu verlassen und von zuhause aus weiterzuarbeiten. Da die WHO nach
mehr als 20 Tagen keine neuen Infektionen in
Vietnam mehr verzeichnet hatte, kam Ende April
die Entwarnung, und mein Mann konnte nach
Hanoi zurückkehren. Wir genossen den unge-
planten Zwangsaufenthalt zuhause und fuhren
ausgiebig Ski.

Das Hamburger Tropeninstitut kannten wir
bereits aus unserer Zeit von 1985 bis 1990 in
Liberia. Auf der Bong Mine, der deutschen Ei-
senerzmine im westafrikanischen Busch, befand
sich eine Außenstation des BNIs. Die Forscher,

darunter Dr. Rüdiger Sachs, beschäftigten sich unter anderem mit der Erforschung der Schlafkrankheit, die von der tagaktiven, stechenden und blutsaugenden Tsetsefliege übertragen wird.

In jungen Jahren spielt Gesundheit und Medizin eine untergeordnete Rolle, man ist normalerweise gesund. Nur meine Oma starb 1966 mit 58 Jahren viel zu früh an einem Krebsleiden. Was mir jedoch in Erinnerung blieb, ist das Deutsche Rote Kreuz (DRK). Meine Eltern waren beide Mitglieder und sehr engagiert. Bereits mein Großvater väterlicherseits amtierte als Vorstand der Ortsgruppe und immer wieder hörte ich die Geschichte, dass er die Vereinsfahne während des Krieges im Keller versteckt hielt und so der Nachwelt erhalten habe.

„Blut ist Leben" prangte von den Plakaten, die zur Blutspende aufforderten. Die DRK-Blutspendedienste entstanden 1953 in Hessen, 1956 gefolgt von Baden-Württemberg. Der wohl berühmteste Spender war Elvis Presley, er spendete 1959 Blut in der US-Kaserne in Friedberg/Hessen.

Die Blutspendeaktionen des DRK stellten in unserer Familie immer ein Großereignis dar. Meine Mutter spendete über 50 Mal Blut und erhielt dafür die Blutspendeehrennadel in Gold. Ich wollte in ihre Fußstapfen treten, brachte es aber lediglich auf drei Spenden, da ich bei der letzten Blutabnahme aus den Latschen kippte, mein Blutdruck war wohl zu niedrig.

Derzeit spenden etwa 3 % der Bevölkerung Blut, was zu wenig ist. Je älter unsere Gesellschaft wird, desto höher ist der Bedarf an Blutpräparaten. Aufgrund des steten Geburtenrückgangs lässt sich die Lücke schwer durch die jüngere Generation auffüllen. Also fällt der Blick auf die obere Altersgrenze, die in Deutschland bis vor zehn Jahren willkürlich bei 68 Jahren lag.

Eine groß angelegte Studie des DRK-Blutspendedienstes West belegt inzwischen, dass unerwünschte Reaktionen wie Kreislaufbeschwerden bei Blutspendern im Alter von 65 - 71 Jahren nicht höher sind als bei den 50 - 52-Jährigen. Eine weitere Studie beweist, dass die Qualität der Blutkonserve unabhängig vom Alter des Spenders ist. Ältere Blutspender, die sich körperlich fit fühlen, können also unbesorgt zur Blutspende gehen. Über 71-Jährige sollten jedoch zuerst einen Arzt konsultieren und Erstspender dürfen nicht älter als 68 Jahre sein.

Zahnmedizin

Haftpulver ade. Immer mehr Senioren verzichten auf das angeklebte Klappergebiss. Zwar überwiegen in der Altersgruppe zwischen 65 und 74 Jahren noch herausnehmbare Teil- und Vollprothesen, aber es gibt einen klaren Trend zu festsitzendem Zahnersatz. In dieser Altersgruppe ist der Anteil von Implantat getragenem Zahnersatz seit 1997 auf mehr als das Dreifache gestiegen.

Seit meiner Kindheit hat sich die Zahngesundheit in Deutschland aufgrund erfolgreicher Vorsorge und guter zahnärztlicher Behandlung deutlich verbessert. Leider ist dies bei den heutigen Kindern noch nicht flächendeckend der Fall. Kinder aus sozial schlechter gestellten, zugewanderten oder bildungsfernen Familien putzen ihre Zähne seltener und nehmen die zahnärztlichen Vorsorgeuntersuchungen weniger in Anspruch, mit dem Ergebnis einer schlechteren Zahngesundheit.

Dies bestätigen zumindest die Daten aus der Studie des Robert Koch-Instituts zur Gesundheit von Kindern und Jugendlichen in Deutschland

(KiGGS-Basiserhebung, 2003 -2006). Die neuste Auswertung von 2014 bis 2017 zeigt zwar, dass sich Zahnputzhäufigkeit und die Inanspruchnahme zahnärztlicher Vorsorgeuntersuchungen verbessert hat, dass aber in der vorgenannten Risikogruppe immer noch Defizite bestehen.

In meiner Kindheit und Jugendzeit schrubbte ich zwar regelmäßig meine Zähne, aber von Vorsorge konnte keine Rede sein. Wenn ich Zahnschmerzen hatte, ging ich zum Zahnarzt, der füllte den kariösen Zahn mit Amalgam. Aus dieser Zeit stammen noch meine sämtlichen Zahnplomben. Es fehlte auch eine Vorsorge für die Zahnstellung, mein Kiefer war zu klein, ein Eckzahn wuchs oben heraus, er wurde einfach gezogen. Kieferorthopädische Korrekturen wie später bei meinen Kindern gab es nicht.

Dank der inzwischen guten Kariesprophylaxe und zahnärztlicher Versorgung behalten ältere Menschen ihre eigenen Zähne immer länger. Dies führt jedoch zu einem neuen Problem: Mehr als 40 Prozent der 65- bis 74-Jährigen leiden an einer schweren Form der Parodontitis, was im Klartext heißt, die gesunden Zähne fallen aus dem kranken Zahnfleisch heraus. Trotz frühzeitiger Diagnose, einer zielgerichteten Therapie sowie einer konsequenten Nachsorge bleibt oft nur die Alternative, die wackeligen Zähne zu ziehen. Möchte man dann seine dritten Zähne nachts nicht auf dem Nachttisch deponieren, helfen bloß noch Implantate.

Allerdings gehen die Schrauben fürs Gebiss ganz schön ins Geld. Nach einem Urteil des Bundessozialgerichts von 1974 gilt ein Zahnverlust im sozialrechtlichen Sinne als Krankheit. Damit waren Kronen und Brücken in die gesetzliche Krankenversicherung mit aufzunehmen, die Kosten für Zahnersatz wurden vollständig von den Krankenkassen übernommen. Leider ist dem schon lange nicht mehr so und durch zahlreiche Gesundheitsreformen wurde der Zuschuss der Krankenkassen kontinuierlich gesenkt. Und für Implantate gibt es gar nichts.

Pflege

Wen kümmert in jungen Jahren schon die Altenpflege? Ich kann mich zwar erinnern, dass in Bruchsal, wo ich die Schule besuchte, der Neubau eines Alten- und Pflegeheims in Planung war, aber das interessierte mich damals weniger.

Bis in die 1950er Jahre fand Pflege fast ausschließlich in der Familie statt, es existierten praktisch keine Heime, obwohl es immer mehr alte und behinderte Menschen gab, um die sich niemand mehr kümmern konnte oder wollte. Es gab keine ausgebildeten Pflegekräfte und Krankenschwestern waren zu teuer, also behalf man sich mit Frauen als Hilfskräfte. Nach und nach führten die kirchlichen und kommunalen Einrichtungen betriebsinterne Schulungen für ihre Pflegekräfte durch, aus denen Ende der 1960er Jahre der Beruf der Altenpflege entstand. In den 1970er Jahren dauerte die Ausbildung in Baden-Württemberg 1,5 Jahre, seit 2003 doppelt so lang.

1995 entstand die soziale Pflegeversicherung als Pflichtversicherung. Pflegebedürftig im Sinne dieses Gesetzes sind Menschen, die im täglichen Leben auf Dauer - wegen einer Krankheit oder Behinderung - in erheblichem Maße der Hilfe bedürfen.

Der Pflegebedarf steigt in Deutschland erst bei Hochbetagten deutlich an. Bei den 75 - 79-Jährigen liegt er etwa bei 10 %, bei den 80 - 85-Jährigen bei 20 % und ab 90 Jahren steigt der Anteil auf 66 %, wobei die Hälfte davon stationär im Heim versorgt wird.

Nach wie vor werden Pflegebedürftige noch mehrheitlich zu Hause von Angehörigen versorgt, wobei die Pflege zusammen mit oder vollständig durch ambulante Pflegedienste erfolgt.

Bei uns in der Straße lebte eine alte verwirrte Frau. Ob sie wirklich alt war, bin ich mir gar nicht sicher, denn als Kind oder Jugendliche waren für mich alle Menschen über 50 Jahre steinalt. Alle nannten sie nur Schnuki, keine Ahnung, wie sie zu diesem Namen kam. Aber niemand kümmerte sich um sie. Einmal war ich in ihrem Haus, da ich irgendeinen Beitrag kassieren musste, und es sah aus wie bei Hempels unterm Sofa, aber wie sollte es auch anders sein.

Direkt gegenüber unserem Haus wohnte Babette, sie war unverheiratet und hat über viele

Jahre ihren alten Vater gepflegt. Als sie selbst alt wurde und leicht dement, kamen nur hin und wieder entfernte Verwandte, um bei ihr nach dem Rechten zu sehen. Die waren eher scharf aufs Erbe, als dass ihnen das Wohlergehen von Babette am Herzen lag. Schon traurig, auf diese Art alt zu werden.

Meine Mutter lebte nach dem Tod meines Vaters weitere dreizehn Jahre alleine im Haus. Irgendwann realisierte ich, dass irgendetwas bei ihr nicht mehr stimmte. Sie war tatsächlich an Alzheimer erkrankt und als sie nicht länger in der Lage war, alleine zu leben, verglich ich sämtliche Optionen für ihre Versorgung. Im Ort gab es inzwischen ein Alten- und Pflegeheim sowie Betreutes Wohnen. Eine Alternative wäre die Anstellung einer Polin oder Rumänin gewesen, die bei ihr im Haus gelebt hätte. Eine weitere Möglichkeit war, sie mit zu mir nach Sri Lanka zu nehmen, wo mein Mann beruflich tätig war. Bei den ersten beiden Varianten hätte ich trotz Pflegeversicherung und der Rente meiner Mutter jeden Monat €500 zusteuern müssen, in einer Zeit da unsere beiden Kinder im Studium waren.

Also entschloss ich mich, meine Mutter nach Sri Lanka in die Tropen mitzunehmen. Wir zogen vom Appartement in ein großes Haus um und meine Mutter erhielt einen eigenen Wohnbereich. Ich unterschrieb einen Vertrag mit einer Firma, die Pflegekräfte vermittelte, und zwei angelernte Frauen wechselten sich mit der Betreuung meiner Mutter ab. So war ich ungebunden und meine Mama rund um die Uhr versorgt.

Nach sechs Jahren verließen wir das Land und ich schaute mich nach einem Pflegeheim um. Zunächst war ich von den angebotenen Heimen ernüchtert, da hätte ich meine Mutter nie unterbringen wollen, obwohl sie inzwischen ihre Umwelt nicht mehr wahrnahm und auch mich nicht mehr erkannte. Dann fand ich jedoch ein ganz tolles Heim, indem sie heute noch lebt. Und hier reicht ihre Rente ohne Pflegeversicherung für die Versorgung.

Betrachtet man den demografischen Wandel mit dem stetig wachsenden Anteil an Senioren, der unserer Gesellschaft in den nächsten Jahren bevorsteht, sollten sich Politiker durchaus mit der Möglichkeit befassen, älteren und eventuell pflegebedürftigen Menschen einen Umzug ins außereuropäische Ausland zu erleichtern. Einige Länder, darunter auch Thailand, bieten Senioren einen sonnigen Lebensabend an. Dies sorgt dort für Arbeitsplätze, die entsprechend dem Lohnniveau des Landes vergütet werden. Eine Win-Win-Situation für beide Seiten. Die Sache hat nur einen Haken, weder die Pflegeversicherung noch die gesetzlichen Krankenkassen zahlen in Ländern außerhalb Europas. Dabei wäre dies für sie viel billiger, als für die gleichen Versorgungsleistungen in Deutschland aufzukommen.

Hygiene

Samstag galt als Badetag. In der Küche stand ein Bottich gefüllt mit warmem Wasser, in den nacheinander alle Familienmitglieder stiegen. In der Nachkriegszeit war für viele ein eigenes Badezimmer Luxus pur. Alternativ dazu gab es in den Städten öffentliche Bäder mit Badewannen oder aneinandergereihten Duschkabinen, die jeder halbstunden- oder stundenweise mieten konnte.

Der Onkel meiner Mutter war in Gernsbach im Schwarzwald Hausmeister an einer Schule. Für die Schüler gab es sogar ein Hallenbad, das ich bei unseren Besuchen am Sonntag nutzen durfte. Dort befanden sich auch öffentliche Bäder für die Kurgäste der Stadt.

Wir hatten den Luxus eines eigenen Badezimmers. Als meine Eltern heirateten und ins Elternhaus meines Vaters einzogen, war dies der Wunsch meiner Mutter. Da mein Vater von Beruf Installateur war, baute er unterm Dach ein Zimmer mit einer Badewanne ein. Der mit Holz gefeuerte Wasserkessel stand im Keller und eine elektrische Pumpe förderte das warme

Wasser nach oben. So konnten wir nacheinander das wöchentliche Baden genießen.

Als meine Eltern 1962 das Haus aufstockten, verlegten sie das Badezimmer ins Erdgeschoss und schlossen das Warmwasser an die Öl-Zentralheizung an. Eine Dusche gab es noch nicht, die baute mein Vater anfangs der 70er Jahre als Sommerdusche hinters Haus. Er verlegte einen spiralförmigen schwarzen Wasserschlauch aufs Garagendach, um die Sonnenenergie als Heizung zu nutzen. War das Gratiswarmwasser vom Dach erschöpft, konnten wir einen Schalter umlegen und das Wasser von einem Elektroboiler beziehen.

Im Haus befand sich seit meiner Kindheit eine Toilette mit einer Druckspülung, was zu dieser Zeit längst nicht allgemein üblich war, zumindest nicht auf dem Dorf. Ich erinnere mich noch gut an die Aborthäuschen mit Plumpsklo, die in vielen älteren Anwesen nach wie vor außerhalb des Wohnhauses standen. Und das Tollste an diesem stillen Örtchen war das Toilettenpapier - aus alten Zeitungen zurechtgeschnittene Blätter, an einem Draht aufgehängt. Und damit die Bewohner diesen Ort nicht in der Nacht aufsuchen mussten, stand unter jedem Bett wie zu Wilhelm Buschs Ära noch ein Nachttopf. Gott sei Dank haben sich die Zeiten geändert, aber in Asien finden sich nach wie vor die Stehtoiletten, mit Eimer und Wasserschöpfer daneben - und ohne Klopapier.

Toiletten sind ein Teil der jeweiligen Kultur. Bei den alten Römern waren die öffentlichen Toiletten eine Begegnungsstätte. Nebeneinander in Reih und Glied sitzend dienten sie dem Austausch der neusten Nachrichten. Und dies war bei uns bis vor 150 Jahren nicht anders, das WC als privater Rückzugsort gab es bis dahin noch nicht.

Meine Freundin lebte vor Jahren in der Inneren Mongolei. Wenn sie ihren Sohn zur chinesischen Schule brachte, war es absolut üblich, dass die Mütter der Klassenkameraden die Gemeinschaftstoiletten als Treffpunkt nutzten, um den neusten Klatsch auszutauschen. Friedlich wurde nebeneinander gepupst und getratscht. Und als mein Mann Projektleiter eines von den Chinesen gebauten Kraftwerks in Sri Lanka war, sahen die Baupläne ebenfalls Gemeinschaftstoiletten vor. Die Sri Lanker waren total entsetzt, das war für sie undenkbar, ein No-Go. Notgedrungen mussten die Chinesen ihre Planung ändern, ohne zu verstehen, wo denn eigentlich das Problem lag.

Ein Blick auf die Reklame der 1950er Jahre zeigt, dass die Hausfrau für Reinlichkeit zu sorgen hatte. Sie musste nicht nur „sauber" waschen, sondern mit Persil „rein". Oder noch besser mit Rei, dieses Waschpulver machte „alles neu". Der Drang nach Reinheit und Sauberkeit im Haus brachte seltsame Blüten hervor. So hielt das in der BRD seit 1972 verbotene Schädlingsbekämpfungsmittel DDT - ursprünglich zur Ausrottung des Ungeziefers in der Landwirtschaft entwickelt - in den USA Einzug im Haushalt. „DDT is good for m-e-e-e" - DDT ist gut für mich, trällerte eine flotte Hausfrau im Chor mit Hund, Kuh, Huhn, Apfel und Kartoffel von einem Werbeplakat. Und noch schlimmer, mit DDT behandelte Tapeten mit Micky-Maus-, Donald Duck- und Pluto-Motiven fanden ihren Platz an den Wänden des Kinderzimmers.

In Deutschland entlausten die Amerikaner direkt nach dem Krieg Kinder mit DDT und DDT-haltige Insektensprays, wie Paral oder Flit kamen auf den Markt.

Alles musste keimfrei sein. Dieses überspitzte Hygienebewusstsein änderte sich erst in den 1960ern mit dem Auftreten der Gammler, die einen wesentlich lockereren Umgang mit ihrer Hygiene pflegten.

Hygiene galt plötzlich nicht nur höchstes Gebot im Haushalt, sondern hielt neben dem medizinischen Bereich Einzug in die persönliche Körperpflege und die Werbung vermarktete es unter dem Schlagwort Schönheit. „Schönheit schenkt der Schauma-Schaum", das Haarshampoo der Firma Schwarzkopf wurde ebenso angepriesen wie die Seife „Sonja Ziemann: "Luxor" Schönheitspflege gibt zarten Teint und jugendliche Frische!" sowie das „Mund-Schaumbad" von Friscodent, das einen lachenden Mund und gesunde Zähne versprach.

Tampons brachten einen riesigen Fortschritt in der Frauenhygiene. „Auch für Sie beginnt persönliche Hygiene mit TAMPAX", so die Anpreisung des amerikanischen Produktes, oder „Die moderne, gepflegte Frau in den westlichen Kulturländern ist bereits seit Jahren dazu übergegangen, Tampons statt Binden zu benutzen. Die o.b.-Hygiene (ohne binde und natürlich auch ohne Gürtel!) bringt diesen Fortschritt des Monatsschutzes nun auch der deutschen Frau." 1947 hatten sich der deutsche Ingenieur Carl Hahn und sein Mitarbeiter, Heinz Mittag, das Herstellungsverfahren, hochelastische Watterollen mittels hohem Druck und Temperatur auf Format zu pressen, patentieren lassen. Das

Produkt für den deutschen Markt erhielt den Namen „ohne Binde", oder kurz „o.b."

Körperhygiene avancierte inzwischen zum elementaren Bestandteil der Gesundheit. Körperpflege bedeutet weit mehr als Sauberkeit, sie ist gerade für die ältere Generation eine wichtige Voraussetzung, um sich jung und rundum wohlzufühlen. Und jeder Senior und Seniorin wünscht sich, dies so lange als möglich unabhängig und ohne fremde Hilfe durchführen zu können.

Wellness

Wellness, am besten übersetzt mit Wohlbefinden, gab es bereits in der Antike. Die alten Römer nutzten in ihren Thermen schon die Heilkräfte von Wasser und Wärme. Die Badeanlagen dienten nicht nur dem Baden, Saunieren und Erfrischen, sie waren auch ein Ort, um sich die Zeit zu vertreiben und zu kommunizieren.

Während vor dem Krieg die schicken Heil- und Seebäder den Reichen vorbehalten waren, erlebten die Kur- und Heilbäder sowie Luftkurorte in den 1950er Jahren in Deutschland ihre Glanzzeit. Ärzte und Krankenkassen sendeten nun jedermann zur Kur. Die Bäder boomten und die Kurhotels schossen wie Pilze aus dem Boden. Das Angebot an speziellen Behandlungsmethoden wurden erweitert und durch Kultur- und Unterhaltungsangebote ergänzt. Neben Kurkonzerten am Sonntagmorgen gehörte der Tanztee zum Repertoire und manch einer lernte zum Verdruss des Ehepartners einen „Kurschatten" kennen.

Der Amtsarzt schickte mich selbst kurz vor meiner Einschulung zur Kur nach Bonndorf.

Nervöse Augenzuckungen waren wohl der Auslöser, mich in ein Kindererholungsheim zu verfrachten. Mit dem Zug fuhr ich in den Schwarzwald und ich verbrachte sechs Wochen im Schwalbennest. Für ein Kind schon eine recht lange Zeit ohne die Eltern. Dafür gab es genug gleichaltrige Spielkameraden, sodass das Heimweh schnell vergessen war. Was mir allerdings nicht gefiel, war die angeordnete Mittagsruhe. Wie langweilig für eine unternehmungslustige Sechsjährige!

Gewalt oder Missbrauch, wohl in vielen Ferienheimen damals durchaus nicht auszuschließen, gab es in meinem Falle nicht. Ich erinnere mich jedoch an meine Heimkehr. Meine Eltern lachten, als ich aus dem tiefsten Schwarzwald zurückkam und anstatt Alemannisch plötzlich Hochdeutsch sprach. Aber die Kinder hatten mich gehänselt, wenn ich anstatt von der Milch von der „Milich" sprach. Keine Gewalt, dafür kindliche „seelische Grausamkeit".

Mit den Jahren gingen den Krankenkassen das Geld aus und die Zuschüsse für Kur- oder Rehabilitationsaufenthalte wurden stetig gekürzt. Ein Kurbetrieb nach dem anderen kam in finanzielle Bedrängnis und musste schließen.

Kuren und Reha sind in Deutschland nach wie vor Bestandteil der gesundheitlichen Versorgung und unabhängig vom Alter haben Menschen einen Anspruch darauf, vorausgesetzt, dass eine medizinische Notwendigkeit vorliegt. Kur und Reha können sowohl ambulant wie stationär durchgeführt werden, der Unterschied liegt in der Unterbringung, entweder stationär in einer Klinik oder in einem Kurhotel. Wobei sich Kur und Reha nur darin unterscheiden, wer die Zeche bezahlt, ob die Krankenkasse, oder wenn es um den Erhalt oder Wiederherstellung der Arbeitskraft geht, die Renten- oder Unfallversicherung.

Inzwischen können die Kurbetriebe, die den Schrumpfungsprozess überstanden haben, wieder aufatmen. Zwar ist der traditionelle Kurgast nach den zahlreichen Gesundheitsreformen fast ausgestorben, aber eine neue Spezies füllte die entstandene Lücke: Die Wellnesser.

Die Kurorte ergänzten ihre Kernkompetenz im Bereich Medizin zusammen mit den Tourismusanbietern zu einem ganzheitlichen Ansatz für Wohlfühlangebote, die das körperliche, geistige und seelische Wohlbefinden steigern sollen. Heute steht der Selbstzahler im Mittelpunkt, der eigenverantwortlich etwas für seine Gesundheit tut.

Einfach einmal die Seele für ein oder zwei Tage baumeln lassen, in einer Sauna oder im Dampfbad schwitzen, sich im warmen Whirlpool aalen, sich eine Massage gönnen und anschließend fein Essen gehen. Meine Tochter und ich lieben solch ein Wellness-Wochenende und wir gönnen es uns hin und wieder. Vielleicht noch kombiniert mit einem Musicalbesuch. Was gibt es Schöneres?

Die Reisebranche bietet Senioren längst ayurvedische Langzeitkuren in Sri Lanka an. Ayurveda gilt in Sri Lanka als anerkannte Heilmethode, während es in westlichen Kulturkreisen vorwiegend Wellness-Zwecken dient. Da ich acht Jahre in Sri Lanka gelebt habe, gönnte ich mir ein paar Aufenthalte in Ayurveda-Resorts. Allerdings sagten mir rein auf Ayurveda ausgelegte Kuren nicht zu, da diese den Speiseplan und die verordnete Medizin miteinschließen, und das ist dann Geschmackssache. Die Massagen und Anwendungen tun dem Körper gut und helfen sicherlich bei seelischen Problemen, Burn-out-Symptomen und beim Entzug. Ich bevorzuge normale Pensionen oder Hotels mit angegliederter Ayurveda-Abteilung, einfach um nur die Massagen und Bäder zu genießen.

Wellness beginnt inzwischen zuhause. Ein Blick in die Magazine zur heimischen Badgestaltung zeigen klare Trends. Das Badezimmer wird immer größer, moderner, schöner und wohnlicher. Es wird zu einem angenehmen Entspannungsraum aufgewertet. Wer Platz hat investiert in eine Sauna, ein Dampfbad oder einen Whirlpool. Der eigene Wellnessbereich zu Hause ersetzt den Spa-Besuch und immerhin besuchen noch fast 14 % der über 60-Jährigen die Sauna.

Für die Generation 65 plus sollte gerade das Badezimmer ein Ort mit attraktiven, innovativen Produkten sein, die Jugendlichkeit ausstrahlen und keinesfalls so aussehen, als seien sie für alte Menschen konzipiert.

Natürlich soll ein Bad vor allem praktisch sein, es muss die eigene Körperpflege ohne Einschränkung bis ins hohe Alter ermöglichen. Dabei hilft sicherlich eine bodenebene Dusche, sie bietet einen größeren Komfort, sieht schick aus und vermittelt räumliche Großzügigkeit.

Vor ein paar Jahren gestaltet ich unsere eigene Wohnung im Hinblick auf unserer Pensionierung entsprechend um. Das Bad wurde ausgekernt, eine bodenebene, geräumige Dusche mit Schwallbrause und Düsen installiert und es fand sich sogar noch Platz für eine kleine Whirlwanne. Und bei den Waschbecken und Wasserhähnen entschied ich mich für ein ausgefallenes, italienisches Design.

Aber wie sieht das Badezimmer der Zukunft aus? Wird „Ambient Assisted Living (AAL) Einzug halten? Wird unser Bad künftig vernetzt und intelligent sein? Ein Fußboden, der bei Berührung das Licht einschaltet oder gestürzte Personen identifiziert? Sensoren, die den Blutdruck und weitere medizinische Daten erfassen, im Spiegel anzeigen und an ärztliche Zentren übermitteln? Die bei Bedarf einen Arzt hinzuschalten?

Dies ist längst keine Zukunftsmusik mehr, die Technik steht bereit. Wird diese technologische Unterstützung helfen, dass ältere oder gar behinderte Menschen künftig länger in den eigenen vier Wänden bleiben können?

Essen & Trinken

Wie bereits erwähnt, saßen mein Vater und ich früher samstags oft am Küchentisch und diskutierten über Gott und die Welt. Unter anderem versuchte ich, immer etwas über seine Zeit im Krieg zu erfahren, leider war dies ein Tabu-Thema. Nicht nur für meinen Vater, viele andere Heimkehrer vom Krieg oder der Gefangenschaft wollten die Jahre einfach vergessen. Nach dem Motto, über was man nicht spricht, fand nicht statt. Hin und wieder gelang es mir trotzdem, etwas aus ihm herauszukitzeln, insbesondere was seine Zeit in russischer Kriegsgefangenschaft betraf. Er befand sich in der Ukraine, nahe der Insel Krim, bis etwa 1949 in Gefangenschaft.

Meist gab es sehr dünne Suppen, mehr Wasser als Brühe, und die Einlage bestand nur aus irgendwelchen getrockneten Bohnen. Wenn sie draußen auf dem Feld arbeiteten, versuchten sie schon, sich zusätzlich etwas zum Essen zu organisieren, sie durften sich dabei eben nicht erwischen lassen.

Wie er immer betonte, erbarmte sich die ukrainische Landbevölkerung oft der Kriegsgefangenen und steckte ihnen etwas Essbares zu. Trotzdem kam er stark unterernährt aus dem Krieg zurück.

Meine Eltern erzählten von Fällen im Dorf, dass Gefangene nach ihrer Rückkehr starben, weil sie zu schnell zu viel aßen. Ihre Körper waren nicht mehr in der Lage, so viel Nahrung aufzunehmen.

Die Generation meiner Eltern war später meist übergewichtig, sowohl meine Mutter als auch mein Vater brachten überschüssige Pfunde auf die Waage. Sie hatten während des Krieges und kurz danach zu viel entbehren müssen, sodass sie in der Zeit des Wirtschaftswunders dieses Defizit einfach nachholten.

Bei uns in der Familie gab es immer genug zu essen. Im Garten pflanzten meine Eltern Gemüse an und Hühner lieferten Eier und Truthühner und Stallhasen Fleisch. Ferner war mein Großvater Metzgermeister und betrieb nach dem Krieg im Dorf eine Gaststätte mit eigener Schlachtung und später im Murgtal, der Heimat meiner Großeltern, eine Metzgerei. Da meine Mutter zu Kriegszeiten keinen Beruf erlernen konnte, aber immer in der elterlichen Metzgerei mitgeholfen hatte, arbeitete sie bis zu ihrer Pensionierung in verschiedenen Anstellungen als Metzgereiverkäuferin. Fleisch und Wurst war bei uns nie Mangelware.

Dass Gesundheit und Ernährung in direktem Zusammenhang stehen, ist unumstritten. In meiner Jugend verschwendete ich kaum einen Gedanken an gesundes Essen. Erst als ich anfing, Pfunde auf den Hüften anzusetzen, beschäftigte ich mich mit dem Thema Ernährung.

McDonald's erreichte Deutschland 1971. Die amerikanische Fast-Food-Kette eröffnete ihre erste Filiale in München. Zum Glück weit weg von meiner Heimat. In dieser Zeit fuhren wir zusammen mit Klassenkameraden am Samstagabend des Öfteren ins nahe Elsass. Dort war gutes Essen günstiger als in badischen Gaststätten und vor allem gab es Gerichte, die kaum auf der heimischen Speisekarte zu finden waren, wie Schnecken und Froschschenkel. Hamburger von McDonald's vermissten wir deshalb nicht.

In dieser Zeit besuchten wir auch einmal das Münchner Oktoberfest. In einem alten Ford Transit machten wir uns gemeinsam auf den Weg und übernachteten im Kleinbus, für ein Hotel oder eine Jugendherberge hatten wir kein

Geld. Und Weißwürste mit Brezel und Bier schmecken jedenfalls besser als ein in einem ungesunden, labberigen Brötchen eingeklemmtes Hacksteak mit einer süßen Cola. Also erübrigte sich erneut ein Besuch bei McDonald's.

Glücklicherweise gab es andere Alternativen für eine schnelle Mittagsverpflegung. An Tagen, an denen wir nachmittags Unterricht hatten, aßen wir Currywurst oder gingen in die Nordsee-Filiale. Dort gab es Fischbrötchen mit Bismarckheringen, Matjes oder Seelachsschnitzeln belegt. Echten Räucherlachs konnten wir uns damals nicht leisten.

Ich glaube, ich habe erstmals mit unseren Kindern in Indonesien einen Fuß in ein Burger-Lokal gesetzt. McDonald's besitzt in Asien einen höheren Stellenwert als bei uns. Es gilt als schick hier Essen zu gehen oder den Kindergeburtstag zu feiern. An ihrem zehnten Geburtstag durfte unsere Tochter in Indonesien das Lokal fürs Mittagessen wählen. Ich rechnete fest mit McDonald's, aber bei Weitem gefehlt. Ihre Wahl viel aufs Grand Hyatt, damals das wohl teuerste Hotel in Jakarta. Was tun? Klein beigeben! Es war ein fantastischer Brunch.

Bis 24 Jahre streckte ich die Füße unter den Tisch meiner Eltern, das Essen wurde serviert.

Als ich auszog, hatte ich nur Ahnung von gutem Essen, aber keine vom Kochen. Deshalb eignete ich mir aus zahlreichen Kochbüchern im Selbststudium das nötige Wissen an und ich experimentierte frei Schnauze - und es machte mir Spaß. Mein Mann war immer ein dankbares Versuchskaninchen. Ich esse und trinke immer noch gut und gerne, daher bereite ich bis heute fast jeden Tag unser Essen selbst zu.

Ich bin kein Gesundheitsapostel, Essen und Trinken ist für mich mehr als Ernährung, jede Mahlzeit sollte ein Genuss sein. Allerdings müssen sich die Attribute schmackhaft und gesund nicht widersprechen. Fettige Pommes frites bedeuten für mich kein kulinarisches Highlight. Aber wer sie liebt, sollte sie sich hin und wieder gönnen, warum nicht zu einem saftigen Steak und einem frischen Salat?

Es gibt wohl Tausende Studien zum Thema gesunde Ernährung, allerdings widersprechen die sich zum Teil. Wie schon gesagt, wer hat die Studie bezahlt?

Meiner Erfahrung nach heißt es bei diesem Thema, den gesunden Menschenverstand walten zu lassen. Abwechslung ist das Beste, damit isst man automatisch von nichts zu viel und von nichts zu wenig. Kochen sollte man selbst, dann weiß man, was in den Mahlzeiten steckt und zudem schmeckt es einfach besser.

Auf Kriegsfuß stehe ich mit Zucker. In Sri Lanka hat unser Fahrer einmal gefragt, wie viel Zucker wir im Monat verbrauchen würden, denn in seiner Familie läge der Verbrauch bei mehreren Kilogramm im Monat. Ich habe mich kaum getraut, ihm zu erklären, dass uns ein Kilogramm fast ein Jahr reicht. Das liegt mit daran, dass ich selten Kuchen backe oder Desserts zubereite. Bei solch einem kolossalen Zuckerverbrauch leuchtet mir inzwischen ein, warum Sri Lanka weltweit mit den höchsten Diabetikeranteil hat. Überhaupt ist der Zuckerkonsum in Asien hoch, viele Fertigprodukte schmecken süß, angefangen von Mayonnaise bis hin zu Brot und Rühreiern.

Gerade für Senioren gilt, sich mit den lebensnotwendige Nährstoffen, wie Eiweiß, Vitamine und Mineralstoffe, in ausreichender Menge zu versorgen. Daher sollte das Essen aus Gemüse, Obst, Vollkorn- und Milchprodukten, fettarmem Fleisch, Fisch, Geflügel, Eier, Hülsenfrüchte, gesunden Pflanzenölen und Nüssen bestehen.

Frühstücken wie ein Kaiser, Mittagessen wie ein König und Abendessen wie ein Bettler. An diese Weisheit - die wohl heute keinen Bestand mehr hat - habe ich mich nie gehalten.

Da ich Wurst liebe, gibt es die für mich auf einem Stück Brot zum Frühstück, gefolgt von einem Käsebrot, aber ohne Butter, die habe ich schon vor Jahren von meinem Teller verbannt. Und in Malaysia mache ich meine Wurst sogar selber, so kenne ich die Zutaten. Vielleicht nicht gesund, aber ich esse sie in Maßen. Und dazu darf der Kaffee nicht fehlen, schwarz, ohne Milch und Zucker, dafür frisch gemahlen und gebrüht aus dem Kaffeevollautomaten.

Unser täglich Brot gib uns heute, aber besser ein Vollkorn- oder Roggenmischbrot, als ein Brötchen aus Weißmehl, auch hier hilft die Abwechslung. Und auch mein Brot backe ich selbst, entweder im praktischen Backautomaten oder auch traditionell im Backofen.

Beim besten Willen kann ich mir nicht vorstellen, dass Marmelade, diese mit Zucker verkleisterten Früchte, die sich viele Menschen täglich aufs Butterbrot schmieren, gesund sein kann. Besser frische Früchte essen oder zumindest die Konfitüre mit weniger Zucker selber einkochen.

Mein Mann isst gerne Joghurt. Dieser lässt sich leicht aus erwärmter Frischmilch, ein paar

Löffeln Naturjoghurt und einem Löffel Milchpulver über Nacht herstellen. Je nach Vorliebe einfach mit frischen oder gefrorenen Früchten und Haferflocken oder anderen Cerealien vermischen. Für Müsli-Freunde eine bessere Alternative, als die gekauften zuckerhaltigen Mischungen.

Und das Frühstücksei, einst geliebt, dann verpönt und inzwischen wieder rehabilitiert. Es muss ja nicht jeden Tag ein Ei sein. Wie eingangs erwähnt, am besten abwechseln, dann bekommt der Körper alles, aber von nichts zu viel.

Am Mittag herrscht bei uns Schmalhans Kost. Wir sind beide Suppenkasper. In Malaysia gibt es an jeder Ecke Nudelsuppen für einen Apfel und ein Ei zu kaufen. Meist mit Gemüse, Hähnchen oder Fisch, Reis- oder gelben Weizennudeln, wobei wir die dünnen Reisnudeln bevorzugen. Essen wir zuhause, sind Suppen ideale Resteverwerter. Was vom Abendessen übrig ist, wandert am nächsten oder übernächsten Tag in den Suppentopf. Damit isst man nicht zweimal hintereinander dasselbe und muss nichts wegwerfen. Zum Kaffee verzichte ich auf Süßes, das spart unnötige Kalorien.

Und am Abend wird gekocht, da pfeife ich auf den Bettler. Gibt es etwas Schöneres, als ein gutes Essen mit einem Glas Wein zu genießen? Und beim Kochen schon am Aperitif zu nippen?

Wir essen erst gegen 19:30 Uhr, das mag für viele zu spät sein, verhindert aber, sich vor dem Fernseher fettige Chips einzuverleiben, weil der Hunger schon wieder plagt, was mit Sicherheit nicht gesund sein kann.

Wann immer möglich, verzichte ich auf Fertigprodukte, insbesondere auf solche aus dem Kühlregal, denn die enthalten Konservierungsstoffe. Es ist mehr als fraglich, ob die alle so gesund sind. Soll es einmal schnell gehen, besser auf Tiefkühlkost zurückgreifen, da Gemüse und Obst normalerweise erntefrisch eingefroren wird.

Dass Gemüse, Salat und Obst wohl gesünder sind als zu viel Fleisch, leuchtet ein, was aber nicht heißt, dass man darauf verzichten muss. Also weniger Fleisch essen und dafür ein besseres Stück auswählen. Und Fisch sollte echter Fisch sein und nicht in einer Panaden-Pampe, genannt Fischstäbchen, ersticken, am besten sind Meeresfische aus kalten Gewässern wie Lachs, Makrelen oder Heringe.

Bei den heutigen beschichteten Pfannen braucht es praktisch kein Fett mehr zum Anbraten, daher am besten weglassen. Die gesunden Öle mit mehrfach ungesättigten Fettsäuren, wie etwa Traubenkern- oder Walnussöl, eignen sich nicht zum Erhitzen, also nur für die Salatsoße verwenden. Ähnliches gilt für Olivenöl, obwohl sich dieses, wie auch Rapsöl moderat erhitzen lässt.

Abwechslung heißt für mich, jeden Tag eine andere Beilage. Teigwaren, Spätzle, Reis, ob Basmati-, Safran-, Tomatenreis oder Risotto, Kartoffeln, Polenta, Semmelknödel und hin und wieder Couscous. Gerade Kartoffeln sind vielfältig und schmecken in jeder Variante anders. Da gibt es die schlanken Zubereitungen, wie Pell- oder Salzkartoffel, dann die gehaltvolleren Versionen, wie Bratkartoffel, Schupfnudel, Rösti, Kroketten, Pommes, Wedges, Kartoffelpuffer, Kartoffelpüree, Kartoffelgratin und nicht zuletzt Kartoffelsalat.

Dazu Gemüse je nach Saison, Karotten, Erbsen, grüne Bohnen, Blumenkohl, Brokkoli, Kohlrabi, Auberginen, Zucchini, Kürbis, Paprika, Tomaten, verschiedene Pilze, Schwarzwurzeln, Rotkraut, Sauerkraut und nicht zu vergessen grüne und weiße Spargel.

Ich liebe die mediterrane Küche mit viel Tomaten, Oliven, Basilikum und Pinienkernen. Dazu italienische Pasta, auch wenn die Nudeln aus Hartweizengrieß nicht so gesund sein sollen, aber an die braunen Vollkornnudeln konnte ich mich noch nicht gewöhnen. Auf jeden Fall gibt es jeden Tag entweder Gemüse als Beilage oder einen knackigen Salat vorweg.

Und die deutsche oder Schweizer Küche bietet genügend Auswahl an Fleisch- und Wurstgerichten. Neben Steaks und Schnitzel, gibt es Gulasch, Rouladen, Sauerbraten, Rinderbraten, Geschnetzeltes, Schäufele, Kassler, Hähnchen- und Putenbrust, Frikadellen, Klopse, Wienerle, Bratwürste aller Art und zum Sauerkraut Blut- und Leberwürste. Die Auswahl ist riesig.

Und da es nicht jeden Tag Fleisch sein muss, gibt es neben Fisch, Muscheln und Schalentieren noch Eier- und Käsegerichte. Es geht doch nichts über ein Raclette oder ein Käsefondue. Wer sich bei dieser Vielfalt einseitig ernährt, dem ist nicht zu helfen.

Meine Kinder sind Vegetarier, mit Tendenz zur teilweisen veganen Ernährung. Daher habe ich mich ausführlich mit diesem Thema beschäftigt und sogar ein Kochbuch dazu geschrieben. Wieder diente mein Mann als Versuchskarnickel, um die Speisen zu testen. Da ich gute Küche liebe, durchforstete ich mein Sammelsurium an Kochrezepten und passte sie der veganen Küche an. Mit etwas Fantasie lassen sich viele erprobte vegetarische Gerichte umwandeln und Eier- und Milchprodukte durch nicht tierische Zutaten ersetzen. Mit dem Thema Gesundheit bei veganer Kost, habe ich mich bis jetzt noch nicht beschäftigt.

Und für Köchinnen und Köche eine gute Nachricht, der Aufwand lohnt sich: Wer regelmäßig selbst kocht, lebt länger.

Die Wahrscheinlichkeit, länger zu leben, lag für Menschen, die mindestens fünfmal die Woche selbstgekochte Mahlzeiten verzehrten, um 47 Prozent höher, als für jene, die sich bekochen ließen. Dies berichten im Jahre 2012 Forscher aus Australien und Taiwan in der Fachzeitschrift Public Health Nutrition.

Die Wissenschaftler hatten zehn Jahre lang die Kochgewohnheiten von über 65 Jahre alten Taiwanesen untersucht, die nicht in Pflegeheimen wohnten. Am Ende des Studienzeitraums zeigte sich, dass sich unter den noch lebenden Studienteilnehmern vor allem jene befanden, die häufig selbst kochten.

Zusätzlich zu einer ausgewogenen Kost versorge ich meinen Körper mit ein paar wenigen Nahrungsergänzungsmittel. Dies ist inzwischen ein lukratives Geschäft geworden und wenn ich mir im Drogeriemarkt die Regale ansehe, wird mir Angst und Bange. Zahlreiche Mittelchen sollen gegen alle möglichen Wehwehchen und Mangelerscheinungen helfen.

So schlecht kann man in Europa gar nicht essen, dass man dies alles bräuchte - vielleicht wenn man sich ausschließlich von Fast Food oder Junkfood ernährt, was Hühner- und Burger-Buden aller Marken eben anbieten.

Mein Repertoire beschränkt sich auf Kalzium mit Vitamin D3 für die Knochen, Magnesium für die Muskeln und gegen Depressionen, Kieselerde für Haare und Nägel und Hyaluronsäure für die Gelenke. Und seit Neustem habe ich noch Kalium hinzugefügt, weil ich kürzlich in einer neuen Studie gelesen habe, dass Salz gar nicht so schlimm sei, wie bisher angenommen, und dass eine erhöhte Kaliumzufuhr den Blutdruck senken und das Risiko für Schlaganfälle mindern könne.

Fast hätte ich Vitamin C vergessen. Meine Ärztin in Malaysia hat mir das empfohlen, es stärke nicht nur unsere Abwehrkräfte, das Vitamin sei auch gut für die Haut. Treu nach dem Motto nützt es nichts, schadet es nichts, schlucke ich jeden Morgen nach dem Frühstück diese Kapseln, ob es was nützt, wird sich früher oder später zeigen.

Zum Essen gehört das Trinken. Während des Tages trinken wir Wasser, in Deutschland direkt ab dem Wasserhahn, in Asien gefiltert, oder in Restaurants ungesüßten, kalten Tee. Nach dem Golfen schmeckt ein Bier einfach am besten.

Alkohol gehört seit meiner Jugend dazu. Meinen ersten Schwips hatte ich mit gut 15 Jahren. Wir feierten den 16. Geburtstag einer Freundin und zu diesem Anlass hatte ihre Mutter Alkohol erlaubt – Bowle und Martini. Seit dem trinke ich keinen Martini mehr, denn mir war nachts kotzübel. Natürlich hatten wir vorher bereits alkoholische Getränke versucht, aber eben heimlich. Normalerweise reichte unser Taschengeld nicht weit, so saßen wir oft stundenlang hinter einer warmen Coca-Cola.

Allerdings gab es auch in meinem Elternhaus Alkohol, mein Vater ließ aus dem Obst aus dem Garten Schnaps brennen, und wenn unangemeldeter Besuch kam, lagen immer ein paar

Flaschen Bier im Kühlschrank, wir waren ein gastfreundliches Haus.

Unsere Generation pflegte einen achtloseren Umgang mit Rauschmitteln als die Generation unserer Eltern, wozu neben allerlei Drogen auch Alkohol gehörte.

Je älter die Bundesbürger werden, desto häufiger trinken sie Alkohol, besagt eine Studie, die nächste behauptet das Gegenteil. Was soll man da noch glauben?

Senioren, die ausschließlich Bier tranken, erkrankten 13 Prozent weniger an einer Demenz als ihre nicht trinkenden Altersgenossen. Weintrinker schnitten mit 21 Prozent noch besser ab und bei solchen, die Wein, Bier und andere alkoholische Getränke in moderaten Mengen zu sich nahmen, wurde sogar eine 65-prozentige Reduktion des Demenzrisikos festgestellt. Dann mal Prost!

Allerdings liegt die Betonung auf moderaten Mengen, denn alles, was über die unbedenklichen Mengen hinausgeht, kann die Plagen des Alters, wie hoher Blutdruck, Diabetes, Gicht, Schlafstörungen oder Depressionen verschlimmern. Insbesondere ist bei der Einnahme von Medikamenten Vorsicht geboten, denn Alkohol kann die Wirkung je nachdem verstärken oder beeinträchtigen.

„Das Leben ist viel zu kurz, um schlechten Wein zu trinken", wusste bereits Goethe. Und ich habe mich stets an die Devise gehalten: „Mäßig, aber regelmäßig und manchmal saumäßig". Eigentlich müsste ich hier einen zwinkernden Smiley einfügen, denn harmlos ist der Alkoholkonsum im Alter nicht, insbesondere, da ihn unser Körper mit zunehmendem Alter immer schlechter abbauen kann.

Wer sich zum Thema Essen & Trinken im Alter schlau machen will, findet dazu viele Sachbücher, interessant sind auch die für Kunden kostenlosen Publikationen, wie die „Apotheken-Umschau" und das Partnerblatt „Senioren Ratgeber", aber auch zahlreiche Auftritte im Internet führen weiter.

Diäten

Als Jugendliche war es für mich ganz einfach nicht zuzunehmen, wenn ich zu viel gegessen hatte, verschwand ich nach dem Essen auf die Toilette und kübelte. Wie gefährlich das war, wurde mir erst viel später bewusst, denn von Magersucht oder Bulimie hatte ich damals noch nichts gehört. Zum Glück war dies nur eine kurze Phase, die ich unbeschadet überstand.

Ich setzte mir immer eine eigene Grenze, bis zu den Wechseljahren betrug sie 60 Kilogramm. Danach konnte ich sie beim besten Willen nicht mehr halten und sie stieg auf 65 kg an. Inzwischen nähere ich mich wieder meinem anfänglichen Limit, allerdings wurde ich großzügiger, denn etwas Reserve schadet mit zunehmendem Alter nicht.

Um mein Wunschgewicht zu halten, kämpfte ich ein Leben lang. Kommentare wie: „Du bist schlank, du kannst ja alles Essen", musste ich dauernd vehement von mir weisen. Denn ich aß und trank schon immer gern und gut, zwei Dinge, die sich nicht unbedingt mit dem Traumgewicht vereinbaren lassen.

Ich hatte und habe dabei ein großes Glück: Mir schmeckt nichts Süßes. Weder Süßgetränke, noch Torten oder Schokolade machen mich an, da fällt es mir leicht darauf zu verzichten. Ich esse zwar hin und wieder ein Dessert nach einem guten Essen oder mal ein Stück Schwarzwälder-Torte, aber damit hat es sich. Wer dem nicht widerstehen kann, hat schlechte Karten. Mein Mann isst zwar gerne Süßes, aber in Maßen, damit hat auch er kein Gewichtsproblem.

Da wir Reisen neben gepflegtem Essen und Trinken lieben, gehen wir dann und wann auf Kreuzfahrt. Aber wir stehen beide vorher und nachher auf die Waage - und bevor wir nicht wieder unser Ausgangsgewicht erreicht haben, gibt es keine erneute Schlemmertour auf dem Schiff.

Um über die Jahre hinweg mein Idealgewicht zu halten, habe ich einiges an Diäten kennengelernt - nicht alles habe ich persönlich ausprobiert, aber einige.

Als einleuchtend gilt für mich immer noch FdH, sprich „Friss die Hälfte". Wer nichts isst, nimmt nicht zu. Natürlich stellt sich unser Körper auf eine reduzierte Nahrungsaufnahme ein und braucht dann auch weniger. Dies ist bei Menschen zu erkennen, die in Hungerstreik treten.

Unsere Spezies überlebt sehr lange, ohne etwas zu essen.

Abnehmen hängt folglich nicht nur von der Menge ab, die wir zu uns nehmen, sondern ist auch bestimmt durch das, was wir verzehren.

Bei meinen Abspeckrunden, griff ich gerne auf die „Brigitte-Diät" zurück. Das Kochbuch mit dem 1000-Kalorienprogramm mit über 400 Rezepten zum Schlankwerden und Schlankbleiben galt als Standardwerk. Ferner gab es Riegel zu kaufen, die aussahen wie Schokolade. Als Zwischendurch-Mahlzeit halfen sie mir, die Zeit zwischen Frühstück und Mittagessen zu überbrücken. Manchmal linderte ein Naturjoghurt, eine Tomate oder eine Salatgurke das nagende Hungergefühl.

Dann fand die „magische Kohlsuppendiät" ihren Weg aus den USA zu uns. Dabei stand eine Woche lang nur Krautsuppe auf dem Speiseplan. Nicht gerade sehr abwechslungsreich, aber man nimmt ab. Allerdings birgt diese Diät die Gefahr des Jo-Jo-Effekts, man kann zwar soviel essen, wie man will, damit verspürt man keinen Hunger, aber man isst eben nur Kohl. Der Heißhunger auf die „verbotenen" Speisen steigt unausweichlich. Hin- und wieder griff ich auf die Kohlsuppe zurück, aber keine ganze

Woche lang, höchstens zwei bis drei Tage, danach reichte es mir.

Die Atkins-Diät war eine der ersten Low Carb-Diäten. Abnehmen durch Weglassen von Kohlehydraten, also Ernährung durch mehr Fett und Proteine. Das war meine Diät, bloß noch Wurst essen ohne Brot oder zum Steak nur einen Salat! Aber auch diese Abmagerungskur ist umstritten, da die Ernährung auf Dauer einseitig ist.

Dann gab es die Trennkost-Diät, bei der Kohlenhydrate und Eiweiße getrennt voneinander gegessen werden. Das habe ich nie ausprobiert, das wäre mir auch zu umständlich gewesen.

Glyx-Diät hieß die nächste angebliche Wunderwaffe zum Abnehmen. Bei dieser Schlankheitskur besteht die Ernährung aus Lebensmitteln mit einem niedrigen glykämischen Index. Dieser Wert beschreibt die Blutzuckerreaktion nach dem Essen, ein geringerer Wert lässt den Blutzuckerspiegel langsamer ansteigen und damit weniger Insulin ausschütten. Ein tieferer Insulinspiegel sorgt dafür, dass das aufgenommene Fett abgebaut und nicht gespeichert wird, so die Begründung für die Wirksamkeit der Diät.

Allerdings gibt es Untersuchungen, die dieser Aussage widersprechen. Eine fünfjährige Studie, die 2006 im „British Journal of Nutrition" erschien, kommt zu dem Schluss, dass kein nennenswerter Zusammenhang zwischen dem glykämischen Index und dem Blutzuckerspiegel existiere. „Der glykämische Index ist weder für Wissenschaftler noch für Konsumenten zur Entwicklung einer gesunden Ernährung hilfreich", so die Studienleiterin Elizabeth Mayer-Davis.

Die Pfundskur nach Prof. Dr. Pudel zielte darauf ab, das eigene Essverhalten grundlegend zu verbessern, eine ausgewogene Ernährung zu erreichen und dauerhaft ein gesundes Gewicht zu halten. Die Allgemeine Ortskrankenkasse (AOK) Baden-Württemberg unterstützte die Pfundskur in mehreren groß angelegten Aktionen. Mit weniger Fettaugen im Essen und zusätzlicher Bewegung ging es den überflüssigen Pfunden an den Kragen. 2003 betreute ich im Raum Waldshut für die Lokalpresse die fünfte Pfundskur in Baden-Württemberg. Der Andrang war um 50 % höher als im Jahre 2000.

Die Teilnehmer trafen sich einmal in der Woche mit einer Ernährungsfachkraft, die zunächst ihre Essgewohnheiten analysierte und eine realistische Zielvorgabe für jeden Einzelnen ermittelte. Das individuelle Wohlfühlgewicht stand im Mittelpunkt der Abspeckrunde. Mit Pfundskur-Trainingsbuch und dazugehörigem Kochbuch bewaffnet erklärten die Teilnehmer dem Übergewicht den Kampf an. Lebensmittelgeschäfte, Bäckereien, Metzgereien, Obstbaubetriebe und Gastronomie offerierten während der Kur besonders fettarme und gesunde Produkte und Walking-Gruppen, AOK-Lauf- und Fahrradtreffs ergänzten die Aktion.

Die AOK betreibt inzwischen unter dem Namen „Abnehmen mit Genuss" ein internetbasiertes Beratungsprogramm zur Gewichtsreduktion und dauerhaften Gewichtsstabilisierung. Die Programmdauer beträgt 52 Wochen und steht auch Nicht-Mitgliedern gegen eine geringe Gebühr offen.

Während bei der Pfundskur die Fettreduktion im Mittelpunkt stand, setzt die Diät der „Weight Watchers" auf weniger Kohlenhydrate. Auch hier geht es um eine Umstellung der Ernährungsgewohnheiten mit einer langfristigen moderaten Reduzierung der Energiezufuhr. Es handelt sich um Punkte, die Abnahmewillige täglich verbrauchen dürfen, wobei diese vom Geschlecht, Alter, Körpergröße und Gewicht abhängen. Weight-Watchers (WW), inzwischen „Wellness that Works", ist eine 1963 gegründete milliardenschwerer US-Firma, das erste deutsche Weight-Watchers-Treffen fand 1970 in Düsseldorf statt.

Der neuste Trend heißt scheinbar Intervallfasten und dabei soll eine App fürs Smartphone helfen. Der Arzt Eckart von Hirschhausen propagiert, nicht die Hälfte zu essen (FdH), sondern in der Hälfte der Zeit (FdZ) zu essen. Dabei müssen weder Fettaugen noch Punkte gezählt werden, sondern nur Stunden.

Der Tag hat 24 Stunden, davon schläft der Mensch acht. In den verbleibenden 16 Stunden isst er nur während der halben Zeit, etwa zwischen 10 und 18 Uhr oder zwischen 13 und 21 Uhr. Alternativ zu dieser Acht-Stunden-Diät lässt sich auch alternierend fasten, abwechselnd an einem Tag nichts oder fast nichts essen und tags darauf wieder normal.

In den Fastenphasen sollte ausschließlich getrunken werden, und zwar kalorienfrei, sprich Wasser, ungesüßter Tee und schwarzer Kaffee. Gegen das Hungergefühl ist auch dünne Gemüse- oder Hühnerbrühe erlaubt. Alkohol ist in der Fastenperiode verboten, ansonsten aber in Maßen gestattet.

Wie gesund und erfolgreich Intervallfasten ist, wird die Zukunft zeigen. Mäuse konnten laut einer wissenschaftlichen Studie Gewichtsprobleme verbessern, ohne die Kalorienzufuhr zu reduzieren und eine Pilotstudie mit Menschen, scheint dies zu belegen.

Abnehmen ist für die Generation 65 plus besonders schwierig, da der tägliche Kalorienbedarf niedriger als in jungen Jahren ist, d. h. der Körper braucht weniger und dies sollte noch weiter zurückgeschraubt werden. Vielleicht hilft hier das intermittierende Fasten tatsächlich.

Finanzen, Konsum & Mobilität

Finanzen

Das Jahr 1968 sorgte nicht nur für Unmut unter den Studenten, es brachte gleich zum Jahresauftakt ein Ärgernis für jedermann. Zum Neujahrstag wurde in der BRD die Mehrwertsteuer (MwSt.) eingeführt. Der Regelsatz betrug 10 %, die verminderte Steuer 5 %. Und da gab es gleich einige Schlaumeier, insbesondere in den Gastronomiebetrieben, die schlugen den Prozentsatz schlicht auf die alten Preise drauf, ohne die bisher gültige Umsatzsteuer aus dem Betrag herauszurechnen.

Der Grund für die Umstellung lag einmal in einer Vereinheitlichung der Besteuerung in der Europäischen Gemeinschaft und zum anderen am ungerechten vorherigen System. Zuvor fielen bei jedem Verkauf vier Prozent Umsatzsteuer an, was bei Waren mit mehreren Zwischenhändlern zu einem weit höheren Gesamtsteuersatz führte. Bei der Mehrwertsteuer kann der Unternehmer seine gezahlte Vorsteuer abziehen und versteuert somit nur den geschaffenen Mehrwert. Und die Steuer muss im

Gegensatz zum alten System auf der Rechnung ersichtlich sein.

Die Mehrwertsteuer ist, wie auch heute noch, ein Goldesel für den Fiskus, die der Endverbraucher berappt. Denn den Letzten beißen die Hunde - er kann seine Mehrwertsteuerzahlungen auf niemanden mehr abwälzen. Nach einem halben Jahr wurde der Satz gleich auf elf Prozent erhöht, inzwischen liegt er bei 19 und der verminderte bei sieben Prozent.

Die Umstellung auf die Mehrwertsteuer machte die Leute erfinderisch. Jeder wollte etwas vom Kuchen abhaben und nicht alles dem Finanzamt überlassen. In der Folge bezahlten viele Bürger ihre Handwerkerrechnungen ohne Beleg in bar. Damit sparten die Autowerkstatt, der Maler-, Elektriker-, Schreiner-, Maurer- oder Installateur-Betrieb die Einkommensteuer und der Kunde die Mehrwertsteuer. Das war eine Win-Win-Situation am Fiskus vorbei, wenn auch nicht legal. Woher stammen die vielen heimlichen Konten in der Schweiz vermutlich her, die in den letzten Jahren mithilfe dubioser Bankdaten-CDs aufflogen?

Die Wirtschaft brummte, wenn es auch zu kurzen Aussetzern kam. Es war kein Problem, als Schüler oder Student einen Ferienjob zu bekommen – und erst noch gut bezahlt. Einer meiner ersten Jobs mit 16 Jahren war die Urlaubsvertretung der Sekretärin in der Lokalredaktion der Bruchsaler Rundschau. Ich hatte keine Ahnung von Büroarbeit, außer dass ich neben der Schule mal einen Schreibmaschinenkurs bei der Handelsschule absolviert hatte. Aber ich bekam fünf DM pro Stunde vergütet und irgendwie habe ich es gemanagt.

In den darauffolgenden Jahren jobbte ich regelmäßig bei der Raiffeisenzentralgenossenschaft in Bruchsal. Neben dem Telefondienst erstellte ich die Abrechnungen für die Bauern, die über die Sommermonate hinweg ihre Braugerste ablieferten. Auch hier stimmte die Bezahlung und ich hatte immer einen gut gefüllten Geldbeutel, um mir Sonderwünsche zu erfüllen. Daher entschloss ich mich einmal am Ende der Ferienzeit, kurzfristig mit dem Zug nach Rom zu fahren. Ich wohnte in einem katholischen Krankenhaus mit Schwesternheim, was erschwinglich war, und so kam ich zu einer Audienz bei Papst Paul VI., unserem Pillen-Paule.

Auch nach dem Studium hofierten uns die Betriebe, es gab kaum ein Problem eine Anstellung zu finden. Wenn ich mir heute anschaue, was bei unseren Kindern so abläuft, empfinde ich das nur noch als schlimme Abzocke. Zunächst müssen sie schlecht oder gar nicht bezahlte Praktika ableisten, um überhaupt einen Einstieg zu bekommen, oder sie werden erst mal in Leihfirmen beschäftigt ohne soziale Sicherheit. Und allen voran praktizierte der Staat diese unhaltbaren Beschäftigungsverhältnisse. Da mussten sich Nachwuchslehrer von Schuljahr zu Schuljahr ohne Festanstellung durchhangeln. Die Verträge liefen vor den Sommerferien aus, um die Bezahlung zu sparen, und es war unklar, ob die Junglehrer nach der Sommerpause ihren Job wieder antreten konnten. Anderen Berufsanfängern erging es oft nicht wesentlich besser.

Unsere Generation hatte die Chance, sich ein Finanzpolster fürs Alter zu schaffen. Dafür gab es verschiedene Möglichkeiten, allem voran der Erwerb von Haus- und Grundbesitz. 2013 verfügte in Deutschland im Schnitt jeder zweite Haushalt über Immobilienvermögen, wobei die meisten Immobilienbesitzer (58 %) 55 - bis 64 Jahre alt waren. Danach fiel der Anteil wieder, wohl deshalb, weil die Besitzer die Immobilien bereits an die Kinder oder Enkelkinder vererbt oder verschenkt hatten.

Bei der Bildung des Immobilienvermögens halfen Bausparverträge. Mit dem Wirtschaftswunder begann der Aufschwung der deutschen Bausparkassen. Seit 1973 unterliegen die privaten und öffentlichen Bausparkassen dem Bausparkassengesetz. Das Funktionsprinzip ist einfach, zunächst bestimmen die Bauwilligen einen Betrag, dann wird gespart, bis 40 - 50 % davon erreicht ist. Den Rest gibt es bei Zuteilung als Darlehen, welches wiederum in festen Beträgen in Form von Zins und Tilgung zurückgezahlt wird. Damit steht von Anfang an fest, wie viel vom monatlichen Einkommen in die Immobilie fließt und ist damit kalkulierbar.

Ich erinnere mich noch sehr genau an unseren ersten Wohnungskauf. Wir waren frisch verheiratet, haben beide gut verdient und entsprechend Einkommensteuer bezahlt. Unser Steuerberater empfahl uns, zwecks Steueroptimierung Eigentum zu erwerben. Wir wohnten in einer Eigentumswohnung und versuchten daraufhin, diese zu kaufen, was dem Vermieter aus steuerlichen Gründen nicht möglich war. Daraufhin schauten wir uns um und fanden in der Nähe ein „halbes Haus" (Anteil an einer Wohneigentumsgemeinschaft) im Angebot. Wir schlugen zu und waren mit knapp 30 Jahren Immobilienbesitzer. Mit rund 10 % Eigenkapital war das 1979 kein Problem. Nachdem wir plötzlich Schulden hatten, waren wir für die Bank wichtige Kunden. Ein Angestellter kam tatsächlich zum Einzug vorbei und schenkte uns sechs Bierkrüge mit Bank-Logo.

Eine weitere Möglichkeit zur Vermögensbildung bestand im Abschluss einer Lebensversicherung auf den Todes- und Erlebensfall. Damit war die Familie im Todesfall vor einem bestimmten Lebensalter abgesichert und beim Erleben bildete die ausgezahlte Versicherungssumme einen guten Spargroschen fürs Alter. Leider waren die Ausschüttungen nicht ganz so hoch wie beim Abschluss 35 Jahre zuvor „versprochen", aber es gab immer noch einen ordentlichen Batzen.

Unsere Generation konnte noch etwas aufs Sparbüchlein stellen. Besonderen Sparanreiz boten Bundesschatzbriefe mit einer hohen Verzinsung oder Obligationen, ebenfalls mit festem Zinssatz. Und zocken an der Börse, brachte noch Gewinne.

Wenn mich heute meine Kinder fragen, wie sie ihr Geld für die Zukunft anlegen sollen, komme ich ins Straucheln. Nennenswerte Zinserträge gibt es schon seit Jahren nicht mehr, daher lohnen festverzinsliche Papiere, wie auch Lebensversicherungen, die darauf aufbauen, kaum noch. Bei den niedrigen Hypothekenzinsen machen Bausparverträge derzeit ebenfalls nicht so viel Sinn.

Und beim Blick auf die Börse bekomme ich das große Grausen. Kaum erholen sich Dax & Co., wartet schon die nächste Hiobsbotschaft und aufgrund irgend eines Vorkommnisses in der Welt fallen die Börsenkurse wieder in den Keller. Da werden Unternehmen mit Milliarden bewertet und beim Börsengang mit Liquidität bedacht, die noch nie einen blanken Heller verdient haben und auch so schnell nicht werden. Der Beispiele sind viele wie Snapchat, Twitter, Spotify, Uber.

Gemeinsam ist ihnen, dass internationale Finanzjongleure den Marktwert dieser Firmen hochloben, um ihre Gelder dort anlegen zu können. Für den Privatmann ist dies zu risikoreich, weshalb er mit seinem Ersparten auf mageren Renditen sitzen bleibt. Das ist Russisch Roulette und hat mit dem echten Wert einer Firma, der sich im Aktienwert widerspiegeln sollte, nichts mehr zu tun.

Daher weiß ich wirklich nicht, was ich meinen Kindern raten sollte. Vielleicht doch Immobilien, obwohl die Preise in den letzten Jahren dermaßen angezogen haben, dass sie für junge Familien kaum noch erschwinglich sind. Aber ein selbst genutztes Haus oder eine eigene Wohnung reduzieren die Lebenshaltungskosten um den nicht unbeträchtlichen Anteil der Miete. Und nicht nur im Alter - wer ein Leben lang Wohnungsmiete zahlt, geht am Ende leer aus. Wer Hypothekenzinsen und Tilgung stemmt, auch wenn es steinig werden kann, ist immerhin zum Schluss stolzer Immobilienbesitzer.

Erlebten unsere Eltern die Währungsreform, so durfte ich mich mit fast 50 Jahren mit dem Euro auseinandersetzen. Am 1. Januar 2002 löste der Euro die seit 1948 existierende DM als Bargeld ab. Wie bei der Währungsreform ging die Einführung der neuen Währung mit Preiserhöhungen des Einzelhandels einher. Billige grüne Bohnen aus der Dose ersetzten plötzlich frischen Kopf-, Gurken- oder Tomatensalat.

Ich trauerte der D-Mark nicht hinterher, trotzdem rechnete ich noch lange Zeit die Preise in Mark um. Spätestens bei Auslandsreisen zeigten sich die Vorteile der Eurozone, endlich entfiel das lästige Umwechseln von Bargeld und die Banken verdienten nicht mehr an den Wechselkursen. Mittlerweile akzeptieren Wechselstuben weltweit den Euro. Vielleicht löst künftig die Kryptowährung „Libra" den Euro ab. Facebooks Ankündigung sorgt bereits für hohe Wellen.

Die Generation 65 plus kann sich nicht beklagen, auch wenn die Armutsgefährdungsquote bei fast 16 Prozent liegt. 21 % der alleinlebenden Frauen und 15 % der Männer haben weniger als 900 Euro im Monat zum Leben.

Ein Vergleich innerhalb der EU zeigt, dass sich Menschen ab 65 nur in Frankreich, Österreich und vor allem Luxemburg mehr leisten können, während es im Osten der EU anders aussieht. Den Polen steht die Hälfte des deutschen Einkommens zur Verfügung und in anderen osteuropäischen Ländern noch deutlich weniger. Aber auch die Rentner in Großbritannien sind nicht auf Rosen gebettet, mit gut 27 % ist es die Nation mit dem mit Abstand höchsten Verarmungsrisiko. Die Armutsgrenze gemäß EU Definition liegt hierbei bei 60 Prozent des mittleren Haushaltseinkommens der Bevölkerung, d. h. es geht nicht um existenzielle Armut wie in Entwicklungsländern, sondern um eine relative Armut im Vergleich zur restlichen Bevölkerung.

Unsere Generation ist sehr kaufkräftig und wenn wir jammern, dann auf hohem Niveau. Hierzulande verreisen Senioren gerne und geben für Rund-, Kultur- und Studienreisen oder Strandferien rund 1'000 Euro jährlich aus. Immerhin besitzen 42 % der Seniorenhaushalte einen Neuwagen, während sich das nur 32 % der jüngeren Haushalte leisten können.

Künftig sieht das allerdings für unsere Kinder nicht mehr so rosig aus. Die heutigen 20 bis 34-Jährigen werden über die gesetzliche Rentenversicherung noch knapp 39 Prozent ihres letzten Bruttoeinkommens erhalten, eindeutig zu wenig, um anständig leben zu können. Und es wird nicht nur Geringverdiener treffen, sondern auch Besserverdiener. Der Grund dafür liegt einerseits in der Deckelung der Beitragsbemessungsgrenze, andererseits an der kürzeren Einzahldauer aufgrund langer Studienzeiten. Dies geht jedenfalls aus einer Grafik der Börsenseite der ARD „boerse.ARD.de" hervor. Allerdings ist der Auftraggeber dieser Studie die „Union Investment", die diverse Produkte zur privaten Altersvorsorge anbietet, mit denen angeblich 83 Prozent des letzten Einkommens erzielt werden können. Ob der verbreitete Pessimismus bezüglich zukünftiger Rentenleistungen nicht eventuell Teil der Werbestrategie dieser Firma ist?

Handel & Konsum

Wir Nachkriegskinder wuchsen in der Zeit des deutschen Wirtschaftswunders auf. Bis auf eine kurze Rezession 1967 boomte die Wirtschaft bis zur ersten Ölkrise im Jahre 1973. Damit gab es in Westdeutschland alles zu kaufen, was das Herz begehrte.

Als Jugendliche fuhr ich mit meiner Mutter öfter nach Karlsruhe, der nächst größeren Stadt, zum Einkaufen. In der Kaiserstraße reihte sich ein Kaufhaus ans andere Hertie, Karstadt, C&A, Kaufhaus Schneider, Kaufhalle, Woolworth, Kleiber, Schöpf, und wie sie alle hießen. Die Straßenbahn führte vom Bahnhof mitten in die Innenstadt, die Umwandlung in eine Fußgängerzone begann erst 1974.

Ein Einkaufstag in Karlsruhe stellte schon etwas Besonderes dar und wir verknüpften es normalerweise mit einem Mittagessen in einem Kaufhaus-Restaurant. Bevor wir mit vollgepackten Plastiktüten den Heimweg antraten, warfen wir einen Blick in die gutbestückten Lebensmittelabteilungen im Untergeschoß, meistens im Kaufhaus Schneider. In den Kühltheken lagen

Delikatessen, die es in Bruchsal nicht gab. Gestärkt mit Kaffee und Kuchen oder einem Eisbecher fuhren wir zurück nach Hause.

Auch in einer Kleinstadt wie Bruchsal änderte sich das Konsumverhalten, so verdrängten die Lebensmittel-Supermärkte mit Selbstbedienung nach und nach die „Tante Emma Läden".

Es existierte das Kaiser's Kaffeegeschäft, bevor es zu Tengelmann wurde, ein zu Pfannkuch gehörender „Disco" Supermarkt eröffnete 1967 in Bruchsal seine Pforten und irgendwann erreichte Aldi Süd die Stadt. Dieser Verkaufsraum hatte nichts gemein mit einem heutigen Edel-Aldi. Eine begrenzte Anzahl an Lebensmittel stand auf Paletten und die Kunden fischten sich die billigen Produkte direkt aus den Kartons. Die Kassiererin an der Kasse kannte alle Pfennigbeträge auswendig, unglaublich.

1967 wurde das Gebäude der Bruchsaler Filiale des Kaufhauses Schneider neu errichtet. In späteren Jahren arbeitete meine Mutter an der Fleischtheke in der Lebensmittelabteilung im Untergeschoss, bevor die Abteilung im Rahmen einer Umstrukturierung geschlossen wurde. Das Kaufhaus Schneider beendete 2009 seinen Betrieb, im Jahr darauf entstand nach einem Umbau das Modehaus Jost.

Neben den Supermärkten entwickelte sich Anfang der 1970er Jahre eine ganz neue Spezies am Markt. Die Drogeriemärkte verdrängten mit niedrigeren Preisen die bis dahin klassischen Drogerie-Fachgeschäfte. Damit konnten wir Teenager günstige Kosmetika und Schminkartikel kaufen. Wer kann sich Deutschland heute noch ohne DM-Markt, Rossmann oder Müller vorstellen? Unser Land ist berühmt für seine Drogeriemärkte und neben dem Besuch des „Cinderella-Castle" in Neuschwanstein gehört eine Einkaufstour durch einen Drogeriemarkt für chinesische Touristen zum Standardprogramm.

Auch in Waldshut an der Schweizer Grenze stürmen die Eidgenossen die Drogerie-Märkte. Die einstigen Drogerie-Fachgeschäfte konnten in diesem hart umkämpften Markt nur überleben, indem sie ihr Sortiment umstellten und sich zu Parfümerien oder Reformhäusern wandelten.

Mit der Unterhaltungselektronik entstand ein weiteres Marktfeld, wo Kunden ihr Geld ausgeben konnten. Einkaufsmärkte für Haushaltsgeräte und Unterhaltungselektronik, wie Saturn, Expert oder Media Markt, schossen aus dem Boden. Inzwischen stehen Flachbildfernseher unabhängig vom Alter in allen Wohnungen, während neuere technische Geräte, wie Blu-ray-

Player, Camcorder, Navigationsgeräte oder sogar Mobiltelefone in jüngeren Haushalten drei Mal so häufig wie in Seniorenhaushalten vorhanden sind. In diesem Bereich ist die Generation 65 plus im Vergleich zu jüngeren Altersgruppen vergleichsweise zurückhaltend.

Senioren-Marketing wird in Zukunft aufgrund des demografischen Wandels einen höheren Stellenwert einnehmen, wobei der Begriff Senioren hier besonders kritisch zu betrachten ist. Die Generation 65 plus zählt sich widerstrebend zu den Älteren, kleidet sich noch flott, liebt moderne Badezimmer, reist in fremde Länder, surft im Internet und chattet via WhatsApp. Laut einer forsa-Umfrage der Brandmeyer Markenberatung zu den Lieblingsmarken der deutschen Senioren gaben über fünf Prozent der über 60-Jährigen an, dass Mercedes-Benz ihre bevorzugte Marke ist. Auf Platz zwei und drei folgten Nivea (4,6 Prozent) und Samsung (4,4 Prozent). Die Gruppe der Senioren ist nicht homogen. Während ein Teil die Marke eines Autoherstellers und Unterhaltungselektronikkonzerns bevorzugt, spielt für andere die althergebrachte Hautcreme unserer Eltern und Großeltern Nivea eine Rolle, fehlt nur noch die Parfümmarke 4711 "Echt Kölnisch Wasser".

Senioren sind bereit, für eine bessere Qualität mehr Geld auszugeben. Sie konsumieren gerne, sind mobil, vielseitig interessiert, innovationsfreudig und ausgesprochen aktiv, aber sie sind zugleich kritische, anspruchsvolle Verbraucher. Sie befinden sich in der Mitte des Lebens und wollen ihre besten Jahre noch lange genießen. Also drängt ihnen keinen Seniorenteller oder ein Senioren-Handy auf, wenn sie nicht gezielt danach fragen.

Senioren sind mit ihrer Kaufkraft und ihrem Konsumverhalten für den Handel eine lukrative Zielgruppe.

Mobilität

Als Kinder und Jugendliche fuhren wir im Sommer mit dem Fahrrad und im Winter mit dem Bus zur Schule. Nicht jede Familie besaß ein Auto. Mein Opa bildete eine Ausnahme, aber als Metzgermeister brauchte er einerseits ein Fahrzeug für den Tiertransport und andererseits zur Belieferung der Gaststätten mit Fleisch- und Wurst. So gibt es ein Bild von mir, wie ich 1960 als Kind an seinem Mercedes 180 angelehnt stehe.

Zu diesem Zeitpunkt konnten sich meine Eltern noch kein Auto leisten. Mein Vater besaß einen Motorroller, mit dem wir zu dritt auf Tour gingen. 1962 tauschte er die Vespa gegen ein Motorrad ein. Die Fahrerei mit dem neuen Gefährt war nicht viel bequemer, aber schneller.

1965 kauften wir unser erstes Auto, einen gebrauchten Opel Rekord. Meine Mutter machte mit 36 Jahren ihren Führerschein, mein Vater hatte ihn noch vom Militär. Jetzt konnten wir im Sommer endlich in die Ferien fahren. Die erste Urlaubsreise führte uns rund um den Bodensee.

Auch wenn meine Eltern ein Auto besaßen, half das uns Jugendlichen nicht viel weiter. Außer zu Schulveranstaltungen, da brachte mich mein Vater hin und holte mich spätestens um 22 Uhr ab. Um am Wochenende mobil zu sein, hatten wir keine andere Wahl, als per Anhalter zu fahren. Dabei sind wir nie alleine getrampt, sondern zu zweit oder zu dritt. Eigentlich war das kein Problem, bis auf einmal, da sind zwei Typen mit uns in den Wald abgebogen, aber wir entkamen zum Glück unbeschadet.

Daher war der Führerschein für uns ein absolutes Muss und wir besuchten den Fahrschulunterricht vor dem 18. Geburtstag, damit wir die Fahrerlaubnis pünktlich ausgehändigt bekamen. Autofahren bedeutete für uns Unabhängigkeit. Einige konnten sich gleich eine eigene Schrottkiste leisten, ein paar wenige bekamen von den Eltern einen Pkw geschenkt. Mein Vater lieh mir immerhin hin und wieder das Auto aus.

Ein Mitschüler besaß einen 500er Fiat und wir quetschten uns alle ins Fahrzeug rein. Wenn ich mich richtig erinnere, fanden 15 Personen auf irgendeine Weise darin Platz. Gefahren ist er dann doch nicht, sonst hätte die Polizei bestimmt seinen Pappdeckel einkassiert, wir waren schließlich nicht in Afrika oder Indien.

Mein erstes eigenes Fahrzeug war ein weißer VW-Käfer 1200. Den hatte ich zum Studienbeginn von meinem Onkel für DM 500 abgekauft. Allerdings gab er irgendwann den Geist auf und als Nachfolgemodell kaufte ich mir einen roten 1300er Käfer. Viele Studienkollegen besaßen einen Citroën 2CV, Deux-Chevaux oder Ente genannt, oder einen Renault R4.

Den Rang lief uns ein lieber Studienkollege ab, er fuhr einen Alfa Romeo mit einer eingebauten Stereoanlage, die teurer war als mein Käfer. Daneben besaß er ein Motorrad und ein Segelflugzeug. Er war aber auch ein echter Prinz des österreichischen Hochadels, aber ansonsten sparsam, um nicht zu sagen geizig. Meist kam er mit der Straßenbahn zur Vorlesung, um Geld zu sparen. Aber das war sein Naturell, denn wenn wir in unserer Gruppe zusammen lernten, brachten wir anderen Teilchen vom Bäcker mit und Alfred den billigsten Kuchen vom Aldi.

Als ich 1978 mit meinem Mann in eine eigene Wohnung zog, war der TÜV der Meinung, unsere beiden Autos seien nicht mehr fahrtüchtig. Also legten wir uns einen gebrauchten BMW zu. Da wir in derselben Firma arbeiteten, genügte uns ein Fahrzeug. Später fuhr mein Mann einen

Firmenwagen, sodass ich immer ein Auto zur Verfügung hatte. Mein Lieblingsauto war unser alter VW-Bus in Liberia, da saß ich höher und hatte hinterm Lenkrad alles im Blick.

Bei Gütern, die die Mobilität unterstützen, sind Seniorenhaushalte recht ausgabefreudig. In 7 % steht ein E-Bike, gegenüber 3 % in Haushalten jüngerer Personen. Einen Neuwagen gönnen sich 42 % der älteren Herrschaften, im Gegensatz zu 32 % der jüngeren Generation, so das Statistische Bundesamt, „Ältere Menschen in Deutschland und der EU, 2016".

Die Nutzungshäufigkeit von öffentlichen Verkehrsmitteln nimmt mit dem Alter zu. So fahren rund acht Prozent der 60 – 69-Jährigen an mehreren Tagen pro Woche mit dem Bus oder Bahn und über 13 Prozent der über 70-Jährigen.

Inzwischen hat sich die Einstellung zum eigenen Fahrzeug gewandelt. Unsere Tochter besitzt in der Schweiz kein Auto mehr. Das öffentliche Verkehrsnetz ist dort gut ausgebaut und funktioniert vorbildlich. Auch unser Sohn verzichtete eine Zeit lang in der Stadt aus praktischen Gründen auf ein eigenes Fahrzeug. Allerdings ist es mit Kindern schwierig ohne Auto auszukommen, so steht bei ihm inzwischen wieder ein Pkw vor der Tür.

Bauen, Wohnen & Einrichten

Bauen & Wohnen

Ich komme aus dem Ländle oder wie es viele nennen, dem Musterländle, aus dem freiheitsliebenden liberalen Baden, das 1952 mit den Schwaben zum Bundesland Baden-Württemberg zwangsverheiratet wurde.

„Schaffe, schaffe, Häusle bauen", ein vom kabarettistischen Trio „Die drei Halodries" mit Ralf Bendix 1964 gesungener Schlager, spiegelt die Mentalität der Schwaben treffend wider. In Baden-Württemberg gab und gibt es zahlenmäßig die meisten Bausparkassen sowie die meisten Bausparer. Geld für Miete „rauszuwerfen" ist den Südwestlern zuwider. Fürs eigene Haus wird gerne einmal auf Urlaub verzichtet und anstelle eisern gespart. Auch wir Badener bauten unsere Häusle, aber nicht ganz so verbissen wie die Schwaben, wir genossen noch das Leben. Wir wandelten den „Häusle bauen"-Spruch dann leicht ironisch ab - und soweit ließen wir es nicht kommen - „Hund verkaufen, selber bellen!"

Siedlergemeinschaften, Bauvereine und Baugenossenschaften entstanden, um Wohnungs-

und Hausbau erschwinglich zu machen. Wer das Glück hatte, einen Bauplatz zu erben, konnte mit dem Bauen gleich loslegen, wer nicht, versuchte, günstig an Bauland zu kommen. Viele Gemeinden besaßen noch Bauflächen und boten sie ihren Bürgern zu ermäßigten Preisen an. Mit der Zeit wurden die Grundstücke allerdings immer kleiner und es entstanden Doppel- oder Reihenhaussiedlungen.

Baumärkte wie Bauhaus, Hornbach oder Obi schossen wie Pilze aus dem Boden und versorgten die Häuslebauer mit den notwendigen Baumaterialien und Werkzeugen.

Meine Eltern bauten das geerbte Haus weitgehend selber um und erweiterten es stetig. Mein Vater ermunterte meinen Mann und mich ständig, wir sollten auf dem Grundstück anbauen. Aber treu nach dem Motto weit vom Schuss gibt alte Krieger, verzichteten wir dankend auf das gut gemeinte Angebot.

So erwarben wir 1979 aus steuerlichen Gründen für DM 220'000, ein halbes Haus im Nordschwarzwald. Der ursprüngliche Besitzer hatte das Gebäude zunächst als Einfamilienhaus ausgebaut. Als es zur Scheidung kam, konnte er es finanziell nicht mehr halten, daher verkaufte er das untere Geschoss samt Grundstück an uns als Wohneigentum. Mit dem Geld baute er sich unterm Dach eine zweite Wohnung aus.

Wir fingen an unseren Teil nach unseren Vorstellungen, teils von eigener Hand, teilweise mit der Hilfe von Verwandten und örtlichen Handwerkern, umzubauen. Wir vergrößerten Wohnzimmer und Terrasse, bauten einen Innen- und Außenkamin ein sowie im Kellergeschoß eine Dusche und eine Sauna. Mit rund 30 Jahren besaßen wir unsere eigene Traumwohnung, von denen viele nur träumen konnten. Und dann lernte unser Miteigentümer eine neue Frau mit Geld kennen. Er baute ein neues Haus und verkaufte uns seine obere Wohnung. Damit besaßen wir plötzlich ein Zweifamilienhaus. 1985 verkauften wir das Haus schweren Herzens, bevor wir beruflich nach Liberia umzogen.

Und irgendwie floss in dieser Zeit das Geld und wir konnten uns neben Wohneigentum ausgiebige Reisen nach USA, Australien und Afrika leisten.

In den eigenen vier Wände zu wohnen, ist nach wie vor für viele Menschen ein Traum. Sei es ein selbstbewohntes Haus mit Garten und Terrasse oder eine Eigentumswohnung mit Balkon. Für was man sich entscheidet, ist zum einen Geschmackssache, zum anderen eine Frage des Geldes oder der Vernunft.

Jeder zweite Seniorenhaushalt in Deutschland lebt in den eigenen vier Wänden, 80 % davon in einem Haus, 20 % in Eigentumswohnungen. Verlassen die Kinder das Nest, bleiben oft nur die Eltern oder ein Elternteil in der Immobilie zurück. Daher steht Senioren die üppige Wohnfläche von rund 60 Quadratmetern pro Person zur Verfügung, während jüngere Haushalte sich mit zwei Drittel davon zufriedengeben müssen.

Allerdings sind ein Großteil dieser Wohnungen mehr als 20 Jahre alt und nicht barrierefrei, was für Hochbetagte oder körperlich eingeschränkte Bewohner vorteilhaft wäre. Die Räume baulich anzupassen ist oft schwierig und mit hohen Investitionskosten verbunden. Über ein Drittel der Seniorenhaushalte mit eigener Wohnung oder Haus verfügen über ein monatliches Nettoeinkommen von 2'000 Euro und mehr.

Aber was geschieht mit den Wohneigentümern, die weniger zum Leben haben? Sie können zwar mietfrei wohnen, aber vielmals erforderliche Umbaumaßnahmen nicht finanzieren. Ihnen bleibt am Ende oft keine andere Wahl, als die eigenen vier Wände zu verlassen und in Be-

treutes Wohnen oder in ein Pflegeheim umzu-
ziehen.

Ähnliches gilt auch für Mieter, die vielmals in
älteren und daher in nicht altersgerechten Wohnungen leben, obwohl im Geschosswohnungs-
bau bereits seit Jahren nahezu ausschließlich
barrierearm gebaut wird.

Für nachkommende Generationen sieht es
düsterer aus, da das zu erwartende Einkommen
der künftigen Rentner zu sinken droht. Von den
heute 15- bis 64-Jährigen arbeiten über 20
Prozent im Niedriglohnsektor. Diese Bevölkerungsgruppe kann kaum Rücklagen bilden und
Betriebsrenten in diesem Einkommensbereich
stellen eher die Ausnahme dar. Daher wird ein
erheblicher Teil dieser Beschäftigten mit dem
Rentenbezug in die Grundsicherung abgleiten.

Abgemildert werden kann dies nur durch er-
erbtes Vermögen oder durch das gemeinsame
Wohnen mit einem Partner oder einer Partnerin
oder der Gründung von Rentner-WGs. Warum
nicht wieder, wie einst in Studienzeiten, in einer
Wohngemeinschaft leben?

Gerade für die geburtenstarken Jahrgänge
der 1960er Jahre wird die künftige Bezahlbarkeit
des Wohnens zum zentralen Problem werden.
Es ist zu befürchten, dass der Anteil an Senio-

ren, welche ergänzende Leistungen zur Deckung ihres Lebensunterhalts brauchen, von ge-
genwärtig rund 3 % in den nächsten zwei Jahr-
zehnten auf über 25 % ansteigen wird.

Einrichten

Das traute Heim will entsprechend dem Zeitgeist eingerichtet sein. In den 1950er Jahren galt eine Einbauküche aus Resopal als Traum einer jeden Hausfrau. Eine solche Küche besaß dann tatsächlich meine Tante, die 1959 heiratete.

Bei uns zuhause sah die Realität ganz anders aus. In der Wohnküche dominierte ein voluminöser Schrank im „Gelsenkirchener Barock" der Nachkriegszeit und eine hölzerne Eckbank mit Polsterkissen ergänzte den braunen Schick. Im Schlafzimmer meiner Eltern stand ein Doppelbett in Nussbaumfurnier, flankiert von Nachttischen, einem passenden Kleiderschrank und einem Schminktisch mit Spiegel. Ein Wohnzimmer existierte in meiner frühen Kindheit noch nicht, das kam erst 1961 hinzu. Zwei klobige Sessel, eine Klappcouch sowie ein Wohnzimmerbuffet füllten den Raum fast vollständig aus. Von der Wand prangte eine großkarierte Tapete und Eichenholzfurnier zierte die Zimmerdecke.

Ich hatte das Glück, 1962 mein eigenes Zimmer zu bekommen mit richtig modernen Möbeln.

Ein rot-grün-kariertes Polsterbett, das ich am Tag durch Einschieben in eine Sitzgelegenheit verwandeln konnte, war mit hellem Holzfurnier fürs Bettzeug umbaut. Ein dazu gehöriger Kleiderschrank und ein kleiner Couchtisch mit zwei Klubsesseln ergänzten die Möblierung.

Als mein Mann und ich 1978 zusammenzogen, besaßen wir drei Gemüse-Holzkisten als Möbelstücke, die über viele Jahre hinweg zum Einsatz kamen, mal als Sitzgelegenheit, mal als Regal und irgendwann als Schuhgestell. Den Mittelpunkt unserer ersten Wohnung bildete ein großer Esstisch, an dem bequem bis zu 14 Personen Platz fanden. Der Ausziehtisch, aus edlem Mahagonifurnier gefertigt, blieb leider altershalber in Sri Lanka zurück. Die restlichen Möbel unsere Wohnung sammelten sich im Laufe der Jahre zum Teil aus unseren Aufenthalten in Liberia und Indonesien an.

In meiner Zeit bei der Lokalredaktion des Südkuriers besuchte ich zahlreiche Senioren zuhause, um zum runden Geburtstag ab 75 Jahren zu gratulieren. Was mir dabei zum Teil begegnete, konnte ich teilweise nicht fassen. Die meisten Jubilare lebten in kleinen, vollgestellten, dunklen Räumen, kaum Platz, um sich zu bewegen. Die Möbel waren alt, die Vorhänge in die

Jahre gekommen, abgewetzte Teppiche bildeten Stolperfallen und alle Schränke und Regale
standen voll mit Nippes. In den Räumen fehlte
die Luft zum Atmen, wie kann sich jemand darin
wohlfühlen?

Inzwischen stehen Barcelona-Sessel in unserem Wohnzimmer in Malaysia. Die von Ludwig
Mies van der Rohe für den deutschen Pavillon
zur Weltausstellung 1929 in Barcelona entwor-
fenen Designermöbel sind einzigartig und nach
90 Jahren immer noch eine Augenweide. Dazu
sind sie bequem, im Gegensatz zu anderen De-
signersesseln. Und natürlich steht wieder ein
großer Esstisch im Raum, diesmal aus Granit
und Edelstahl und dazu rote Lederstühle. Fürs
Geschirr halten noch zwei schwarze Ikea-
Schränke her.

Ikea gibt es in Deutschland seit 1974 und das
schwedische Möbelhaus zählt nach wie vor zu
meinen Lieblingseinrichtungshäusern. Das pu-
ristische Design trifft meinen Geschmack. Der
Inhaber eines exklusiven Design-Einrichtungs-
hauses erklärte mir einmal, dass Ikea das Beste
war, was ihnen für ihr Familienunternehmen hatte passieren können. Wer sich in jungen Jahren
mit schlichtem Design anfreundet, der kauft sich
später, wenn er es vermag, teure Designermö-

bel. So einfach ist offenbar das Verkaufsverhalten der Kundschaft.

Wenn es ums eigene Heim geht, investieren die Deutschen. Nicht bloß in Immobilien, sondern auch in die Einrichtung. Nur Schweizer und Österreicher geben mehr dafür aus. Und gerade für Senioren spielt der Wohnkomfort eine zentrale Rolle. Keine andere Altersgruppe interessiert sich so sehr für das Thema „Wohnen und Einrichten" und ist bereit für Anschaffungen in diesem Bereich mehr Geld auszugeben. Allerdings müssen Alltagsprodukte eine unabhängige Lebensführung unterstützen, mehr Lebensqualität bieten, aber dabei keinesfalls einen Altersheim-Muff ausstrahlen.

In den 1950er-Jahren eroberte Plastik die Haushalte. Es war neu, billig und beliebt. Insbesondere fanden viele Haushaltsgegenstände aus Kunststoff nun ihren Platz in den Schränken. So waren Tupperpartys der Renner. Die bunten Schüsseln waren nicht im Handel erhältlich, sondern nur auf privaten Verkaufsveranstaltungen. Eine Hausfrau spielte dabei die Gastgeberin, lud ihre Freundinnen ein, servierte Häppchen und Getränke und erhielt am Ende dafür von der Tupperwarefirma eine kleine Provision sowie ein Geschenk.

Auch Kunststoffmöbel eroberten die Wohnungen. Nach dem Krieg und den anschließenden Mangeljahren waren herkömmliche Materialien, wie Holz oder Eisen, teuer und schwerer verfügbar. Hingegen wurden Dinge aus Plastik zunehmend billiger, sodass es sich jeder leisten konnte. Und die Designer entdeckten die unerschöpflichen Möglichkeiten des neuen Werkstoffes.

Nach den Nierentischen, gedeckten Farbtönen und zeitloser Eleganz anfangs der 1960er Jahre, hielt ab Mitte des Jahrzehnts die Pop-Art Einzug ins Wohnzimmer. Grelle Farben und extravagante Formen dominierten. Futuristische Möbel, inspiriert vom Raumschiff Enterprise, oder aufblasbare Sessel dienten der damals jungen Generation als Abgrenzung zum Wohnstil ihrer Eltern.

Die vom Überfluss gesättigte 1968er-Generation, mit ihrer abwertenden Haltung gegenüber Konsum und Massenprodukten, beeinflusste den Einrichtungsstil der 70er Jahre. Flower-Power-Kultur und Disco-Ära bildeten einen Kontrast. Plötzlich standen den knallige Farben Naturtöne gegenüber, es entstand ein total widersprüchlicher Mix, ein provokatives Anti-Design. Bastmöbel und Stoffe im Ethnolook fanden den Weg in deutsche Wohnungen.

In den 1980er kam mit den Yuppies ein neues Konsumverhalten. Die Gegenkultur der 1960er und 1970er Jahre war vorbei, plötzlich standen materieller Wohlstand und Reichtum im Vordergrund. Teure Designer-Kleidung gab den Ton an und jeder zeigte, was er hatte. Dies spiegelte sich auch in der Wohnungseinrichtung wider. Moderne, ausladende Ledersofas, wie etwa von Ralf Benz, vermittelten die klare Botschaft „Wir haben es geschafft".

Für welchen Einrichtungsstil sich die Generation 65 plus letztendlich entscheidet, bleibt Geschmackssache und eine Geldfrage. Die meisten werden ohnehin ihre bisherige Ausstattung behalten wollen. Wer sich trotzdem verändern möchte, aufgrund von Notwendigkeiten oder der Lust auf Neues, der sollte darauf achten, dass die neue Einrichtung bequem und praktisch ist. Das bedeutet jedoch nicht altbacken.

Ein erholsamer Schlaf - ohne morgens verspannt aufzuwachen - ist unerlässlich. Hier helfen Boxspringbetten, die bereits über eine Komforthöhe von mindestens 50 Zentimeter verfügen und so den Ein- und Ausstieg erleichtern. Ein Doppelbett sollte sich bei Bedarf in zwei Einzelbetten teil lassen. Ausgestattet mit elektrisch verstellbaren Fuß- und Kopfteilen bringt es ein

Maximum an Komfort mit sich. So lässt es sich bequem lesen oder bei vorübergehender Bettlägerigkeit auch gut im Bett essen oder fernsehen.

Freizeit

Sport & Bewegung

„Sport ist Mord" war ein beliebter Spruch unseres Sohnes. Allerdings hatte er als Kind auch ein paar Pölsterchen drauf und beim Fußball stand er lieber im Tor, als über den Platz zu rennen. Das änderte sich irgendwann schlagartig und heute geht er freiwillig Joggen und Bergsteigen, um sein Idealgewicht zu halten.

Leichtathletik war nie etwas für mich, als Kind und Jugendliche sagte mir Boden- und Geräteturnen mehr zu und ich leitete beim Turnverein Kinderkurse. Mein Heimatort liegt in der Rheinebene, daher gehörten Rollschuh- und Radfahren zu unseren Freizeitbeschäftigungen. Zahlreiche Baggerseen lockten im Sommer zum Baden und im Winter fuhren wir Schlitten von einem Minihügel. Mit 18 Jahren stand ich im Schwarzwald zum ersten Mal auf Skiern.

Im Jahre 1970 gab es in der BRD insgesamt rund sechs Millionen männliche und 2,2 Millionen weibliche Mitglieder in Sportvereinen. Die Mehrheit der Männer spielte Fußball (2,8 Mio.), der Frauenanteil lag bei null. Im Turnverein hatten die Frauen mit 1,2 Millionen Mitgliedern die

Nase vorn, ihre männlichen Mitstreiter zählten nur rund eine Million. Leichtathletik betrieben allerdings fast doppelt so viele Männer (420'000) wie Frauen (220'000). Die Zahlen entstammen der Publikation „Deutschland in Daten. Zeitreihen zur Historischen Statistik, Bundeszentrale für politische Bildung, Bonn".

Auch meine Familie bestand aus Fußballfans. Nicht direkt meine Eltern, aber die Schwestern meiner Mutter mit ihren Männern. Zuerst führte die älteste Tante das Klubhaus des heimischen Fußballvereins, später übernahm es die jüngste. In beiden Fällen diente es als Zubrot zum Hausbau. Damals war ich etwa 10 oder 12 Jahre alt. An Sonntagen nach den Heimspielen sammelte ich die leeren Getränkeflaschen ein und erhielt als Dank entweder eine Tafel Schokolade oder etwas Taschengeld. Als meine jüngste Tante die Gaststätte managte, war ich schon älter und ich sprang als Bedienung ein. Mit dem Trinkgeld - insbesondere nach einem gewonnenen Heimspiel - konnte ich meine Hobbys finanzieren. Allerdings hege ich seit dieser Zeit eine gewisse Abneigung gegenüber Fußball, das war nicht meine Welt.

Mit 19 Jahren widmete ich mich einer ganz anderen, etwas ausgefalleneren Sportart, ich begann mit dem Fallschirmspringen. Mein damaliger Freund kam über die Bundeswehr zu diesem Hobby. Da ich ihn am Wochenende immer auf den Sprungplatz begleitete, wurde mir das Herumsitzen irgendwann zu doof und ich beschloss, mich zur Ausbildung anzumelden. Nachdem ich die theoretische und praktische Prüfung bestanden hatte, ging es nach einigen Übungssprüngen an der Reißleine mit dem wirklichen Erlebnis - dem des freien Falles - los und es machte mir unheimlich viel Spaß. So verbrachte ich die Wochenenden der nächsten Jahre auf dem Sprungplatz der Eichelbergkaserne in Bruchsal. Später lernte ich dadurch meinen Mann kennen, der in der Schweiz Mitglied im Paraclub Grenchen war.

Fallschirmspringen ist ein sehr zeitintensiver Sport, da die Springer bei gutem Wetter in der Luft sind und bei schlechter Wetterlage auf dem Sprunggelände herumhängen, in der Hoffnung, dass der Regen aufhört oder der Wind nachlässt. So beschlossen mein Mann und ich, nachdem jeder von uns fast 300 Absprünge absolviert hatte, unser Hobby an den Nagel zu hängen. Nachdem wir unser Geld und unsere Zeit nicht mehr ins Springen investierten, fingen wir an zu reisen.

Irgendwann begannen wir Tennis zu spielen, allerdings war diese Sportart meinem Rücken nicht besonders förderlich und nachdem mich auf dem Betonplatz in Liberia der Hexenschuss beim Aufschlag ein- oder zweimal ereilte, ließ ich es lieber bleiben.

In Liberia hatten wir auf der Bong Mine einen 9-Loch-Golfplatz und wir fingen an, Golf zu spielen, was wir heute noch tun. Ich erinnere mich noch an ein Freundschaftsturnier im Golfclub Obere Alp bei Waldshut, Tiger-Rabbit genannt, zu dem ich meine Nachbarin und Freundin zur Teilnahme einlud. Ich war der Tiger, sprich für die langen Schläge zuständig, sie der Hase und verantwortlich für die kurzen Schläge ins Loch. Sie wanderte regelmäßig mit ihrem Mann im Schwarzwald und hatte fürs Golfspiel immer nur ein müdes Lächeln übrig - das „Altherrenspiel" machte man ja mit links. Nach 18 Löchern stöhnte sie ob der körperlichen Anstrengung und war fix und fertig. Fortan war ihr klar, dass Golfen Kondition und Konzentration erfordert.

Im Winter genießen wir nach wie vor unsere Skiferien. Zwar fahren wir nicht mehr wie früher bei jedem Wetter, sondern nur noch bei guter Sicht. Nach einigem Zögern haben wir uns vor wenigen Jahren Ski-Helme zugelegt, um ehrlich zu sein, erst nach dem tragischen Skiunfall von Michael Schuhmacher. Solange unsere Kondition und Knochen mitmachen, wollen wir den Skisport weiterhin noch jedes Jahr genießen, nach dem Motto: „Skifahren ist das Beste, was man aus dem Winter machen kann".

Um etwas Gutes für die Gesundheit zu tun, müssen Senioren nicht unbedingt eine Sportart ausüben, oft genügt es, sich ausreichend zu bewegen. Das muss nicht im Fitnessstudio sein, besser die Treppe nehmen anstatt Lift zu fahren, oder aufs Auto verzichten und zu Fuß gehen. Smartphones helfen mit speziellen Apps, die eigene Laufleistung zu messen und zu dokumentieren, zumindest das iPhone hat standardmäßig einen Schrittzähler integriert. Vor unserer Trekkingtour in Peru habe ich dieses Hilfsmittel regelmäßig benutzt. 10'000 Schritte täglich zu erreichen, war mein Ziel, und das ist gar nicht so einfach, wenn nicht gerade eine 18-Loch Marschrunde über den Golfplatz ansteht.

Natürlich können Senioren durch den Stadtpark oder Wald walken, was Neudeutsch für strammes Gehen steht, am Aquafit-Training im Schwimmbad teilnehmen oder im Fitnessstudio aufs Laufband oder Fahrrad steigen. Oder noch besser ist, in der freien Natur zu radeln. Im Jahr

2012/13 wendeten die Senioren täglich 34 Minuten für sportliche Aktivitäten auf. Beliebt waren Schwimmen, Wandern und Nordic-Walken und über 84 % gehen gerne spazieren.

Ich selbst trainiere am Morgen vor dem Aufstehen meine Bauchmuskulatur. Auf dem Rücken liegend, winkle ich vierzigmal meine Beine an. Anschließend strecke ich sie noch zwanzigmal senkrecht in die Höhe und zum Abschluss spanne ich die Bauchmuskeln an und halte meine Beine so lange wie möglich waagrecht knapp über der Matratze gestreckt. Diese Übung tut auch meinen Knien gut.

Reisen

Nach ersten Camping-Reisen mit meinen Eltern im Auto an den Lago Maggiore, führte mich meine erste Flugreise nach Istanbul. Zusammen mit meiner Freundin Anita flogen wir nach der Mittleren Reife von Stuttgart aus in die Türkei. Es war eine Pauschalreise, inklusive Flug, Hotel und Reiseleitung, vermutlich von Neckermann oder Hetzel aus Stuttgart.

Nach der Landung offenbarte sich mir bereits auf dem Weg in die Innenstadt eine ganz andere Welt. Schilder an der Autobahnauffahrt kündigten an, dass Eselskarren nicht erlaubt seien. Wie das, spannten die Türken noch Esel vor ihre Fuhrwerke? Es war eine aufregende Erfahrung für uns, durch die Stadt zu bummeln, allerdings auch anstrengend. Jedes Mal, wenn wir an einer Straßenecke anhielten und einen Blick in den Stadtplan warfen, waren wir sofort von einer Männertraube umringt. Das war ungewohnt, aber vermutlich waren wir das für die jungen Türken ebenfalls. Wann sahen sie bis 1969 schon mal eine blonde und eine rothaarige

Siebzehnjährige aus Alemannia? Für uns war es nur nervig.

Meine nächste Reise ging für zehn Tage mit dem Zug nach Rom, diesmal ohne Begleitung. Ich genoss es, alleine durch die Stadt zu streifen, antike Überreste oder barocke Brunnen zu entdecken, aber auch die neusten und günstigen Schuhmodelle im Sommerschlussverkauf zu ergattern. Die Italiener benahmen sich ganz anders als die Türken, überhaupt nicht aufdringlich, aber trotzdem hilfsbereit.

Mit meinem Mann reiste ich zunächst durch Europa, bevor wir viele spannende Reisen rund um den Globus unternahmen. So fuhren wir mit einem Allradfahrzeug durchs australische Outback, durchstreiften den Urwald in Ruanda auf der Suche nach den Berggorillas, hielten in Sumatra und Kalimantan Ausschau nach den Orang-Utans, besuchten die Pygmäen in der Demokratischen Republik Kongo (Zaire) und die Dani mit ihren Penisköchern in West-Papua.

Wir reisten mehrfach durch USA und Australien, durchquerten Neuseeland von Nord nach Süd und lernten zahlreiche Länder in Asien kennen. Mit unseren VW-Bus sind wir von Liberia aus an die Elfenbeinküste gefahren und er-

kundeten Gambia und Namibia. Nach unserer
Pensionierung schafften wir es endlich, auch
Südamerika zu bereisen. Auf Wunsch meines
Mannes machten wir einen Abstecher in die
Antarktis und wanderten in Peru zum Machu
Picchu. Und wir sind nach wie vor reisefreudig
und einige Ziele stehen noch auf unserer Must-
Do-Liste.

Ein Freund von uns hat sich nach seiner
Pensionierung einen lang gehegten Traum erfüllt. Er fuhr mit dem Motorrad von Deutschland
nach Indonesien. Das erforderte einiges an Planung und Organisation, um mit seiner BMW all
die Grenzen passieren zu können. Nur in China
schloss er sich einer Gruppe an, da Einzelrei-
sende mit einem chinesischen Aufpasser fahren
müssen und das wäre zu teuer gekommen.

Nicht alle Senioren trauen sich, solche Reisen
auf eigene Faust zu unternehmen. Und trotzdem wollen sie etwas erleben, anstatt zu Hause
vor dem Fernseher einzuschlafen. Reiseveranstalter erkannten dies inzwischen und bieten
Event- und Abenteuerreisen in Gruppen für die
Generation 50 plus an. Keine andere Altersgruppe unternimmt so viele Urlaubsreisen wie
die 50- bis 70-Jährigen. Das Angebot reicht von
Touren durch die Wüste Persiens, über Eisberg-

Safaris in Grönland bis zu geführten Motorrad-touren durch die heimische Bergwelt.

Nicht alle Senioren zieht es in die exotische Ferne, so unternahmen im Jahr 2014 fast 19 % eine Kultur-, Rund- oder Studienreise. Dabei gaben sie etwa 1'000 Euro aus. Aber leider liegt selbst ein solcher Urlaub nicht für alle Rentner drin, rund ein Fünftel der Bevölkerung kann sich das finanziell nicht leisten.

Auch Deutschland hat schöne Urlaubsziele zu bieten. Dann heißt es eben Wald, Wiesen und Berge mit dem Rucksack auf Schusters Rappen zu erkunden, die diversen regionalen Sehens-würdigkeiten zu besuchen oder sich eine Fluss-oder Seerundfahrt zu gönnen. Fahrkarten für Bus und Bahn kosten nicht die Welt.

Egal, wohin es Rentner auch zieht, reisen hält körperlich und geistig fit. Neue Ziele warten da-rauf, erkundet zu werden, gibt es etwa Spannen-deres?

Fernsehen, Lesen & Unterhaltung

In meiner Jugend liebten wir es, auszugehen. Während der Woche erlaubten das meine Eltern selten, da hieß es lernen, Geige üben, im Turnverein trainieren. Nach Erledigung der Hausaufgaben konnten meine Kameradinnen und ich in meinem Zimmer Musik hören oder, wenn ich alleine war, lesen. Am frühen Abend durfte ich auch fernsehen. Am Wochenende ging es dann heimlich mit Freundinnen in die Disco, wo wir nach Herzenslust tanzen konnten.

Was bedeuten Freizeitaktivitäten? Rund zehn bis elf Stunden gehen am Tag für Schlafen, Körperpflege, Essen und Trinken drauf. Weitere sechs bis acht Stunden sind für Schule, Arbeit oder sonstige Verpflichtungen reserviert. So verbleiben für Jüngere knapp sechs, für Senioren gut sieben Stunden am Tag, über die sie frei verfügen können.

Wir verbrachten den Großteil unserer Freizeit in Gesellschaft mit anderen, meist mit Freunden oder in der Familie. Inzwischen verbringt die Generation 65 plus die Hälfte ihrer Freizeit alleine. Das liegt teils daran, dass viele mittlerweile Singles sind, die Kinder nicht mehr im Haus wohnen oder der alte Freundeskreis altershalber geschrumpft ist.

Die Senioren retten das Fernsehen. Ohne diese Altersgruppe sähe es düster aus in der Fernsehlandschaft. Laut Media Control schauen Menschen über 65 Jahren täglich über fünfeinhalb Stunden fern. Dagegen verabschieden sich die 14- bis 19-Jährigen vom TV-Angebot. Mit gut einer Stunde schauen die jungen Menschen nur noch halb so lange wie im Jahre 2005.

Angebote wie Netflix, Amazon & Co laufen den Fernsehsendungen den Rang ab. Und ich kann nachvollziehen warum, ich greife ebenfalls auf diese Medien zurück. Hier kann ich den Fernseher einschalten, wann ich will und nicht, wenn mir irgendwelche Fernsehmacher vorschreiben, wann ich irgendwelche Prime-Zeiten zu nutzen habe. Dann kann ich in Ruhe mit meinem Mann das Abendessen genießen und anschließend entscheiden, was wir uns anschauen wollen oder ob wir lieber ganz auf den Fernsehabend verzichten.

Die Fernsehanstalten sollten sich vielleicht nicht zu bequem zurücklehnen. Zwar altert unsere Gesellschaft immer mehr, aber das bedeutet nicht, dass die Generation 65 plus ihre alten Gewohnheiten beibehält.

Fernsehen bedeutet für Senioren jedoch nicht nur seichte Unterhaltung, sie schauen ebenso Nachrichten- und Dokumentarsendungen an. Wie keine andere Altersgruppe widmen sich die Best-Ager dem Besuch kultureller Veranstaltungen, hören Radio oder lesen. So sind ältere Menschen Spitzenreiter beim Lesen und verbringen durchschnittlich 57 Minuten am Tag damit.

Lässt das Augenlicht nach, helfen E-Books als Lesestoff. Kindle, Tolino und Co. erlauben die Einstellung der Schriftgröße je nach Bedürfnis und kommen ohne Leselampe aus. Die E-Reader-Geräte sind robust und verzeihen auch einen Absturz vom Bett nach dem Einschlafen. Die Auswahl an entsprechenden digitalen Büchern sind enorm, alle Genre sind vertreten.

Unabhängig davon, ob sich Senioren für das gedruckte oder digitale Buch entscheiden, Lesen macht nicht nur Spaß, es dient auch der Gesundheit. Im Gegensatz zum Fernsehen erfordert Lesen eine höhere Konzentration, da eine Umwandlung von Wörtern im Gehirn zu Bildern erfolgt, was die Gedächtnisleistung erhöht.

Ferner fördert es die Konzentrationsfähigkeit, da sich Leser mit den Texten auseinandersetzen müssen. Und zusätzlich trainiert es den Sprachgebrauch und erweitert den Wortschatz.

Klappt Lesen nicht mehr ohne Weiteres, bilden Hörbücher eine Alternative. Dabei heißt es, gut zuzuhören. Das erinnert mich an die Zeit mit unseren Kindern, wenn wir lange, langweilige Autofahrten mit diversen Audiokassetten überbrückten. Die Detektivgeschichten mit Justus Jonas und „Die drei ???" oder „Ein Fall für TKKG" sorgten im Auto für Spannung für Jung und Alt und die Zeit verging ohne ständiges Gemecker wie im Flug.

Neben Fernsehen, Lesen und dem Besuch von Veranstaltungen verbringen Menschen ab 65 Jahren auch einige Stunden am Computer und am Smartphone.

Garten & Hobbys

Zuhause hatten wir einen großen Garten hinterm Haus, der in meiner Kindheit nur als Gemüse- und Obstgarten diente. Hinzu kamen ein Pachtacker im Kraichgau sowie ein Spargelacker. Garten und Ackerland dienten zur Versorgung mit Nahrungsmitteln. Obst und Gemüse, das im Sommer und Herbst nicht gegessen werden konnte, konservierte meine Mutter für den Winter. Gurken legte sie in Essig ein, Weißkraut verarbeitete sie zu Sauerkraut, aus Tomaten kochte sie Püree und sterilisierte Bohnen, Karotten und Spargel in Einmachgläsern. Erst später war es möglich, sich ein Tiefkühlfach zu mieten. Das Obst verarbeitete sie zu Marmelade oder mein Vater zu Apfelsaft, Most oder zu Apfel-, Birnen oder Mirabellenschnaps.

Mit den Jahren verschwanden die Pachtäcker und der Nutzgarten wurde reduziert. Eine Rasenfläche, ein Zierteich und ein riesiger Wintergarten entstanden. Meine Mutter hatte einen grünen Daumen und verbrachte jede freie Minute im Garten. Da gab es ein Gewächshaus für Tomaten und Salatgurken, am Zaun reiften Williamsbirnen, Kirschen und Mirabellen hingen am Baum und sogar Kiwis reiften. Im Wintergarten wuchs ein Kaffeestrauch und Chilistauden aus Liberia, neben einer Unzahl an Kakteen, Agaven und einer Königin der Nacht.

Meine Begeisterung für den Garten hielt sich in Grenzen, mir reichte ein kleiner Kräutergarten in unserem ersten Haus. Und im Ausland hatte ich den Luxus eines Gärtners auf dem gemieteten Anwesen. Eine Grünfläche ums Haus war uns wichtig, aber dabei stand der Wohlfühlaspekt im Mittelpunkt und nicht die gärtnerische Nutzung.

Die Mehrheit der Generation 60 plus gaben 2017 an, dass sie mindestens einmal im Monat im Garten arbeiten. Bei den befragten 70-Jährigen ging der Anteil auf rund 45 Prozent zurück, wobei er bei der Gesamtbevölkerung nur bei 37 Prozent lag.

Über 75 % gab als Freizeitaktivität Kochen an, 58 % unternahmen etwas mit ihren Kindern oder Enkelkindern. Und 28 % saßen gerne am Stammtisch oder trafen sich mit ihrer Hobbygruppe.

Interessant ist das Thema Handarbeit. Nur 13 % der Bevölkerung gab dies als Hobby an, aber fast 17 % der 60- bis 69-Jährigen strickte oder häkelte, bei der Generation 70 plus betrug der Anteil sogar 24 Prozent. Das liegt bestimmt nicht daran, dass die Älteren bessere Augen haben, sondern es spiegelt einen klaren Wandel in der Gesellschaft wider. Die 68er und Blumenkinder brachen mit der Tradition ihrer Mütter. Und ich sage bewusst Mütter und nicht Eltern, da in unserer Gesellschaft kaum ein Mann den Umgang mit Strick- oder Häkelnadeln beherrscht. Im Gegensatz zu Peru, dort gibt es mitten im Titicacasee eine Insel, auf der ausnahmslos Männer diesem Handwerk frönen.

Zukunft

Politik & Arbeit

Die Generation 65 plus kam nach dem Zweiten Weltkrieg zur Welt und ist die Altersgruppe, die in Deutschland keinen Krieg miterlebt hat. Nie zuvor gab es eine so lange Friedensperiode. Auch in Europa hat - abgesehen vom Krieg auf dem Balkan - der Frieden gehalten. Dies ist der Verdienst der Europäischen Union (EU), sie ist ein Garant für den Frieden.

In den 1950er-Jahren gründeten sechs Staaten die Europäische Wirtschaftsgemeinschaft (EWG). Das Ziel war, durch eine gezielte wirtschaftliche Verflechtung militärische Konflikte für die Zukunft zu verhindern. Daraus ging die Europäische Gemeinschaft (EG) und inzwischen die EU hervor. Sie umfasst derzeit 28 Mitgliedsstaaten mit einer halben Milliarde Bürger und ist, gemessen am Bruttoinlandsprodukt, der größte gemeinsame Wirtschaftsraum der Erde. Mit Sicherheit verdanken wir der EU, trotz ihrer Schwächen, diese stabile politische Lage. Bleibt nur zu hoffen, dass die Friedensphase weiter anhält und die schwelenden Konflikte im Nahen Osten nicht nach Europa überschwappen. Oder

der Terror der islamistischen Gruppierungen die Oberhand in der Welt gewinnt.

2050 wird es mehr als doppelt so viele ältere wie junge Menschen in Deutschland geben, eine Lebenszeit von rund 100 Jahren wird für immer mehr Bürger Realität sein. Nur ein erneuter Babyboom kann dies bremsen, aber so lange Kinderkriegen als Privatsache angesehen und dies auf dem Rücken der Frauen ausgetragen wird, sieht es schlecht damit aus. Für Nachwuchs zu sorgen, ist eine gesellschaftliche Aufgabe, die von der Bevölkerung gemeinsam zu stemmen ist. Solange die Politik dies nicht erkennt und entsprechende Maßnahmen ergreift, werden bei dieser Alterspyramide unsere Rentenkassen mit ihrem Solidarprinzip langsam aber sicher ausbluten.

Hinzu kommt, dass durch den Einsatz von Robotern und Künstlicher Intelligenz (KI) Arbeitsplätze wegfallen werden. Laut einer aktuellen Studie der Unternehmensberatung McKinsey müssen sich bis in zehn Jahren in Deutschland rund ein Drittel aller Arbeitnehmer neue Fähigkeiten aneignen oder sich einen neuen Job suchen. Fast ein Viertel der geleisteten Arbeitsstunden könnten durch weitergehende Automatisierung wegfallen.

Andererseits klagen die Unternehmen immer stärker, dass es an Fachkräften mangle. Trotz nahezu Vollbeschäftigung seien mehr als eine Million Stellen unbesetzt. Nach neun Jahren Aufschwung kommen inzwischen nur zwei Arbeitslose auf ein Stellenangebot, 2005 waren es noch mehr als zehn. Das führt dazu, dass jede zweite offene Stelle von jemandem besetzt wird, der den Job wechselt. Es fehlen vor allem Ingenieure, Handwerker und Pfleger, allerdings regional sehr unterschiedlich.

Wie zu Zeiten des Wirtschaftswunders, als Gastarbeiter aus Italien, Portugal, Ex-Jugoslawien, Griechenland und der Türkei ins Land strömten, drängen Arbeitgeber schon länger darauf, mehr Zuwanderung von qualifizierten Arbeitskräften zuzulassen.

Eine Studie der Bertelsmann Stiftung kam zu dem Schluss, dass Deutschland künftig 260'000 Zuwanderer brauche, davon etwa 146'000 Fachkräfte aus Nicht-EU-Staaten. Dies soll das neue Fachkräfteeinwanderungsgesetz ermöglichen, das zum 1. Januar 2020 in Kraft treten und vorerst bis zum 30. Juni 2022 gelten wird.

Gut ausgebildete Arbeitskräfte können sich damit auch aus Nicht-EU-Ländern auf einen Job bewerben und bei einer Zusage nach Deutschland kommen. Oder zunächst für sechs Monate vorläufig einreisen, um einen Arbeitsplatz zu suchen - sofern sie für ihren Lebensunterhalt sorgen können. Diese Regelung gab es bereits für Hochschulabgänger und wird jetzt um Fachkräfte mit einer qualifizierten Berufsausbildung erweitert.

Ferner ist das Gesetz über „Duldung bei Ausbildung und Beschäftigung" in der Pipeline. Diese dreißigmonatige Beschäftigungsduldung verschafft gut integrierten abgelehnten Asylbewerbern und deren Familien eine Bleibeperspektive mit der Möglichkeit des Übergangs in eine Aufenthaltserlaubnis.

Letztere Regelung ist sinnvoll, denn warum sollten Personen, die integriert sind und in Arbeit stehen, abgeschoben werden? Dagegen hat die Medaille der Einwanderung von Fachkräften meiner Meinung nach zwei Seiten. Es hilft, gut ausgebildete Fachkräfte nach Deutschland zu locken und damit unseren Wohlstand zu sichern. Damit übernimmt die BRD die gängigen Praktiken traditioneller Einwanderungsländer, wie die USA, Kanada oder Australien. Die Herkunftsländer investieren in die Ausbildung ihrer Bevölkerung, die anderen sahnen ab. Sozial ist dies nicht.

Klar ist jedenfalls, dass die Zeit von Bewerbungen in Betrieben um die Ecke passé ist. Junge Menschen müssen in Zukunft flexibel sein und deutschlandweit, wenn nicht gar europaweit nach Stellen suchen.

Vernetzung & Internet

Unsere Welt wird künftig vernetzter. Vor 25 Jahren spielte das Internet im Privatleben praktisch noch keine Rolle, 2015 nutzten es weltweit bereits 3,2 Milliarden und seit dem Millennium sind alle Staaten mit dem Internet verbunden.

Allerdings sieht es im Breitbandausbau trübe aus, Deutschland zählt inzwischen international gesehen zu den Schlusslichtern. Glasfaserkabel mit Übertragungsraten von bis zu 1'000 Mbit/s enden am alten Telefonanschlusskasten an der Straße, ab dort drosseln Kupferkabel runter auf 50 und 100 Mbit/s. Schnelles Internet sieht anders aus.

Rein rechnerisch besaß 2015 nahezu jeder Mensch auf der Welt ein Handy und fast die Hälfte der Weltbevölkerung hatte einen Vertrag für mobile Breitbandnutzung. Derzeit erfolgt in der BRD in Testregionen der schleppende 5G-Ausbau, während andere Länder, wie Finnland, Estland, USA und Südkorea die ersten Netze dieses Jahr bereits in Betrieb nehmen. Der 5G-Standard ermöglich Downloads mit einer Geschwindigkeit von 10 Gigabit pro Sekunde, ist also 100-mal schneller als das gegenwärtige LTE (4G-Netz).

Um Technologien, wie intelligentes Wohnen, Smart Farming, autonomes Fahren oder den Einsatz von Transport- oder Taxidrohnen realisieren zu können, braucht es ein schnelles, zuverlässiges Internet, und zwar flächendeckend - 5G an jeder Milchkanne.

Die zunehmende Datenvernetzung bringt vermehrte Gefahren mit sich. Das Internet bildet das Tor zur Welt, aber es bietet umgekehrt auch die Möglichkeit, auf diesem Wege digital in einen Rechner einzudringen. Daher sollten sensible Daten stets auf einem lokalen Computer ohne Internetanbindung gespeichert werden. Natürlich kann der Rechner immer noch geklaut werden oder Eindringlinge können sich Zugang zum Gerät verschaffen, das Passwort knacken und die Dateien kopieren. Eine 100 %-ige Sicherheit gibt es nicht.

Zu unterscheiden ist dabei zwischen Datensicherheit und Datenschutz. Datensicherheit bietet Schutz vor Verlust, Verfälschung, Beschädigung oder Löschung der Daten und muss technisch immer gewährleistet sein. Ferner dient sie der Vermeidung und Bekämpfung von Cyber-Kriminalität im Computer- und Telekommunikationsbereich. Datenschutz hingegen betrifft personenbezogene Daten, deren Erhebung, Verarbeitung und Weitergabe beschränkt werden sollen, um die Privatsphäre der betreffenden Personen zu schützen.

Datensicherheit und Datenschutz sind leider nicht immer gewährleistet. Dauernd gelingt es Hackern, in Computersysteme einzudringen und Daten zu stehlen oder zu manipulieren. Dann können persönliche Informationen, einschließlich Kontonummern und Passwörter, plötzlich öffentlich sichtbar und nutzbar sein. Oder ein Schüler sammelt vertrauliche Daten unserer Politiker, inklusive die der Bundeskanzlerin, aufgrund von Sicherheitslücken in den Netzwerken der Ministerien und Behörden und veröffentlicht sie im Internet.

Neuland im Bereich der Datensicherheit sind Fake News. Hierbei werden keine Informationen geklaut, sondern welche frei erfunden, mit dem Ziel, jemandem direkt zu schaden oder die öffentliche Meinung durch Unwahrheiten zu beeinflussen. Dies geschieht in Politik und Wirtschaft. Daher empfiehlt es sich, Nachrichten grundsätzlich zu hinterfragen und nicht alles zu glauben, was irgendwo und irgendwie kommuniziert wird. Da hilft nur eine gesunde Skepsis.

Das Internet besitzt zwei Gesichter. Neben dem World Wide Web (WWW), das der Otto-Normal-Verbraucher benutzt, existiert das Darknet. In diesem verschlüsselten Netz können Fake News gekauft, Drogen vertickt, Kinderpornos angeschaut oder Auftragsmorde bestellt werden, alles praktisch anonym. Aber andererseits schützt das Darknet auch Menschenrechtler, Journalisten und Whistleblower in repressiven Staaten vor politischer Verfolgung.

Wie sieht das Internet der Zukunft aus? Beim Blick auf verschiedene technologische Entwicklungen fällt auf, dass sich hinter den Kulissen etwas ändern wird. Derzeit erfolgt die Datenhaltung auf zentralen Servern, während in Zukunft eine dezentrale Speicherung via „Inter Planetary File System (IPFS)" wahrscheinlich wird, sprich die Daten werden auf professionelle und private Rechner - unter Verwendung der Blockchain-Technologie - verteilt abgespeichert, wobei der Schlüssel zu den Daten beim Nutzer selbst verbleibt.

Ein spezielles Szenario schwebt Tesla-Chef Elon Musk von „SpaceX" mit „Starlink" vor. Er plant, ein die Erde umspannendes Netz aus nahezu 12'000 Nachrichtensatelliten im niedrigen Orbit aufzubauen. Die Satelliten sollen Bewohnern in dünner besiedelten oder abgelegenen Gebieten einen schnellen Internetzugang garantieren. Die ersten beiden Test-Satelliten sind für Starlink kürzlich ins All gestartet, bis 2025 soll das gesamte Netzwerk stehen. Und die Konkurrenz schläft nicht, das Unternehmen „OneWeb" will „SpaceX" zuvorkommen und bereits ab diesem Jahr ein aus bis zu 882 Satelliten bestehendes Netz aufbauen, das später weiter aufgestockt werden soll. Die Kehrseite dieser Entwicklung wird eine veränderte Sicht auf unseren Nachthimmel sein, wo zu den 9'000 sichtbaren natürlichen Sternen plötzlich Tausende künstliche hinzukommen. Ob wohl die Romantik darunter leiden wird?

Kleinere Brötchen backt „Serval", ein Messenger der WLAN-Verbindungen direkt zwischen einzelnen Smartphones herstellt und darüber Nachrichten weiterleitet. Oder WLAN Slovenija, das in Slowenien versucht, durch verbundene WLAN-Stationen und Funkstrecken, Dörfer ohne Breitbandverbindung an die Internet-Zugänge von freiwilligen Spendern zu holen.

Wie das Internet der Zukunft aussehen wird, muss sich erst zeigen, und ob unsere Generation 65 plus den neuen Anforderungen in den nächsten 25 Jahren gewachsen sein wird, ebenso. Eines darf dabei nicht vergessen werden, die 68er und Blumenkinder sind weder mit Rechnern, noch mit dem World Wide Web aufgewachsen.

Ich war 18, als ich den ersten selbst gebastelten Computer im Mathematikunterricht sah, mit 20 hatte ich im Studium erstmals Zugang zu einem Rechenzentrum. Zu meinem 40. Geburtstag bekam ich schließlich meinen eigenen Personal Computer (PC) geschenkt, 1995 surfte ich mit dem Netscape Navigator, dem damals aktuellen Webbrowser im Internet und drei Jahre später kaufte ich mir mein erstes Handy. In einem halben Jahrhundert fand ein technologischer Quantensprung statt. Es ist zu erwarten, dass die Innovationszyklen in Zukunft immer kürzer werden.

Die Vernetzung wird in riesen Schritten voranschreiten und unsere Generation muss am Ball bleiben, um nicht den Anschluss zu verlieren. Es wird in Zukunft immer weniger Schlupflöcher geben, sich dieser Entwicklung zu entziehen.

Konsum

Wie mag unsere Zukunft wohl aussehen? Einige Trends lassen sich bereits erkennen, ob sie die neue Wirklichkeit abbilden, bleibt abzuwarten.

Im Bereich Konsum zeichnet sich derzeit ab, dass wir künftig unser Essen aus dem 3D-Drucker beziehen können. Das hört sich zunächst futuristisch an, aber im Prinzip ist der Drucker nur ein automatischer Spritzbeutel, der anstatt Tinte Lebensmittelsubstanzen enthält. Das kann Schokolade, Teig oder Leberpaste sein, der Fantasie sind kaum Grenzen gesetzt - und für mich sieht das Teil aus wie früher ein Plotter, der mit seinen verschiedenen Schreibstiften auf dem Papier eine Konstruktionszeichnung erstellte. Oder wie eine CNC-Maschine, die computergesteuert maßgenaue Maschinenteile fertigt. Kochbücher werden künftig digitale Programme sein, die den 3D-Drucker vom PC aus direkt ansteuern.

Die dreidimensionalen Drucker werden das Selbstkochen jedoch nicht verdrängen, sondern es zu einer anspruchsvollen Freizeitbeschäftigung aufwerten. Gemeinsames Kochen avanciert zu sozialen Events.

Künftig wird es - wie unter dem Kapitel Tierschutz/Tierrecht bereits erwähnt - im Labor kultiviertes Fleisch geben. Fleisch aus der Retorte, das umweltbewusst und ohne Tierleid hergestellt sein wird.

Ferner entwickeln sich die Anwendungsbereiche für Künstliche Intelligenz weiter. Dann saust nicht mehr nur der Saugroboter selbstständig durch die Wohnung, sondern Nähroboter verkürzen in den Fabriken die Produktionszeiten. Gibt es inzwischen Bücher-on-Demand, die erst mit der Bestellung gedruckt werden, so wird es künftig Mode-on-Demand geben. Bereits 2017 erhielt Amazon das Patent für eine On-Demand-Clothing-Factory. Die Kunden vermessen ihren Körper mithilfe einer App, übermitteln die Daten und lassen sich eine maßgeschneiderte Hose oder ein Hemd von einem Roboter nähen und nach Hause liefern.

3D-Drucker produzieren künftig auch Schuhe und Sportschuhe, direkt im Laden, angepasst an den Fuß des Käufers. Das ist keine Zukunftsmusik mehr, sondern bereits in einigen innovativen Geschäften Wirklichkeit.

Alter & Schönheit

Schönheit und Jugend ist vergänglich und bei einer immer längeren Lebenserwartung ein unausweichliches Zukunftsthema. Lange jung und schön zu bleiben ist ein Wunsch und „das Alter" gibt es nicht mehr. So ist zwischen dem kalendarischen, dem optischen, dem biologischen sowie dem gefühlten Alter zu unterscheiden.

Die Best-Ager-Generation stellt weiterhin eine lukrative Zielgruppe dar. Die Werbung gaukelt ihnen vor, mit Anti-Aging-Produkten den Alterungsprozess stoppen zu können. Dabei helfen all die Cremes nur dabei, die Hersteller reicher zu machen, uns jedoch nicht jünger.

Hollywood-Schönheiten legen sich gerne unters Messer, um attraktiv zu bleiben. Unterspritzungen mit Botox und Hyaluronsäure glätten die Falten und Laserbehandlungen sorgen durch Abtragen von Hautschichten für eine Hauterneuerung und einem damit einhergehenden Straffungseffekt. Gerade diese nicht operativen, immer wieder erneuerbaren Behandlungen liegen im Trend.

Beauty-Tech heißt die Zukunft. Die Digitalisierung hält auch Einzug in die Kosmetikbranche. Dabei eröffnet Künstliche Intelligenz neue Möglichkeiten. So analysiert der chinesische smarte Spiegel „HiMirror" den Zustand der Haut, wertet Falten, Reinheit, Augenringe, dunkle oder rote Flecken und Poren aus und empfiehlt eine passende Behandlung.

Dank fortschrittlicher Tools und Apps lassen sich ähnliche professionelle Ergebnisse, wie mit der Lasertechnologie, künftig auch zu Hause erzielen. Das Dermaflash Kit befreit bereits heute die Haut von abgestorbenen Zellen und verhilft zu neuem Strahlen.

Beauty-Tech wird so selbstverständlich und für jeden umsetzbar sein, dass es nichts mehr Besonderes darstellen wird. Gerade deshalb gehört zur äußeren jugendlichen Schönheit auch innere Gelassenheit - und mentale Leistungsfähigkeit wird zunehmend wichtiger werden.

Und hier liegt das Problem. Die Generation Z, also die Altersgruppe, die nach dem Millennium zur Welt kam, wuchs mit den ständigen Einflüssen des World Wide Webs auf. Sie kennt keine Zeit ohne Handy und Internet. In der problematischen Phase der Pubertät, in welcher sich Jugendliche vom Kind zum Erwachsenen wandeln, in der sie zu sich selbst finden müssen, in der ihre Wertvorstellungen geprägt werden, waren die Heranwachsenden dem Einfluss dieser Medien ständig, teils hilflos, ausgesetzt.

Das globale Netz bringt - hinsichtlich des in der Pubertät bedeutenden Themas Schönheit - nicht nur Vorteile. So beeinflussen soziale Medien ihre Mitglieder auch negativ, allen voran die Plattform „Instagram". Eine Studie der britischen „Royal Society for Public Health (RSPH)" ergab, dass dies das Netzwerk mit den schlechtesten Einflüssen auf das Wohlbefinden und die psychische Gesundheit seiner Nutzer sei. Die befragten 14- bis 24-Jährigen verbanden Instagram mit Ängsten, Beklemmungen und Depressionen und dass es sich negativ auf ihr Selbstwertgefühl und ihr Körperbild auswirke.

Die Flut der Bilder perfekt gestylter Prominenter und animierter Avataren setzt die Jugendlichen unter Druck, es nachzuahmen. Für den Durchschnitt wird es zunehmend schwieriger, die Schönheit aus der virtuellen Welt mit der Realität abzugleichen.

Nichtsdestotrotz profitiert die Kosmetikindustrie von den Teenagern. Die Ausrüstung professioneller Visagisten ist mittlerweile ein Musthave für Jugendliche. Sie müssen schließlich jederzeit für das nächste Selfie perfekt gestylt sein.

Der Markt für Make-up, Augen-Schminke, Lippenstifte und Nagellack ist zwischen 2011 und 2016 um ein Drittel auf umgerechnet 53 Milliarden Euro gewachsen. Und Werbeplakate zeigen unbekannte Teenies, die lachen, sich schminken und von sich Selfies machen. Die Botschaft ist klar - auch du bist schön, zumindest wenn du dir dafür das richtige Make-up kaufst.

Gerade dieser Zwang zur ständigen Schönheit wird bei der Jugend früher oder später Widerstand gegen das etablierte Schönheitsideal hervorrufen. Vielleicht wird künftig ein neues Anti-Schönheits-Ideal als schön propagiert. Möglicherweise kürt die Jugend dann lieber wieder ein Schaf zur Schönheitskönigin.

Mobilität

Das Auto der Zukunft wird mit einem schadstofffreien Elektromotor autonom fahren. Die Frage ist nur wann. Hier widersprechen sich die Studien, die einen gehen davon aus, dass dies bereits 2025 Wirklichkeit sein wird, für andere liegt der Horizont bei 2030. Laut der vom ADAC in Auftrag gegebenen Prognos-Studie wird autarkes Fahren erst nach 2050 Realität sein.

Auf jeden Fall wird die Umsetzung schrittweise erfolgen. Bereits in fünf Jahren kann das Fahrzeug selbstständig einen Platz im Parkhaus suchen. Der nächste Schritt wird eine vollautomatische Fahrt auf der Autobahn sein, wobei das komplett fahrerlose Fahren erst nach 2030 möglich sein wird, so die acatech-Studie „Neue autoMobilität, Automatisierter Straßenverkehr der Zukunft" der Deutschen Akademie der Technikwissenschaften.

Der PKW der Zukunft wird elektrisch angetrieben sein, obwohl das in Deutschland nur sehr schleppend anläuft. So lag der Anteil neu zugelassener Elektroautos im Jahr 2018 gerade mal bei einem Prozent. Im Bereich der elektrischen Oberklassefahrzeuge hat in Europa die US-amerikanische Firma Tesla mit ihrem Model S die Nase vorn. Im Jahr 2017 lag es vor der S-Klasse von Mercedes und dem 7er von BMW.

Tesla treibt mit seinem „Autopilot"-System selbstständiges Fahren voran, allerdings ist diese Bezeichnung irreführend, denn der Autopilot sieht noch keinen vollautonomen Fahrbetrieb vor, der Fahrer sollte stets die Hände am Lenkrad halten, um eingreifen zu können.

Tesla-Chef Musk rechnet schon für das Jahr 2020 mit einer Flotte von autonomen Robotaxis. Das "Tesla Network" sieht vor, dass Besitzer ihre Fahrzeuge, wenn sie sie nicht brauchen, gegen Entgelt zur Verfügung stellen. Der Mieter kann den Tesla per App buchen und das Auto kommt automatisch angefahren. Abwarten, inwieweit dies zur Realität wird.

Carsharing wird auf jeden Fall in Zukunft viel mehr gefragt sein. Immer mehr Menschen werden auf ein eigenes Auto verzichten und bei Bedarf auf einen Fahrzeugpool zurückgreifen. Das Elektroauto Zoe von Renault, derzeit Bestseller der elektrischen Kleinfahrzeuge, ist bereits mit entsprechender Carsharing-Software erhältlich.

Ich finde es toll, wenn ich irgendwo an einem Flughafen ankomme und nicht erst nach einem

Bus oder Taxi suchen muss, um mich anschließend mit dem Gepäck in eine Warteschlange einzureihen. Ein Blick aufs Smartphone genügt und die Software von Grab oder Uber erkennt meinen genauen Standort, ich gebe nur noch mein Fahrtziel ein, um eine Sekunde später alle Informationen auf dem Display zu erhalten. Fahrer mit Name X, Fahrzeugmodell Y und Autonummer Z ist in wenigen Minuten da und kostet so viel, ja oder nein?

Natürlich kommt bis jetzt selten ein Elektroauto und hinterm Lenkrad sitzt noch immer ein Fahrer, aber er teilt sein Auto mit mir. Das hilft ihm seine Unterhaltskosten zu senken und ich sitze ohne Stress im Wagen. Sein Handy zeigt ihm auf Google Maps den Weg. Ich muss mich nicht mit einem Taxifahrer rumärgern, der kläglich Englisch spricht, sich nicht auskennt, mein Ziel nicht findet und absichtlich Umwege fährt, um den Fahrtpreis in die Höhe zu treiben. Carsharing ist bereits Wirklichkeit und ich hoffe, es noch zu erleben, künftig in einem autonom fahrenden Auto zu sitzen, das mich ohne Wenn und Aber von Punkt A zu Punkt B transportiert. Das ist genau das, was die ältere Generation braucht, nicht mehr und nicht weniger.

Wohnen

Wie werden wir künftig leben? Immer mehr Bürger zieht es vom Land in die Stadt. Rund drei Viertel der Deutschen lebt in Städten. In Ballungszentren verknappt der Lebensraum, die Städte werden immer dichter, der Preisdruck größer.

Wie lässt sich dieser urbane Ballungsraum künftig lebenswerter gestalten? Die Stadt bietet Arbeitsplätze, Geschäfte, Banken, Arztpraxen, Restaurants, Kneipen, Schulen, Universitäten, Gemeinschaftsleben, Kultur, Unterhaltung und Vielfalt, aber es fehlen die Vorteile des Landlebens, wie frische Luft, viel Grün und Natur sowie genügend Raum zum Entspannen und Erholen.

Die Städte sollen laut Zukunftsplaner künftig grüner werden, sei es durch begrünte Häuserfassaden, Blumenkübel auf den Balkonen, mehr Stadtparks und Grüngürtel sowie durch die Verlagerung von Parkplätzen in die Tiefe.

„Urban Gardening" nennt sich die neue Bewegung, die von Zierpflanzen, Gemüse und Obst auf dem Balkon, bis hin zu Projekten, wie dem

Prinzessinnengarten in Berlin, reicht. Der mobile Pflanzgarten entstand vor 10 Jahren aus einer alten Brachfläche und wird von der gemeinnützigen Organisation „Nomadisch Grün" als ökologische Anpflanzung von rund 1'000 Freiwilligen betreut. Die Zier- und Nutzpflanzen wachsen in recycelten Bäckerkisten, Tetra Paks und Reissäcken, sodass der Garten jederzeit umziehen kann. Derzeit entsteht auf dem alten St. Jacobi-Friedhof in Neukölln ein ähnliches Projekt, das zukunftsweisend sein kann für die Nutzung alter Grabstätten.

Der Wohnraum wird in Zukunft enger werden, da bieten sich Konzepte wie Co-Working an und als logische Weiterentwicklung davon - Co-Living. Freiberufler, Start-ups und kreative Denker arbeiten nicht mehr nur in gemeinsam angemieteten Büros, sondern leben und wirken zusammen in Wohngemeinschaften. Die Bewohner inspirieren sich gegenseitig und profitieren vom Erfahrungsaustausch bezüglich der Herausforderungen ihres Gründerdaseins.

Die Zeiten zu heiraten, eine Familie zu gründen und sich ein Haus zu bauen, werden vorbei sein. Unsere Kinder und Kindeskinder leben anders als wir. Sie wollen und müssen ungebundener sein, sei es beruflich oder privat. Da ist es praktischer sich eine Wohnung zu leasen, statt zu kaufen, oder erst einmal sechs Monate zur Probe zu wohnen, bevor man sich endgültig entscheidet. Die Miet- und Leasingverträge müssen flexibler werden, um dieser neuen Ungebundenheit gerecht zu werden.

Selbst bei der Entscheidung, sich ein Haus zu bauen, wird es künftig anders aussehen. Das Gebäude wird sich an die jeweilige Lebenssituation der Bewohner anpassen und nicht wie bisher umgekehrt. Kleine Modulhäuser mit etwa 50 Quadratmetern erfüllen diese Bedingung. Diese containerartigen Minihäuser lassen sich erweitern und bei Bedarf umziehen. Ideal für Singles, kleine Familien und Ruheständler. Die Fertighaushersteller stehen in den Startlöchern und bieten Module zu erschwinglichen Preisen an.

Die Häuser der Zukunft sollen energieautark oder energieerzeugend sein und dank nachhaltiger Baumaterialien und Smart Living einen aktiven Beitrag zu Gesundheit und Wohlbefinden leisten. Wohnräume können schrumpfen, da digitale Besitztümer, wie E-Books und das papierlose Büro weniger Platz benötigen.

Mehrgenerationenkonzepte, wo Jung und Alt in Wohngemeinschaften zusammenleben, bieten sich an und ganz neue Ideen, wie Dog-Sharing, bei dem ein Hund geteilt wird, oder die Haltung von Hühnern, Ziegen oder Bienen im Gemeinschaftsgarten mit den Nachbarn lassen sich realisieren. Natur als Pendant zum allgegenwärtigen Internet.

Eine weitere These fürs Wohnen in der Zukunft geht davon aus, dass „Augmented und Virtual Reality", die erweiterte und die illusionäre Wirklichkeit, vermehrt eine Rolle spielen werden. Diese rosarote Brille soll die Menschen, den immer kleiner werdenden Wohnraum um sich herum, vergessen lassen. Das Eintauchen in virtuelle Lebensräume, soll von der hässlichen Realität ablenken. In fremde Länder reisen, ohne vom Sofa aufzustehen. Die Wohnung der Netz-Community als Showroom zu präsentieren, mit Videostreams zwischen Haushalten virtuellen Kontakt halten und damit menschliche Nähe auf Distanz erzeugen. Wie furchtbar.

Ich hoffe, dies bleibt auf spezielle Erlebniswelten, wie heute 3D-Kinos, beschränkt. Aber auf die Realität, wie auf Reisen in fremde Länder mit ihren Eindrücken und Gerüchen, oder auf einen Gang durch die Natur, zu verzichten, finde ich schrecklich. Und ich sitze immer noch gerne mit Freunden zuhause zusammen am Tisch, genieße das Essen und unterhalte mich mit ihnen.

Ich möchte nicht Teil einer virtuellen Welt werden, mit künstlichen Gerüchen, Bewegungen
und Sinnesreizen, und nur als Zaungast ohne
menschliche Nähe leben.

Fazit

„Unsere Zukunft hängt davon ab, wie wir unsere Gegenwart gestalten", dieser Spruch des Dalai Lamas gilt auch für unsere Generation.

Vor uns - den heutigen 65 - 75-Jährigen - liegen noch rund 20 Jahre. Es liegt in unserer Hand, diese Zeit sinnvoll zu gestalten, um so lange wie möglich körperlich wie geistig fit zu bleiben.

„Wer rastet, der rostet". Neue Reize verbessern die intellektuelle Leistungsfähigkeit auch im Alter. Dies zeigte die Studie „Berlin bleibt fit" der Berliner Charité mit Frauen zwischen 70 und 92 Jahren. Die Seniorinnen profitierten sowohl von sportlicher Aktivität als auch von den Herausforderungen am Computer. Beide Bereiche förderten den Erhalt der geistigen Fitness.

Ein aktives Leben schützt vor Demenz, vorbeugen lohnt sich. Wer Lust hat, arbeitet weiter, zeigt soziales Engagement, fährt mit seinen Enkeln Achterbahn oder betritt einen Hörsaal an einer Uni. Es gibt für uns noch so viel Neues zu entdecken, seien es fremde Länder und Völker bei Abenteuerreisen oder Geschichte und Kultur bei Städtereisen. Unserer Wissbegierde und Unternehmenslust sind kaum Grenzen gesetzt.

Wir haben gute Karten in der Hand, denn drei Viertel der 65 plus Generation fühlt sich fit. Zwar nehmen die gesundheitlichen Beeinträchtigungen mit steigendem Alter erwartungsgemäß zu, trotzdem steigt der Pflegebedarf in Deutschland erst bei Hochbetagten deutlich an.

Die Rentnergeneration ist nicht homogen. So unterschiedlich wir in unserer Jugend waren, so verschieden sind wir noch heute. Gerade Bildung wirkt sich signifikant auf die Gesundheit aus. Personen mit niedrigem Bildungsstand tun weniger für ihr Wohlergehen und sind dadurch häufiger aufgrund chronischer Krankheiten in ihrem täglichen Leben eingeschränkt.

Um im Alltag zufrieden zu sein, braucht es neben Wohlbefinden auch soziale Kontakte. Endlich haben wir Zeit, über die Jahre vernachlässigte Beziehungen wieder zu pflegen. Wir können uns mit der Familie, Freunden oder den Nachbarn in geselliger Runde treffen. Lasst uns die Feste feiern wie sie fallen - und dabei Krankheiten als Gesprächsstoff vermeiden. Oder wir könnten mal wieder ausgehen. Warum nicht einen fetzigen Rock 'n' Roll oder einen Twist aufs Parkett legen?

Am Anfang des Monats landet unsere Rente auf dem Konto. Gleichgültig wie viel das ist, wir müssen uns nicht darum kümmern, also machen wir das Beste daraus. Glück und Zufriedenheit sind keine Frage des Geldbeutels.

Rund die Hälfte der Senioren surft im Internet und wir sind Weltmeister im Lesen, aber unser größter Feind ist das Sofa. Täglich über fünfeinhalb Stunden vor dem Fernseher zu sitzen ist eindeutig zu viel. In dieser Zeit bewegen wir uns nicht und auf dem Serviertablett angebotene Sendungen - selbst interessante Dokumentarfilme - trainieren nicht unser Gehirn.

Hin und wieder ist so ein Gammeltag okay, aber auf Dauer führt es schnell in die Vereinsamung. Und wenn wir nur noch im Jogginganzug vor der Glotze rumlümmeln, und zu faul sind, unter die Dusche zu gehen, läuft etwas gewaltig schief.

Ich selbst versuche, mich mit Golfen, Reisen, Kochen, Lesen, Malen und selbstverständlich Schreiben fit zu halten. Wir 68er, Spät-68er und Blumenkinder sind nach wie vor aufmüpfig und hin und wieder unbequem - wir sind keine Sofa-Rentner!

Auf zu neuen Ufern, das Leben erwartet uns!

Quellenverzeichnis

Da das vorliegende Buch kein Fachbuch ist, habe ich der Lesbarkeit halber auf Fußnoten verzichtet. Soweit Zahlen genannt sind, habe ich diese nach bestem Wissen recherchiert, aber ohne Gewähr auf Richtigkeit. Die Fakten entstammen, wenn im Text nicht anders erwähnt, aus den nachfolgenden Quellen:

- Statistische Jahrbücher für die Bundesrepublik Deutschland von 1953 - 1990
  http://www.digizeitschriften.de/dms/toc/?PID=PPN514402342
- Statistisches Bundesamt, Ältere Menschen in Deutschland und der EU, 2016
- Wikipedia
- Springerpresse: Medienarchiv68.de
- Alle Hefte des Spiegels seit 1947 finden sich unter:
  „www.spiegel.de/spiegel/print".

- Dank an den Spiegel für die Genehmigung Auszüge aus dem Artikel „Verlorenes Wochenende", DER SPIEGEL 17/1968, Seite 25, im Rahmen des § 51 UrhG zu zitieren.

Wollen Sie gleich weiterlesen?

Christa Stuber berichtet über das friedliche Zusammenleben der ausländischen Mitarbeiter und deren Familienangehörigen mit den Einheimischen auf der Bong Mine, einer überwiegend deutschen Bergbausiedlung in Liberia / Westafrika.

Von 1985 - 1990 erlebte sie, wie sich nach der Machtergreifung durch Präsident Samuel K. Doe im Jahre 1980 die ethnischen Konflikte im Lande schleichend zuspitzten, bis sie 1990 eskalierten und in einen der gewalttätigsten Bürgerkriege des 20. Jahrhunderts mündeten.

Protagonisten berichten über ihre Erlebnisse mit den Rebellen, die Evakuierung der Mitarbeiter durch die deutsche Luftwaffe und schließlich über das traurige Ende der Bong Mine.

Als E-Book und Taschenbuch bei Amazon.de erhältlich.

Warum feine Küche vegan gekocht? Seit Jahren versammeln sich zu Familienfesten Fleisch- und Fischliebhaber sowie Vegetarier um unseren Esstisch - und zunehmend Veganer.

Um auch den Veganern gerecht zu werden, habe ich meine Rezeptsammlung durchforstet, die vorwiegend aus süddeutschen und Schweizer Rezepten besteht. Die Region bietet eine Vielzahl an fleischlosen Delikatessen: Spargel, Auberginen, Artischocken, Pilze, Walnüsse, Esskastanien, Beeren, Zwetschgen, Kirschen, Äpfel, Birnen, Aprikosen, und Trauben wachsen in der Region - ein Füllhorn an pflanzlichem Genuss.

Daher bietet es sich an, die regionalen Speisen vegan zu kochen, um in geselliger Runde gemeinsam feines Essen zu genießen.

Als E-Book und Taschenbuch bei Amazon.de erhältlich.